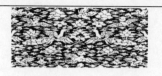

莊子道

著者◎王邦雄

目　次

內七篇之玄理奧義

序　論

　　莊子承老子而立說，而解讀《莊子》，卻遠比解讀《老子》艱難，因為《老子》言簡意賅，每一章篇幅極短，觀念清晰，而架構完整，義理較易把握；《莊子》則多寓言，篇幅拉長，多了想像的空間，理念相對模糊，而不易把握。

　　《老子》直對傳承周文的儒學理念，進行批判性的反思，在進行理論對話的同時，也架構出自家的思想體系；《莊子》對儒墨是非之自是非他的糾纏與滯陷，也展開本質上的省察，卻志在超越，而不介入儒墨是非的人間論辯，反而站在「道」的樞紐，「照之於天」、「莫若以明」的往下觀照，而給出「因是已」的「兩行」空間。故論道說理，重在解消，而不在構成，概念抓不住，體系也就難以架構出來。由此而言，解讀《莊子》的先在條件，就在對《老子》義理要有精熟的理解。

　　依《史記‧老子韓非列傳》的記載，說莊子思想的大要根本源於老子，著書十餘萬言，大多以寓言的形式出現，作有〈漁父〉、〈盜跖〉、〈胠篋〉諸篇，用以「詆訿孔子之徒，以明老子之術」。司馬遷之說，留下了後代解讀《莊子》的諸多困惑，一在何以莊子的代表作，竟不是內篇之〈逍遙遊〉、〈齊物論〉、〈養生主〉，反而是蘇東坡、王船山評斷為低劣淺薄之外雜篇的篇章；二在莊子的思想，真的是「詆訿孔子之徒，以明老子之術」嗎？二者之間相互牽連，引據篇章出問題，當然會做出錯誤的論斷。或許我們可以合理的懷疑，太史公可能沒有讀過內篇的上乘之作；否則，依內篇〈人間世〉之「心齋」

與〈大宗師〉之「坐忘」的兩大修養工夫而言，莊子均經由孔子與顏回之師生對話來詮表，此雖屬寓言，而非史實，至少反映了莊子對儒門師生的尊重，才會把自家最重要的修養工夫，通過「樂在其中」的孔子與「不改其樂」的顏回來表述。甚至說孔子「天刑之，安可解」（〈德充符〉）與「丘也，天之戮民也」（〈大宗師〉），均給出極大的同情與極高的評價，怎麼會是詆訕孔子之徒？而「以明老子之術」的判定，更是錯得離譜，太史公會將老莊申韓同列一傳，就在源自老子道體沖虛的術用而言，梁任公因而論定是最得真相之見。實則，此與兩漢大一統的政治情勢，直接相關，由先秦之根源問題，轉向兩漢之完成問題。完成有待落實，落在民間是「教」，落在官府則是「術」，儒道兩家均往「教」跟「術」走，黃老治術，也獨尊儒術，且經學之教，雜入災異讖緯，而道教轉向形軀修鍊，尋求長生不老之方。兩大家的思想已扭曲變質，是以司馬談〈論六家要旨〉，說道家「其術以虛無為本，以因循為用」，且謂「虛者道之常也，因者君之綱也」；而班固《漢書‧藝文志》也說「道家者流，蓋出於史官，歷記成敗存亡禍福之道，然後知秉要執本，清虛以自守，卑弱以自持，此君人南面之術也」。由是而言，司馬遷對老學道家的理解，既承自家學的淵源，又雜有時代的色彩，老子的虛弱，已落實在君人南面之術，說莊子「以明老子之術」，可能由此而來。

　　《莊子》全書三十三篇，內七篇、外十五篇、雜十一篇，內外雜篇的區分，由郭象判定，已涵有價值分判的意義，解讀經典，要有本末先後，內篇是本，外雜篇是末，本要精讀，末則泛覽略讀即可。且要以內篇的義理來評量外雜篇的論道之言是否精到真切，而不能以外雜篇的論點來詮釋內篇。此涉及郭

象憑什麼做出分判的問題？憑他是注莊的大家，憑他身處比老莊更老莊的年代，他體會一定真切，且解悟甚深。再問，內外雜分判的界線在那裡？此王船山、唐君毅的觀點，是依內涵與形式來看，外篇形式一貫，內涵卻一語道破，了無餘意；雜篇內涵時見精采，而形式卻段落間各自獨立，前後不相連屬，內篇則義理精到深刻，又一氣呵成，全篇統貫。簡易直接的說法，內篇是莊學之內，外篇是莊學之外，雜篇是莊學之雜，是以只有內篇可以代表莊子本身的思想，外篇雜篇是莊子後學的作品。

再深進一層說，內篇是道在生命之內，外篇是道在生命之外，意謂道體被推出生命主體之外，成了超絕客觀的存在，雜篇亦體會真切，卻雜陳偶現。惟一的例外在〈天下篇〉，此篇在氣勢格局上，比諸內篇之〈齊物論〉、〈大宗師〉均毫不遜色，以古之道術之全體大用的理論體系，架構出神聖明王的價值座標，來評量道術將為天下裂之諸子百家的思想，其理論體系與內篇大有不同，不是《莊子》的後序，而是獨立在莊學之外，自成一家言。

莊子最根本的學術性格，就是把老子的道，經由修養工夫，完全內化在我們的生命流行中。老子的道，還擺出「道生一，一生二，二生三，三生萬物」之客觀實有的形態，莊子的道已消融在我們的生命人格中。萬竅怒呺，而問怒者其誰？！請問發動者是誰，既是歎號，又是問號，歎號是道的「有」，問號是道的「無」，道又有又無，道體自我解消，而給出了萬物「咸其自取」的自在空間。故成了郭象所謂「自爾獨化」之境界形態的形上學，此一境界的開顯完全由主體修養來保證。

　　老子的思想，開出心知與生命兩路，心知的「明」由道的「無」來，生命的「德」由道的「有」來，老子以明照德，故云：「有生於無。」荀子傳承心知之「明」的那一路，莊子則傳承生命之「德」的那一路。荀子心知從生命中獨立出來，「明」不照「德」，專顯「心」的認知作用，「性」欠缺光照滋潤，故說「人之性惡」；莊子心知融入生命中，不顯「明」的光采，而獨顯「德」的自在，朗現了至人、神人、聖人、真人的生命人格。荀子心知一路，下開申韓黃老的治術，莊子生命一路，下開告子慎到與魏晉名士的生命。申韓黃老有明而無德，告子慎到與魏晉名士，卻以明為德。此從老子的「以無照有」，一轉而為莊子的「以無入有」，再沈墮而為魏晉名士的「以無為有」了。而這樣的「有」，已掉落虛無主義的深淵了。老莊「道隱無名」，到了魏晉名士卻名滿天下，道家已自我異化，而以悲劇收場。若以〈德充符〉的「形莫若就，而就不欲入」，與「心莫若和，而和不欲出」的修養工夫而言，魏晉名士已形就而入的放浪形骸，又心和而出的名滿天下，悖離了老莊的生命理念，名士生命不免成了天地的逸氣與人間的棄才，解讀《莊子》，此為借鏡。

寓言之內涵說解

一、大鵬怒飛

《莊子・逍遙遊》「大鵬怒飛」的主題寓言，說的是生命成長與轉化飛越的歷程。

「北冥」是孕育生命的大海，有稱之為「鯤」的魚子，魚子本是至小的存在，卻可以在歲月之流裡，長成不知有幾千里那麼大的一條大魚，這就是生命之由小而大的成長。

小魚不僅長成大魚，且由大魚蛻變而為稱之為「鵬」的一頭大鳥，大鵬的背，也不知有幾千里那麼大。牠奮起飛翔，翅膀伸展間，幾乎遮住了半邊天。

這一頭大鵬鳥，在六月海上風動的季節，就隨著季節風往「南冥」飛去；而「南冥」之於「北冥」，不是地理位置的南北分異，而意謂天人合一之終極理想境的體現。

這一則說是主題寓言，因為「逍遙遊」的意涵已深藏其中。生命走向「逍遙」之境，一者要「由小而大」的成長，二者要「由大而化」的飛越，不然的話，「大」終將成為自己的負累。此將平面的數量之大，化為立體的品質提升。

且生命主體的修行涵養，還得跟天地自然做一結合，生命的大化與天地的大化同體流行，從北冥人間，飛往南冥天上，這是一段形而上的生命之旅，而不是從北海飛往南海之跡近逃難的遷徙流離。「南冥者，天池也」，等同畫龍點睛之筆，活現的神龍，正是人間天上的終極理想境。

「大鵬怒飛」的聲勢浩壯，是莊子「逍遙遊」的最佳寫照。「逍」是消解，指涉的是工夫的修養，「遙」是遠大，指涉的

是修養工夫所開顯的境界。消解了形體的束縛與心知的執著，擺脫了形軀的拘限，也解開了心知的桎梏，生命存在得到了全然的釋放，可以高蹈遠引，海闊天空的往天上飛行，此在人間開發了形而上的天空，也就無處不可遊，無事莫非遊了。

這一「大鵬怒飛」的形上之旅，莊子說是「乘天地之正，而御六氣之變，以遊無窮者，彼且惡乎待哉！故曰至人無己，神人無功，聖人無名」。天地本自然，不能假借，也無須假借；六氣自變化，不能控御，也不用控御。只要自家生命與天地同在，與六氣同行，就不必等待天候地理的特殊條件，而在每一當下逍遙自在。春日逍遙，冬季亦逍遙，晴空萬里逍遙，滿天陰霾亦逍遙，江南草長逍遙，北漠不毛亦逍遙。不必等待即無條件，無條件也就無限定，那生命的美好空間，豈不是無窮無盡了嗎？

此所以「逍遙遊」，重在解消人為造作，而回歸自然天真。人為造作之最，就在權勢功名的奔競爭逐，而其癥結，卻在自我的執著。無己是無掉自我的執著，也就可以無掉權勢的逐鹿問鼎，無掉功名的癡迷熱狂。因為「無己」，則功名頓失所依，人生就從權勢的枷鎖與功名的牢籠中超離出來，既「無功」又「無名」，生命也就回歸自身，既自在又自得了。

「逍遙遊」亦工夫亦境界，有工夫修養才有境界開顯，「道」而後能「遙」，「遙」而後可「遊」。「大」而能「化」是「道」，「化」而「怒飛」是「遙」，「南冥天池」的人間天上，則何處不可遊，何事而非遊，故「大鵬怒飛」正是「逍遙遊」的精神象徵。

二、小麻雀與大鵬鳥

　　《莊子‧逍遙遊》說大鵬怒飛「水擊三千里，摶扶搖而上者九萬里」的氣勢壯闊，理由就在要有九萬里的「風積之厚」，才能乘載這一頭大鵬鳥展開雙翼的在高空飛行，也才能背負青天，而不會在飛行途中停擺墜落。

　　此一道理，如同童少歲月，在庭院空地挖個小坑洞，倒水其間，置草飄其上，有如船行水中，若改放茶杯，就會膠著擱淺，那就是水積不厚，無力撐起大船之故。

　　而這一風積之厚的天地大化，本就瀰漫在吾人生命的周遭，夏日浮游在水塘上有如野馬奔騰的水氣，在空中流動的塵埃，或生物間也以生命氣息相互吹動，甚至蒼蒼者天，那一片深藍，那裡會是它本來的顏色呢？而是距離太遙遠，無邊無際給出的感覺吧！設若從高空看地面，想必也是一樣的蒼蒼深藍吧！

　　此所以大鵬怒飛，不論是憑藉「海運」或「去以六月息」，看似有待於六月海上風動的季節風，實則無待，因為天地大化的自然之氣，早已等在那裡，關鍵在，人的生命主體，已由小而大，由大而化了嗎？

　　莊子在此安排了有如丑角的小麻雀，來襯托凸顯大鵬鳥的開闊視野；牠不能理解大鵬鳥何以要衝那麼高，飛那麼遠，反而洋洋自得的說道：「像我說飛就飛，直接搶上矮樹叢，有時也出了一點小意外，沒能衝上去，而一頭栽在地面上；灰頭土臉之餘，只要抖落身上的塵土，還不是瀟灑如昔嗎？大鵬老

兄，你為什麼要故作姿態，飛上九萬里的高空，且往南冥飛去呢！別看我們只是一隻不起眼的小鳥，翱翔在蓬蒿之間，天地雖小，盡情適性，這也是飛行的極致啊！真的一定要飛上九重天才算逍遙嗎？」

莊子認為人世間老在名利場權力圈打轉的人，其自我定位，也不過像小麻雀一般的渺小，儘管「才學可以擔負一官之職的重任，行誼可以符合一鄉之民的期許，品德可以獲致一國之君的賞識，且贏得一國之人的信任」，看似風光得意卻被名利綁住，被權勢套牢，只有無功無名，從條件串系的牽絆中，超離解脫，那就擺脫了小麻雀的生命型態，當下自我釋放，化身而為大鵬鳥，展翅高飛，且飛向形而上的精神天地，那才是莊子所開發所證成的逍遙遊。

小麻雀與大鵬鳥，所謂的大小之分，不在形體，而在心境，有執著有所等待，生命格局的自困自苦是小，無執著無所等待，心胸氣度的自在自得是大。莊子的生命大智慧，就在呼喚天底下每一個人，要從小麻雀的生命牢籠中掙脫而出，而走向大鵬鳥之成長飛越的路。

你想要開拓全球視野嗎？請別搭乘像小麻雀的直升機，而要轉搭像大鵬鳥的七四七，你才能飛得高，飛得遠，飛向自己的理想天地。

三、萬竅怒呺

　　《莊子・齊物論》旨在平齊萬物，問題在，「物之不齊，物之情也」，又怎能平齊？且說是平齊萬物，已屬價值觀點，若基於事實觀點，又何須平齊！而價值評估的依據，就在價值體系，故「齊物」之論的根本，在「物論」。

　　物論依吾人理解，當有真諦勝義與俗諦劣義的兩層區分，前者是給出萬物存在的理由，而做為解釋並保證萬物存在的理論根據，此相當各大哲學體系與各大宗教教義的存有論，如儒家的性善說，與墨家的兼愛論。而儒墨皆世之顯學，儒士與墨俠的行誼，在同一時代的舞台，相互之間會有「當今之世，舍我其誰」的擠壓效應；且在「予豈好辯哉，予不得已也」的理論批判之下，兩家真諦勝義的物論，會沉墮而為俗諦劣義的物論，本自具足的存有論，在相互攻伐之下，就此轉成了自是非他的儒墨是非。

　　莊子就處在儒墨兩家「是其所非，而非其所是」的年代，若儒是則墨非，墨是則儒非，不論結局為何，皆是學術文化界的大損傷。莊子的生命進路，在從兩家的價值體系中超越出來，而站在天道的最高處，給出平等的觀照，開出兩家皆是而無非的並世兩行之道。

　　此一各大家各大教的物論，所以可齊的理論基礎，就在〈齊物論〉所建構之「萬竅怒呺」的主題寓言。「天地大塊吐出一口氣，那就是宇宙長風，除非此風不起，一起則吹向大地萬種不同的竅穴，就會發出萬種不同的聲響，而這一大地交響樂，

就是地籟；人世間的每一個人，也各有才氣性向，如同竹管樂器般。會譜奏出自家獨有的生命樂章，這是人籟。

不論萬竅的地籟與眾妙的人籟，雖然萬種不同，皆屬天籟的彰顯。因為通過不同竅穴與才氣所發出的有聲之聲，都從無聲之聲的長風天籟而來。由是而言，儒墨兩大家與當世五大教的物論教義，儘管通過各地區的歷史傳統、天候地理與風土人情所匯合而成的文化心靈，有如萬竅怒呺般，彼此曲調風格，迥然有異，卻來自共同的天籟源頭，在價值上是平等的。

在此一物論平齊的基礎上，各大教庇護下的信眾教友，才真正獲得了存在地位的平等。不然的話，說是平等，實則背後藏有優越感，僅是悲憫包容，還是以正宗大教自居，而這樣的傲慢，終於藏不住，必然引發抗爭而走向決裂。當前基督文明與阿拉伯世界之間，各有教義戒律，卻在政治權勢的角力之下，真諦勝義的物論，已墮為俗諦劣義的是非了。雙方自以為是，而把對方的不同，判為不對。且各自宣稱站在上帝或真主那一邊，看似光明正大的為真理而戰，實則是自我防衛與自我封閉的意識形態。

只有超越在兩大教的物論是非之上，而「照之於天」，以天籟的源頭，同體肯定兩大教，且「因是」而「兩行」，各自引領自家子民，走向基督與真主的永恆之路。

回顧海峽兩岸與國內泛綠泛藍兩大陣營之間的對決態勢，與美伊之間爆發的爭端，不僅跡近，抑且神似，或許莊子平齊物論的大智慧，可以給出轉圜的空間吧！

四、怒者其誰

　　《莊子‧齊物論》「萬竅怒呺」的主題寓言，是由南郭子綦跟顏成子游師生之間的互動對話而展開。

　　某一天，子綦靠著茶几做靜坐工夫，仰天呼出一口氣，當下已解開了形體的拘限，弟子子游有如護法般的陪侍在側，他全程觀看老師由修行而解體的神情，內心充滿了困惑不解，也就質疑問道：「老師，這就是你修養工夫所朗現的生命境界嗎？怎麼今天的你跟昔日的你，呈顯出來的存在樣態，會有如此的不同！人的形體或許可以讓它像槁木一般的生機全無，而做為生命主體的心靈，也可以讓它像死灰一般的一念不起嗎？」

　　就弟子來說，這可是生死關頭，跟老師修道，而給出的工夫示範，竟是「形如槁木」而「心如死灰」，前者還可以理解，心神離身而去，形體頓失潤澤光采，所以看似一塊乾枯的木頭；而後者就難以接受了。假如修行的成果，竟是「心如死灰」，那子游就得重新思考還要追隨老師修道嗎？

　　子綦看到弟子對自身的功力，已出現了信心危機，也就慎重的做出解釋：「你的問題相當高明，已切中了修養工夫的關鍵點。你看我今天的生命氣象，大見反常，那是因為我正在做『吾喪我』的工夫啊，你或許聽聞了人間的聲音，卻沒有聽聞大地的聲音；或許你聽聞了大地的聲音，但終究聽聞不到天上的聲音！」

　　子綦顯然是以「吾喪我」，來解答子游何以「形如槁木」的困惑；再以「未聞天籟」，來回應何以「心如死灰」的重大

質疑。子綦認為你的耳目官能，僅能看到有形的我，或許你可以說我「形如槁木」；而心神無形，是「視之不可見」，且「聽之不足聞」的，你怎麼可以斷定我「心如死灰」呢？就如同你或許可以聽聞有聲之聲的人籟地籟，而絕聽聞不到無聲之聲的天籟啊！你看到我「形如槁木」，即據以推論我「心如死灰」，此中有一思考上的跳躍，而給出了錯誤的論斷。因為，有形的耳目，僅能聽聞有聲之聲的人籟地籟，而無形的心靈，才能聽聞無聲之聲的天籟！

　　子綦想要澄清說明的是，「吾喪我」的工夫，就浮面表象言，果真近似「形如槁木」；就深層內涵而言，卻不是「心如死灰」，心神的「吾」解消了形體的「我」，心神歸於虛靜空靈，不僅蘊藏了無限的生機情趣，且湧現了無盡的靈感創意，那是「虛室生白」，怎麼會是「心如死灰」呢？

　　儘管莊子點出了「眾竅」、「比竹」的「咸其自取」，卻以「怒者其誰耶？！」來逼顯天籟。當你聽聞「萬竅怒呺」的大地交響樂時，有沒有想到那背後的發動者，會是誰呢？！此一根源性的思考，有兩重意涵：第一重是歎號，肯定有一發動者，第二重是問號，發動者又自我解消。因為道體沖虛，才給出了「咸其自取」的空間。此如同《老子‧四十章》所說的「天下萬物生於有，有生於無」，歎號的「怒者其誰」，是道的「有」；問號的「怒者其誰」，是道的「無」，天道憑藉又有又無的「玄」，而「妙」出萬物。這樣的「生」萬物，是不生之生，這樣的「主」萬物，也是不主之主。但願人間的政治領導人在扮演「怒者」的角色，發揮發動者的功能時，別忘了要有「其誰」的修養，由歎號轉為問號，在自我解消中給出「咸其自取」的空間，或許，人世間才會有「萬竅怒呺」的一體成全吧！

五、莊周還是莊周

　　某一個夜晚，莊子在睡夢中，化身為蝴蝶，當下就在花園中，隨心所欲的來去飛舞，感覺生命歡暢自在，而忘掉了原初名叫莊周的那個人。

　　沒多久，他在睡夢中醒覺過來，又赫然發現自己還是本來那個名叫莊周的人。在這一時刻，莊子的心中忽然閃現一個大問號，是剛剛莊周夢為蝴蝶，還是現在蝴蝶夢為莊周呢？人生到底那一段是夢，醒覺與夢幻之間真的可以截然二分嗎？

　　莊子做為一個文學家，此段寓言，理當就此畫下完美的句點，整個故事主題，可以讓人咀嚼回味不盡，因為物我兩忘，情景交融啊！不過，莊子更是一位哲學家，總是要往終極的存在之理，去探問生命的究竟。最後，他給出一段哲理性的總結：「周與胡蝶，則必有分矣，此之謂物化。」

　　不論莊周夢為蝴蝶，還是蝴蝶夢為莊周，人生不能在此依止停靠，因為夢境再灑脫適意，總是虛幻不實，莊周與蝴蝶終究要覺醒，而回到真實的世界來。所以，莊周與蝴蝶，必定有自家的本分。也就是說，莊周還是要回頭做莊周，蝴蝶也得回頭做蝴蝶。此等蛻變轉化，莊子說是「物化」。

　　此一寓言，有三段進程：一是周是周，蝶是蝶；二是周不是周，蝶不是蝶，周可以是蝶，蝶可以是周；三是周還是周、蝶還是蝶。此中的蛻變轉化，關鍵在「物」。物是形氣物欲，第一層是「覺」的狀態，心神為形氣所拘限，為物欲所障隔；第二層是「夢」的狀態，心神擺脫形氣的拘限，與物欲的障隔，

故莊周可以有如蝴蝶般的在花園中飛舞，想蝶夢周亦當如是；第三層是「大覺」的狀態，心神超離在形物之上，又還歸形物之中。此時心神已徹底解放，形物不再是拘限障隔，而直與萬化冥合。

以是之故，「物化」有兩重意思，一是解消形氣物欲的拘限障隔，二是在心神的釋放之下，而融入天地一氣之化。此形氣物欲雖已消解且融入萬化之中，而本德天真自在，故莊周還是莊周，蝴蝶還是蝴蝶。

莊周夢蝶，可能是青原惟信禪師所云生命三重境的範型：第一重「老僧三十年前未參禪時，見山是山，見水是水」，此等同周是周，蝶是蝶；第二重「及其後來親見知識，有箇入處，見山不是山，見水不是水」，此無異「不知周之夢為蝶與，蝶之夢為周與」；第三重「而今得箇休歇處，依前見山祇是山，見水祇是水」，此也神似「周與蝶則必有分矣」。關鍵仍在「見山不是山，見水不是水」的「物化」工夫。實則，工夫在心上做，無心無知消解心知的執著與人為的造作，有如「吾喪我」的修養工夫。〈齊物論〉以「喪我」發端，而以「物化」終結，正點出了平齊萬物之所以可能的理論基礎，就在主體不執著無分別的修養工夫。

吾人若以平常心來給出生命的詮釋，第一關的周是周，有如鄉野村夫的素樸，第三關的周還是周，則是田園詩人陶淵明的境界，而其中的轉關，就在不為五斗米折腰，而掛冠求去的覺悟超離，此所謂物化，是既化掉名利權勢的耽溺執迷，又昇越了自家道法自然的生命境界。

六、「影之影」與「影」的對話

　　《莊子‧齊物論》有一則「罔兩問景」的簡短寓言，主角「罔兩」是「影之影」，跟自身所從來的「影」，進行一段精彩的生命對話。

　　「影之影」問「影」說：「剛剛你在行進之中，現在你卻突然停了下來，剛剛你坐得穩穩的，現在你卻忽地站了起來。你閣下怎麼獨獨欠缺一個人該有的特立獨行的操守呢？」因為「影之影」是「影」所拖帶出來的存在，是「影」的二次方，「影」已夠「罔」然的了，何況「罔」還要「兩」的影之影呢！

　　「影」行止無常，且起坐不定，「影之影」立即被牽動，且「影」又從未透露訊息，迫使「影之影」老落在被拉扯的存在困境中，故表達嚴重的抗議。

　　「影」回應說：「請別錯怪我，我是有所待才會這樣的起坐不定而行止無常；也不要責難我所待的那個人，因為他老兄的處境也跟我等同，他也是有所待才會長久的處在不定無常的狀態中。我所待的這個人，就好像蛇所蛻的皮跟蟬所脫的殼一般，他僅是表象，僅是外殼，從他的身上，又怎麼能給出生命走向何以會如此，又何以不會如此的解讀判定呢！」

　　這一場「影之影」與「影」的生命對話，就此結束，留給後人一個體悟參透的話題空間。「影之影」被「影」牽動，而「影」又被「形」牽動，所謂如影隨形，「影」永遠擺脫不了「形」的牽制，此所以「影」要為自己辯解，說是有所待才如此的，同時它又為自己所待的「形」辯護，說「形」也是不由

自主，它依然有它的主人。「形」只是人家的表象外殼，根本不能決定生命的走向與存在的樣態。

在這一呼之欲出的主人，就是「心」，莊子說是「真君」，意謂真正可以做主的人。莊子由「影之影」追問「影」，再由「影」推出「形」，最後再由「形」逼顯「心」。而「心」是無形的我，卻是真正的我，此如同地籟人籟是有聲之聲，而其源頭卻是無聲之聲的天籟。

莊子說是「罔兩」，實則在大眾傳播媒體與電子資訊網路全面籠罩的現代社會，人的存在樣態何止是「罔兩」，根本就是「罔萬」。資訊傳播有如天羅地網無所不在，我們不再是自己的主人，而僅是這個龐然大物所拖帶出來的影子的萬次方，大家都是「有待而然」的生命存在，掉落在捕風捉影，甚至是「形與影競走」的無奈弔詭中，掙脫之道，就在「無待」，不再痴痴的等，而從對待連鎖的存在串系中超拔出來，回歸自我，找回「真君」，而活出真實的一生，別在文明的魅影與科技的幻影中，罔然度過一生噢！

七、養生之道重在養心

臺灣鄉土早已擺脫竟日為討生活而打拚的壓力，漸有閒情餘地論養生。不論打坐、練氣功、太極導引或講究生機飲食等等，皆往健身的路上走。

實則，人有三個身分：一是自然物，二是社會人，三是人文心，養生之道，也應有三個層次的區分。《莊子・養生主》篇的主題解析有兩大進路：一是「養生」之主，問的是養生之道的主要原則；一是養「生之主」，強調養生重在調養生命主體。前者之養生，僅是養形，後者之養生，則重在養心。二者統合，謂「養生」之主，就在養「生之主」，較切合全文旨趣。

依莊子所云：「可以保身，可以全生，可以養親，可以盡年。」保身是保有自然形氣的營養；全生是存全生命人格的教養；養親是回歸天道的人文涵養，正是老子所說的「貴食母」，在道的活水源頭汲取生命的甘泉；而盡年則是三者的統貫。

故所謂的「養」，從自然物的層次來說是營養，今天民間街頭所熱中尋求的養生，就停留在這一層次，而遺忘了社會人的教養，與人文心的涵養。是以，人際關係未見改善，而心靈內涵依舊貧乏。

真正高檔的營養品，不在各類的維他命，而在人跟人之間互發的光亮。親情、友誼與道義的滋潤溫暖，可以全面支持人生志業的開創，且最高層次的養生，就在涵養心靈的情意與理想，最高的理想與最後的真情，會讓我們的生命發光發熱，有神采有魅力，且是親和力與感動力。

　　養生之道，首重人文心的涵養，情意理想下貫在社會人的教養中，親情倫理與友誼道義的修養實踐，會讓我們心安理得，且理直氣壯，此當是自然物的最佳調養，雖粗茶淡飯，亦樂在其中。

　　孟子說：「養其大體為大人，養其小體為小人。」大體是人文心的良知天理，小體則是自然物的形氣物欲，以心知言，且以心養氣，知言判定人家的是非，養氣則擔當人間的道義，充其極，生命的浩然之氣，直與天地同流。

　　孔子說他自身：「發憤忘食，樂以忘憂，不知老之將至云爾！」人生走在「下學而上達」的路上，上達天道的喜悅，取代了人世間的煩憂，「老」已離我們遠去，這不就是養生之道的極致嗎？

八、解牛之道在解自己

　　《莊子·養生主》有一則〈庖丁解牛〉的主題寓言，說庖丁在文惠君面前，做了一場「解牛」的工夫展示。依儒家「君子遠庖廚」的價值取向，一個庖人可以在君王面前，演出血淋淋的宰牛過程，根本就是不敬，且不合常理。相信庖丁必是享有盛名的傳奇人物，他的解牛工夫，已入藝術化境，故有如作品展，在君王面前做現場的演出。

　　那似乎是一場獨對君王的公演，庖丁以舞蹈的動作，與音樂的節奏，在沒有流血，沒有痛苦的情境下，完成了「解牛」的任務。文惠君大為讚歎：「一個人的解牛工夫怎麼可能到達如此高超的境地！」庖丁卻做出澄清：「我一生所追尋的是道的體現，早已越過技藝的層次了！」

　　他現身說法，解析自家解牛的三段進程，一是目視，二是心知，三是神遇。肉眼看到的是牛的血肉形體，心眼看到的是牛的骨節架構，天眼看到的是牛的神韻風骨。目視停留在牛的物質性，心知落在實用價量，封閉了牛的性靈；神遇則釋放了牛的精神風貌，而顯現了牛本身的美感自在。

　　此段寓言，以解牛的刀刃，來比喻人物的精神自我，而牛體的障隔，比喻的是人間街頭的紛擾。人生就是人物走上人間，牛體龐大且結構複雜，刀刃去切割會受損，去砍斫會斷折，這正是人生路上承受挫折，且帶來傷痛的癥結所在。莊子說解牛而不說宰殺，順任牛體的自然結構，只要刀刃沒有厚度，總可以穿過且解開看似糾結，實則仍有空隙的骨節與筋肉交結之

處，牛體如塵土飄落大地般解開了，有如人間名利與天下權勢的纏結困局，也可以在無掉心知執著的自我解消中被解開一般。

此其原理，就在「以無厚入有間」，刀刃無厚，而彼節有間，那再窄小的空間，也可以遊刃有餘。莊子本來教導天下人去解開牛體，實則是解消自我，因為天下的複雜，來自人心的複雜，所謂「知也無涯」，心知執著太多，會由自我中心且自我膨脹，人我之間才會由緊繃而決裂，假如人人讓自身的刀刃無厚，則人間行走還是可以優遊自得的。

放眼臺灣島內的各黨團流派，一定要揮舞大刀，砍向這一生命共同體的有限資源嗎？官商黑金可以合縱連橫，搶席位地盤，也瓜分全民利益，既不避嫌又無顧忌了嗎？此老子有云：「民不畏威，則大威至。」當天下人民不再畏懼威權統治之時，來自民間、發自民心的沛然莫之能禦的民意力量，是會激揚而起的。今天的臺灣社會，已遠離威權，卻掉落在另一無法無天的失序亂象中。老子又云：「信不足焉，有不信焉！」官方信不足，民間有不信，公信力崩解，公權力也就不立。試問當總統夫人遠走異國，說是柔性外交，卻無異輪椅苦行的同時，朝野民代還可以官商黑金混成一團，在臺灣鄉土縱橫來去嗎？可別忘了解牛之道就在解自己。

九、神木無用

　　據報載李遠哲先生，在溪頭舉辦的暑期科學營中，對參與的中學教師與青年學生，詮釋自身教改的理念，是試圖將每一個人帶上來，沒有人會如後半段學生般被遺棄，就算是能力再差的人，也可以找到適合自己的學習方式，也總有一天會學得一身技藝，用以回饋社會。

　　他說起多年前帶領中研院團隊前往大雪山旅遊，有人大聲問道：「何以這棵大樹會成為神木？」引導的林務局人員，卻低聲回應：「堅實好看的樹木，都被砍走；剩下有裂痕沒有人要的木頭，長久活下來就成了神木。」

　　李遠哲先生並做了引伸，最不成材的樹木，最後也可以做成被人膜拜的神木，所以最不成器的人，也可以有自己的可用之處。此一引喻，與莊子「無用之用，可為大用」的人生智慧，頗為神似。

　　《莊子‧人間世》有一段寓言，工匠頭子帶領眾弟子上山物色木材，看到一棵做為神社的櫟樹，樹蔭可以遮蔽幾千頭的牛隻，樹幹有百人合圍那麼大，且越過山頭十仞那麼高，可以用來做扁舟的樹枝，以十作單位來計數，引來遊客圍觀，有如鬧市。唯獨工匠頭子一往前行，不願回顧，眾弟子大開眼界，看得不亦樂乎！快步趕上來，不解請教：「自從追隨師父以來，從未看到如此美材大樹，師父卻看都不看，腳步不作停留，到底是為了什麼？」師父答道：「那是棵沒用的散木，做船會沉，做棺木會腐朽，做梁柱會生蠹蟲，就因為它無所可用，才會長

得如此高壽！」

　　未料夜晚，櫟樹即前來托夢抗議：「你難道要我做棵引來世俗傷害自己的甜美果樹嗎？果實成熟時，樹枝就被拉扯斷折，都是自家材用引來的苦難，而且長久以來，我內斂涵藏，讓自己顯得無用，才得以避開柴刀斧頭的傷害，倘若我一路走來，老凸顯美材器用，我還能長得如此之大嗎？我看你老兄才是沒用的散人，怎麼能了解我這棵修來的散木呢？」

　　工匠頭子隔天醒來，跟眾弟子解夢，弟子問說：「它既然隱藏自身，往無用修行，為什麼還不甘寂寞，寄身神社呢？」師父急忙回答：「通通給我閉嘴，人家是寄身神社，讓不了解的人來詬罵自己罷了，就算是不寄身神社，難道就會被砍伐嗎？」

　　原來神木的無用，不是現狀的描述，而是修養的工夫，「無」當動詞用，無掉世俗的用，才得以成全神聖的用，無掉人為的用，才能以回歸自然的用，無掉人間流行的用，才得以保有自家理想的用，無用之用，才是生命本身的大用。

　　教改的理念，在打破升學主義分數主義的格套陷阱；而人生的理路，在走離功利主義實用主義的淺薄勢利，如是，教育本身的理想與生命本身的價值，才得以生發顯現。神木無用，可不是天上掉下來的奇蹟，而是人間修出來的正果。

十、誰能救孔子

　　《莊子・德充符》有一則「叔山無趾，踵見仲尼」的寓言故事。由於「道隱無名」，道家人物皆「自隱無名為務」，這一位來自叔山而腳趾被砍掉的人物，以腳踵走路，前來求見仲尼，或許是想為自己平反，盼望自己的涵養能得到孔子的肯定，以撫平內心的傷痛吧！

　　兩人一照面，孔子就充滿悲憫，且無限惋惜的說：「你不夠謹慎小心，一定犯了在位者的忌諱，才會被砍掉腳趾的吧！即使你今天辛苦來見我，不是已來不及挽回了嗎？」這本來是發自孔子內心的悲情痛感，正是儒者的本色。而對期求孔子重新給出評價的無趾來說，無異是傷痛重現，故抗聲說：「我昔日因不知淡泊自處，而把自身推上名利追逐的尖端，就此失去了我的腳趾。不過，我此番前來，是以多年沈潛而有，遠比腳趾尊貴的天生本德來見你。上天沒有不遮覆的，大地沒有不承載的，我以夫子為天地，怎麼夫子仍以世俗的眼光來責難我呢！」

　　無趾的無奈在，我歷經多年的修行，難得把傷痕撫平，而以全新的面貌，前來跟孔子會面。未料，孔子的同情話語，反而把多年前的難堪，給逼回現前。我已忘懷了，你怎麼可以又把我看回來！那豈不是無所逃於天地之間了嗎？

　　孔子聽聞無趾的怨責，立即道歉：「這是我的淺陋，請先生進門，說說你的心得感受吧！」無趾拒絕，就此離去。孔子當機指點，告誡門弟子說：「大家要修德講學，無趾失去腳趾，

猶勤行不輟，何況諸位形全的人呢！」

　　天下雖大，在儒聖孔子之外，無趾可以去投靠求教的，也只有道君老聃了。無趾見老聃，劈口說道：「我看孔子的德行，距離至人的境界還很遠吧！他怎麼老要跟你相提並論呢！他名氣那麼大，聲望那麼高，難道他還不知覺悟，聲名對至人人格來說，是自家生命的枷鎖嗎？」

　　老聃呼應答到：「那我們來救他吧！何不消解他對死生與是非的執著跟分別呢！這樣不就可以解開他心靈的桎梏嗎？」

　　情勢至此，堪稱奇峰突起，無趾是天涯傷心人，受不了孔子的疼惜，轉而尋求老聃的聲援，而老聃是一代宗師，看無趾對孔子的不滿之情，溢於言表，故意說出激切的話語，既然你判定孔子如此之差，那我們一起來救他吧！此果真逼出了無趾的大徹大悟，意味深長的說了一句：「天刑之，安可解？」

　　孔子直道而行的一生，是任重道遠的大擔當，或許這就是生命的桎梏，不過這是與生俱來老天賦與的使命感，解不開也無須解啊！

　　「誰能救孔子」，無趾有此一悟，當下得救，立即解脫，撫平了他一生的生命傷痛！

　　莊子真是大文豪大哲人，這段寓言將孔丘、老聃與無趾同時推上智慧的高峰，且以無趾為橋樑，讓儒道兩家有一精采絕倫的和解，或許這樣，孔丘老聃在我們文化長流中，才能千古同步吧！

十一、你怎會多了一隻腳

人生是人物走在人間，在出處進退之間，內心要有一把衡量是非的尺度，而守住人我互動的分寸。不論成敗得失，盡其在我，而各憑造化，別夾雜英雄氣或挫敗感於其間。不然的話，得意狂傲之氣，會傷了天下人的心；而挫折懊悔之情，則成了自家的痛。

《莊子・德充符》有一則寓言，說鄭子產與一位被砍斷一隻腳，名叫申徒嘉的人，同拜在伯昏無人的門下，一起受教修習。

有一天，鄭子產刻意要跟申徒嘉畫清界線，說道：「請你暫坐片刻，我先離開；或者你要先走，那我暫做停留！」反正拒絕兩人同進同出。未料，隔天申徒嘉像沒事人般，依然故我，仍與執政平起平坐。這回，子產聲色俱厲的聲明：「我不是讓你做出選擇的嗎？你先走我暫停，或者我先走你稍坐；可以請你坐下稍等嗎？……你這個人看到執政，一點也不知避開，難道你跟執政分量等同嗎？」

申徒嘉回應說：「老師的門下，也有像你這樣傲慢的掌權者嗎？閣下未免太高估自己的權位，而看不起天下人了吧！……你既然前來老師門下求取智慧，還說出這般無禮的話語，不覺得自己太過分了嗎？」子產反擊說：「你不看看自己到底成什麼樣子，被砍斷一隻腳，還大言不慚，盡說跟堯舜比高下的話，我看你根本欠缺自我反省的能力！」

兩人話已說僵，同學之情已然不存，申徒嘉只好回歸人生的存在困境，做普遍性的省思：「身處亂世，猶如置身在神射

手后羿的靶心間，而那是必中之地；倘若有那一個人可以倖免於難，那算他命大！吾人立身當世，承受人間政治權勢的迫害，那是無可奈何的事，既然逃不開，也就把它當作『命』來認了吧！想我一路走來，受盡人間鄙夷的眼光，到老師門下，我才把積存心頭的悲憤怨懟，放了下來。我追隨老師十九年了，他的眼神中從未顯現我少了一隻腳的身影，怎麼你閣下跟我同窗多年，卻不知我的內在世界，而只從我的外表來評價我呢？你不覺得自身膚淺，而欠缺深度嗎？」子產畢竟是一代賢人，當下深感不安，立即悔過道歉：「先生請不要再說了！」

子產雖賢，大權在握日久，官場習氣纏身，而以勢利眼看待同學。申徒嘉被砍斷一隻腳，不論何等緣由，總是生命的大挫折。假如人人都逃離不了名利權勢的網羅與傷害，那麼就會逼顯申徒嘉深藏心中不忍說出的一句話：不是我少了一隻腳，是你閣下多出了一隻腳！

吾人面對檯面上諸多意氣風發，而睥睨當世的大人物，還是要為一生鬱卒的申徒嘉，問一句他心裡最想說的話：老兄！你怎麼會比我們多了一隻腳！

十二、人間抱憾難免

　　《莊子・大宗師》有段女偊與南伯子葵的問道對話，透顯了人間終究有憾的道行艱難。女偊年長而色若孺子，猶如童顏而鶴髮，兩不相稱。引起南伯子葵的好奇，請教有什麼秘方，可以避開衰老的來臨？

　　女偊的回應，簡單而直接：「吾聞道矣！」原來，不老之方就在聽聞了天道。南伯子葵立即追問：「道可得學耶？」在二者對話間，「聞道」蘊含了「學道」的工夫意涵，聽聞言說，僅停留在理論層次，學習則落在實踐修養的歷程中。

　　此《老子・四一章》云：「上士聞道，勤而行之；中士聞道，若存若亡；下士聞道大笑之，不笑不足以為道。」體道之士而有上中下的評價區分，就以工夫的深淺做為依據。上士勤行，下士不行，中士搖擺在二者之間，與上士為友則工夫存，與下士為友則工夫亡；而下士聞道不僅不行，且出以大笑的藐視狂態，原因在他不相信道，認定道太空闊遙遠，不切實際，老子在此一境遇間，以幽默感來自我超脫，化解在心頭湧現的不滿之情。

　　《論語・學而篇》開宗明義即云：「學而時習之，不亦悅乎；有朋自遠方來，不亦樂乎；人不知而不慍，不亦君子乎！」孔子與老子在工夫修養的深切體驗上，正跨越時空，遙相呼應。學而時習與勤而行之，用功等同；有朋遠來位居工夫存亡的轉關樞紐；不知不慍也與不笑不道的寬容自解，境界相當。

　　南伯子葵的問道之心，已被激發，可預期的他一定會是勤而行之的上士，未料女偊卻給出無情的回答：「子非其人也！」你不是此道中人，意謂天生的才氣不相應，故有心而無才，難竟全功。

　　女偊心中另有理想人選，那是擁有「聖人之才」的卜梁倚。女偊聽聞的「聖人之道」是普遍性的，對每一個人開放，人人皆可以修道。不過，在「根源問題」之外，尚有「完成問題」，此則涉及了才氣或根器的問題，人才可遇而不可求，人在追尋道，而道在等待人，聖人之道與聖人之才，若兩相錯過，則成人世間最大的抱憾！

　　女偊是修道人，她盼望能與卜梁倚組成最佳兩人組的夢幻隊伍，「庶幾其果為聖人乎！」或許在聖人之道「守而告之」的教化之下，可以修成正果，完成「聖人之德」的千古大業。

　　問題在，天生有才氣的人，大多恃才傲物，逃離在「道」的化成之外，終究成了人間的棄才與天地的逸氣，而抱憾總是難免！

十三、想當堯舜反成桀紂

在數千年來以儒學為主流的文化傳統中，中國人面對人生的苦難，走的是以政治救人的道路，此中透顯中國人不為自己預留退路的決絕勁道，沒有天國、沒有彼岸，人生的好與不好，都在今生今世。

政治救人的完美典型，就在以內聖的修養，開創外王的事業。依孔子的詮釋：「天下有道，禮樂征伐自天子出。」普天之下的每一個人、都在聖王的人文教化之下，才算是堯舜之道的理想極成。倘若諸諸候國抗拒禮樂教化的人文理序，天子在維護一統的政治格局之下，派兵征伐不僅必要，且屬合理。

此一說法，莊子思想做出了真切的反思，與嚴重的質疑。〈齊物論〉有一段堯舜對話的寓言，堯說我想攻打三小國，雖已君臨天下，內心卻老是有負擔，不知為了什麼緣故？舜回應說，三小國藏身在天地的一角，有如蓬蒿艾草一般對天下理序既不干擾，又無妨害，你怎麼就不能放開它們呢！莊子認為三小國與世無爭，堯卻為了維護聖王的形相，不容許三小國偏離在自家的人文教化之外，惟恐傷損聖王的美名。這是道家所痛切反省的由心知執著帶出人為造作的災難。說是為了實現人文化成的理想，卻出以戰爭毀壞的手段，試圖以目的讓手段合理，豈不是為了想當堯舜，反成了桀紂嗎？

老子說：「絕聖棄智，民利百倍；絕仁棄義，民復孝慈。」（〈十九章〉）在位者不以聖人智者自居，那天下人民就有福得救了；從政者不以為自己是仁義的化身，那天下人民就有自在

的天空了。聖智傲慢，而仁義高貴，說是愛天下，卻是害了天下。

　　原來，桀紂的人為造作，來自堯舜的心知執著。心知執著堯舜聖王的理想形相，由有心而有為，責求天下人接受我的禮樂教化，否則，不惜訴諸武力征伐，這一人為造作的激烈手段，正是理想的異化，與愛的變質，為了做堯舜，反成了桀紂。

　　此所以莊子說：「與其譽堯而非桀也，不如兩忘而化其道。」（〈大宗師〉）不想當堯舜，就不會做成桀紂，解消了善惡兩極的執著二分，而回歸天道自然的一體和諧中。

　　今天，我們要有了悟，愛台灣不是那一黨的專利，愛中國也不是那一岸的特權，別以「愛臺灣」或「愛中國」，來合理化自己，卻做出了傷害臺灣，或傷害兩岸中國的事。或許今生今世救人，依然是中國知識分子的宗教，不過，那總是要通過民主體制與法治軌道，這樣的話，才可能臺灣人一體得救，兩岸中國人也一體得救。

十四、在道中相遇相忘

　　歲暮天寒，師長友朋間，有人急診住院，有人病重過世，傷痛之餘，問人間生死何事，直教人心懸悲喜兩極，而擺盪其間。

　　《莊子・大宗師》有一段寓言，說三位方外高人，相與為友，每天無心自然的相處相得，且純任天真的相知相惜，渾然忘了人間還有生死的分別。三人心感神應，相視而笑，等同做了心靈的最後話別。沒多久，子桑戶死了，尚未安葬。孔子同情他們，派子貢前去助理喪事，未料兩位方外高人，卻一邊編曲一邊彈琴，和聲唱道：「唉，桑戶啊！唉，桑戶啊！你已回歸自然天地，而我們仍得在人間做人啊，唉！」

　　這真是天大的幸運，三人之間甫做心靈話別，而子桑戶死了，不再有遺憾，也無須傷痛，似乎離開人間的人已得解脫，而仍活在人間的人，卻還得在世俗塵囂中流落，是以生離死別，不再是哀悼的告別式，而可以是編曲彈琴的歡送會

　　子貢面對此情此景，不能接受，質疑的說：「貴友停棺堂上，而兩位卻臨尸而歌，請教這樣合於禮制嗎？」兩人會心一笑，說道：「閣下又那知禮的本意！」子貢碰壁而回，跟孔子報告：「他們到底是怎麼樣的人，修行盡在化掉既有的規範，直不把生死當做一回事！」孔子答道：「他們遊於方外，我孔丘遊於方內，方外方內本是兩個互不相干的世界，我要你前往治喪，那是我的淺陋！他們正與天地同在，與造化同行，生是負累，

而死是解脫，形軀僅是安身之所，而生命依歸道體，怎會守住世俗之禮，儘做給天下人看呢！」

子貢聽聞孔子對方外高人這一番同情的了解，與肯定的評價，大感困惑：「倘若方外之人的行誼，是值得敬重的話，那麼老師你要把我們帶往何方呢？」

孔子的回答，凸顯了儒家的本懷：「我這個人是天生的勞碌命，幾乎無可選擇，我們師生兩個當然走遊於方內的路。」

子貢問說：「方內擔當人間理序，要如何『遊』得起來？」孔子答道：「魚在水中相遇，人在道中相會。魚只要在水中穿梭來去，而養分自足；人在道中行走，無須人為造作，而生命自定，此所以說：魚相忘於江湖，人相忘於道術。」

魚的生命源頭在水，人的生命源頭在道，有了源頭活水，魚可以互相把對方忘記，不必「相濡以沫，相呴以溼」；人也可以互相把對方放下，不必我救援你，你支撐我：此所以相忘的根本，就在活水源頭的道。不論立身方內或方外，總要心中有道，道就是一切，一切都在這裡，一切也就可以放下，生命不就可以優遊自在了嗎？

人生自古皆有死，問題在，「道」已臨現了嗎？

十五、勘破生死可與為友

　　近日報載，有一對青年情侶，相約伴隨一生；未料，男生因拔牙感染而遽然過世。或許，過於突然，女生不能接受，也就自殺相隨。天下父母心，為他們舉行冥婚之禮，以彌補有情人未成眷屬的人間缺憾。

　　吾人看此則報導。赫然發現新聞標題竟是：現代版的羅密歐與茱麗葉，且是以「殉情」來終結此一所謂的「人間佳話」。

　　當然，衡之當前性愛氾濫而獨缺真情的街頭景觀，這位以生命還報深情的姑娘，堪稱人間少有，為這一真情流失的年代，留下了讓人動容的生死見證。

　　動容之餘，卻讓人心疼，這是什麼時代了，怎麼還會有一往情深而不忍獨活的堅貞決絕？所以，心疼之外，更多的是一分敬意！

　　不過，把這一件令人傷感的憾事，說成佳話，未免太離譜也太沉重了！此與羅密歐、茱麗葉戲劇性的殉情演出，大有落差，一者是因病痛而來的生離死別，一者是為化解兩家積怨而有的陰錯陽差。怎會是現代的翻版呢！

　　就因為生死兩茫茫，死者已矣，而生者難以承受這一至愛離去的傷痛，只要想起他正在黃泉路上踽踽前行，既落寞又哀傷的情景，怎能不興起伴隨同行的意念呢！在這一生死交關的時刻，總要有親人友好的陪伴支持，這位姑娘僅是女朋友的身分，或許被疏忽了，反而得不到應有的安慰與保護吧！

　　越是不忍難捱，越得換個角度來思考，假如他泉下有知，會希望你如何過這一生呢？他那麼愛你，想當然耳會要你堅強的活下去，且活出一生的美好；可惜的是，她沒能轉念而跳出此一困局，竟隨所愛而去！

　　《莊子・大宗師》說四個方外真人，發表一份共同的聲明，向世人宣告，只要能了悟死生存亡本是一體而不可分的人，我們就跟他做朋友。原來，人世間公開徵友，只有一個條件：那就是勘破生死大關的人。因為若沒有解消生死的執著與分別，而相與為友，是則所有人間的真情友誼，無不以悲劇收場。一邊走不開，一邊放不下，豈不是人間情愛，均成傷痛麼！

　　人生在世，不論親情友誼，在活著的時候，我們永遠要做到這一點，那就是當那一天我離開人間的時候，他可以堅強的活下去。這樣，我們才真正是相愛一場，而不會抱憾成空。

十六、別無語問蒼天

《莊子‧大宗師》有一段寓言故事，說兩個知心好友的生命對話。

子輿在連下十天大雨的時節，想起好久沒看到好友子桑了，心裡嘀咕著，子桑大概生病了吧！就帶著飯菜前去，想讓子桑好好吃一餐。

未料，到了門前，只聽到屋內傳來子桑鼓琴悲歌，而其聲若哭的唱道：「父耶，母耶！天乎，人乎！」或許心裡承載不了這麼沉重的哀愁吧，歌聲急迫短促，幾不成調！

子輿進了室內，問說：「吾兄歌詠詩篇。聲調怎會如斯蒼涼沉重！」子桑答曰：「我在想是誰逼我落到如此嚴重的困境，卻一直找尋不到答案！生我愛我的父母，那裡會要我如此的貧困呢？而生萬物養萬物的天無不遮覆，地無不乘載，也不會獨獨要我受苦受難！我老是問自己，到底是誰造成的，既不是父母又不是天地；然則我今天竟落在幾乎活不下去的困境，大概只有命可以解釋了吧！」

莊子這麼親切而深刻的存在感受，直承孔夫子。孔子說：「命矣夫，斯人也而有斯疾也，斯人也而有斯疾也！」好人而得絕症，當真天道寧論，你不能無語問蒼天，因為蒼天也無以回應。

孔子說：「死生有命！」莊子也說：「死生，命也。」「命」一邊是「不得已」，你不能讓它停下來，一邊是「不得遯」，你

不能逃離避開它。人生的困苦在，你試圖讓時間凍結，青春永
駐，而那是不可能的任務。

　　中國人面對生命的苦難，不祈求上蒼庇佑，而只說句：「還
不是命嗎？」當下釋放自己，立即得救。「命」是屬於人物的
有限性，沒有人不在歲月中老去，也沒有人不離開人世間，那
是佛陀與基督也無能為力的地方。在傷痛臨頭之際，你就認了
吧！認了，它就不能再壓迫你，再傷害你了。與天地同在，與
時間同行，豈不是從苦痛中解脫了嗎？

　　「命」就是最後的答案，更貼切的說，那是沒有答案的答
案，沒有理由的理由，也是沒有出路的出路，有如「行到水窮
處，坐看雲起時」，水窮處就是雲起時，所以「命」是傷心的
終站，也是再生的起點，那是幾千年來中國人的救命妙方。

十七、鑿破混沌重啓生機

　　《莊子・應帝王》 最後一段寓言，說「鑿破渾沌」的故事，人物主角是「南海之帝名曰儵」與「北海之帝名曰忽」，情節展開在兩大巨頭，總會不定期的來到「中央之帝名曰渾沌」的國度，做一度假式的南北會。

　　帝王家打天下，進而治天下的千秋大業，從天地悠悠而言，皆是倏忽之間的事。相對之下，人間權勢名利，誠如浮雲過太虛，轉眼即逝，不做任何停留。

　　「渾沌」是無執著無分別的存在樣態，當然是度假的勝地，有如夏威夷海灘，水天一色，天天天藍，水更是浩瀚無邊的藍藍大海，儵與忽暫且放下日理萬機且得當機立斷的政治生涯，來此偷得浮生七日之閒，無盟約無權謀，無縱橫捭闔，亦無條件交換，完全放下而回歸生命本身。

　　說中央之帝名曰渾沌，意謂權勢爭逐是一時的，天地自然才是長久。渾沌接待南北二帝，是以不待待之，無簡報，無參訪，亦無記者會，當然更無須發表聯合聲明。所謂「待之甚善」，不是技巧性的巧妙運用，而是修養工夫的無心天真，此等同不接待，而不接待即無待，無主客二分，而從物我對列中超拔出來。解消自我的武裝與人我的對抗，使物我一體而情景兩忘，沒有天涯作客的漂泊感，故南北二帝頗有賓至如歸的自在自得，身心得到了全然的休養生息。

　　兩人感覺甚佳，心中萌發要如何報答渾沌無心接待的美德，兩人你看我，我看你，在顧盼之間忽地靈光一閃，心有靈

犀一點通的說道：「每一個人天生都有七竅，藉以視聽食息，
一者調養自我，二者通向天下，惟獨渾沌老兄沒有七竅，可以
做為與天地萬象交接的窗口。我們就為渾沌老兄開竅吧，略盡
我們感謝的心意！」

　　南北二帝就此每日為中央之帝開鑿一竅，七日開鑿七竅，
有如創世紀般，未料在大功告成之日，卻發現渾沌死了，無心
自然的渾沌天地，就此在人為造作間崩解。道家義理，所謂「自
然」有兩重的區分：一是天生的自然，或謂現象的自然，二是
修行的自然，或謂境界的自然。

　　南北二帝所鑿破的自然，乃是天生的自然與現象的自然，
此一原始樸質的鑿破，乃是文明的起點。不過，隨之而來的主
客對立，與物我有隔的存在樣態，從生命自然的觀點而言，卻
是人與存在時空，與天地萬象的破裂。

　　渾沌無執著無分別，自有物我不分的一體和諧，問題在，
那是未經人文心靈去開發，與修養工夫去照現的初度和諧。此
一原始和諧的背後，藏有被天行規律與天生形氣所封限的蒼茫
與悲涼。故南北二帝倏忽之間的人為造作，雖鑿破了中央之帝
的渾沌，卻也開啟了人文涵養的空間，並給出了精神飛越的天
地。

　　渾沌死了，生命在此要有一轉折，甚至有一翻越而重啟生
機，經由致虛守靜的主體修養，解消心知執著的痴迷，與人為
造作的熱狂，走出倏忽虛妄的假相幻境。而以虛靜心觀照天地
萬象，將現象的自然，轉化而為境界的自然。而通過「凡物無
成與毀，復通為一」（〈齊物論〉）的轉化工夫，所朗現的一體
境界，才是道家心靈所追尋的二度和諧。以是之故，道家的天
真，不是「無知」的渾沌，而是「不知」的觀照！

十八、材與不材之上

　　《莊子‧山木》篇有一段記載：說莊子帶領眾弟子在人間行腳，四處遊學。有一天在山間行走，看到一棵大樹，枝葉盛茂，伐木團隊站立旁觀，而不砍斫，請問何以故？則以「無所可用」回答。莊子即對眾弟子當機指點說：「這棵樹是因為材質無用，才得以享有天年」

　　當天傍晚，走離山頭，而來到友人家過夜，友人心喜莊子到來，命童子宰鵝待客，童子問說：「家有兩隻鵝，一隻會叫，一隻不會叫，請問要殺那一隻？」主人答道：「就殺那一隻不會叫的！」

　　眾弟子聽聞這一段問答，想必滿腹問號，而食不甘味吧！隔天，莊子偕弟子辭別友人上路，眾弟子迫不及待的質疑說：「昨日山中木，是因無用而得保全，今日主人雁，卻因無用而被宰殺，老師，設若是你，將何以自處？」

　　莊子笑著答道：「我將處在有用與無用之間，做為山中木，我無用；身為主人雁，我猛叫，這樣不就可以自我保全了嗎？」此僅是戲論，不是究竟的解答，此等擺盪在人世間二分兩極的相對評量中，仍難以獲致徹底的解脫，因為，主人會殺那一隻鵝，是沒有什麼必然的道理。倘若當天清晨，主人在酣睡中被鵝的叫聲吵醒，傍晚會殺那一隻，可能是完全不同的答案。故人生若被世俗價值觀所套牢，就永遠掉落在兩難的困苦牽累中。

　　所以，莊子給弟子的究竟解答是：「乘道德而浮遊則不然，無譽無訾，一龍一蛇，與時俱化，而無肯專為……悲夫弟子志之，其唯道德之鄉乎！」

　　所謂的「乘道德而浮遊」，乃是與天地同在，與萬物同行的意思，依據太上老君《道德經》的意涵，是無心無為而回歸自然，無掉心知執著的價值二分，放下讚譽，也遠離辱罵，無掉天下勢利的判準，就不會有人間龍蛇的分別，讓自己融入存在時空，就是〈逍遙遊〉所說的：「無何有之鄉，廣莫之野……」心無何有，什麼都放下來，都無所求，那天地就無限寬廣，無比較無得失，也就無負累無壓力，人生路上無憂無慮，不就可以無待而逍遙了嗎？

　　人世間所有的執著分別，歸結而有「材與不材」的區分。在此一「材用」的價值觀念之下，大人世界自我流放在功利主義的桎梏中，青少年世界則被禁閉在分數主義的枷鎖中，以數量取代品質，以排名別高下，以成敗論英雄，身外物凌駕在自家真實生命之上，每一個人都被禁閉或流放在這一無形的監牢中，而痛失自我伸展的空間跟舞台。

　　實則，功利主義與分數主義連線，所謂的熱門科系，都直通勢利的出路。以是之故，熱門必擠爆而成窄門，不僅形成激烈競爭，且主流熱門也在三十年風水輪流轉間，可能轉為冷門邊陲，那是欠缺必然的保證。只有每一個人回歸自己的性向情，你喜歡的你有感覺的，你有靈感有創意的，才是值得一生去追尋去依止的「道德之鄉」，人人走出自己的路，而活出自己的內涵，回歸自家生命的原鄉。

　　此所以徘徊在「材與不材之間」，那是人生的無奈！只有超越在世俗街頭的「有用與無用」的二分之上，才能實現屬於自家的生命大用。

十九、道在屎溺而屎溺非道

　　某位鄉土婦人，說是基於宗教信仰，將糞便帶回家收藏，且每日用以祭拜，有如鍊金術般，試圖點糞石以成黃金。在此等癖行的糾葛之下，當然臭氣滿室，且直逼鄰舍，鄰人群起抗議，而先生也受不了太座的神秘工夫，訴請離婚。

　　不知何方教派，如此詭異邪門，或久陷窮困者，異想天開！意圖通過念力觀想，有如作法般，為自家平反，把最低賤之糞土，化為最高貴之金玉。反正，二者皆屬黃色系列，基於顏色的聯想與苟同，以為自身可以化腐朽為神奇，堪稱白色恐怖外一章，黃色恐怖是也。

　　《老子‧八章》云：「上善若水，水善利萬物而不爭！處眾人之所惡，故幾於道。」說上善之人的生命人格，有如水一般，水利萬物，「善」就在不與萬物爭；且水永遠往低處流，處在眾人所厭惡的卑微之地，去做人世間最高貴的事業。因為在最低下的地方，才得以同時潤澤萬物。原來，最高貴的生命，就藏身在最低賤的地方，有如天下父母心，就在奶瓶尿布與柴米油鹽中顯現，亦如天道生萬物的根本原理，就在「無」了自己，而給出萬物成長的空間。

　　此《莊子‧知北遊》云：「道無所不在。」而在東郭子要求指證的逼問之下，說道在螻蟻、在稊稗、在瓦甓、在屎溺，這就是叫人大驚奇的「每下愈況」。道最高貴，莊子卻直往低下處說，從昆蟲降為草木，再從磚瓦斷片貶為屎溺廢物，當真

讓人受不了。莊子所要逼顯的涵義在，越是與卑微之物同在，與低賤之物同行，越能譬況道生萬物的高貴。

　　試看，儒聖、道君與佛陀的救人救世，總要與受苦受難的人同在同行。道在苦難處救人，而這更凸顯道的高貴。問題是，道不避開卑微低賤，而卑微低賤卻不等同道。且卑微低賤，是道的修行涵養，從道的「無」說卑微，從道的「有」說高貴，《老子‧三九章》云：「故貴以賤為本，高以下為基，是以侯王自謂孤寡不穀，此非以賤為本耶？」賤下是內斂涵藏的修養道行，侯王要自以為孤單寡德之人，而邀請天下人民來扶持，天下才士來輔佐，這樣治國平天下，才有根有本。

　　由是而言，卑微下賤不是指涉天生的污穢棄物，而是自我解消的人文涵養，捨自我的成長與自我的超越而外，任何寄望奇蹟出現，將糞石直接化為金玉的狂想，都是痴人說夢，也無不以難堪收場。

內七篇之玄理奧義

逍遙遊——自我的成長

一、 哲學的兩大功能

（一）解釋人的生命何以有限——同情與包容

（二）給出未來的希望與遠景——出路與動力

二、 逍遙遊解題：「消盡有為累，遠見無為理」

（一）逍是消掉人的有限與困苦——過而忘

（二）遙是開發無限的精神空間——引而遠

（三）遊是自在自得

　　　　逍是打掉他在他得的「他」

　　　　遙是把「自在自得」的「自」活回來

三、 大鵬怒飛的主題寓言

（一）由小而大的成長

（二）由大而化的飛越

（三）人的大化與自然的大化同體流行

（四）南冥不離北冥，天池是天人合一的理想境

（五）小麻雀不知大鵬鳥的心胸氣魄

四、 生命的四層境

（一）知效一官，行比一鄉，　　有功有名，有求於外

　　　　德合一君而徵一國者。　　一如小麻雀。

（二）宋榮子猶然笑之　　無功無名，困守於內

　　　　定乎內外之分　　　　　　有己未樹

　　　　辨乎榮辱之境

（三）列子御風而行，泠然善也　　免於行累，無己有待

旬有五日而　後返。　　　　　　　　　　隨風飄落

（四）至人無己　　形軀的修鍊→精神的解放

　　　神人無功　　彼且惡乎待哉－無待

　　　聖人無名　　以遊無窮

　　　乘（統有）天地之正　不可乘－不必乘

　　　　　　　　　　　　　　　　　＞→不必待

　　　御（操控）六氣之辯　不可御－不必御

（五）天地與我並生　　　　　　天地

　　　　　　　　＞不自外於＜　　　＞同體流行

　　　萬物與我為一　　　　　萬物

　　　（隨地）所在皆是「是」在那裡　　在　每一角落　空間

　　　（隨時）當下即是「所遇斯乘」　　在　每一剎那　時間

五、　惠子與莊子的生命對話：所用之異也

（一）惠子　　魏王貽我大瓠之種，　　堅不能自舉

　　　　　　　樹之成而實五石，　　　瓠落無所容

　　　　　　　為其無用而掊之。

　　　莊子　　慮之以為大樽，

　　　　　　　浮於江海，

　　　　　　　夫子固拙於用大矣。　　有蓬之心

（二）惠子　　大本擁腫　　不中繩墨

　　　　　　　小枝卷曲　　不中規矩　　山樗（樗）

　　　　　　　子之言，大而無用，眾所同去也

（三）莊子　　卑身而伏，以候遨者

　　　　　　　東西跳樑，不避高下　　狸狌

　　　　　　　中於機辟，死於罔罟

　　　　　何不樹之於無何有之鄉－逍

廣漠之野－遙

無為其側

　　　　　＞－遊

寢臥其下

不夭斤斧，安所困苦哉？

◎功德歸給母親

各位先生、各位女士：

　　這次答應來做一系列《莊子》的演講，我計畫講七次，每一次講一篇，以內七篇為一系列。家母於前幾天過世，我這幾天不論是在上課或演講，都有種感覺，我站在講台上是幫媽媽出來說話；假定演講是功德的話，所有的功德都歸給我的母親。今天是第一講，題目是〈逍遙遊〉，跟我當前的心情大不相應。不過我想哲學或宗教，總是在人最軟弱、最苦痛、最憂慮、最勞累、最傷心的時候，讓我們距離天道最近。我有一個感想——台灣社會最乾淨、最和諧的地方，除了宗教的殿堂之外，我認為醫院加護病房外的家屬休息室，是人間最沒有距離、最沒有機心、最沒有競爭，可以完全放下、完全感通的小社會。

　　所以，傷感時候、痛苦時候，也是我們跟上帝、佛陀、天道最接近的時候。我一直覺得人會流淚，藉著眼淚可以洗淨我們的靈魂，就像下一陣大雨可以洗淨大台北的塵垢污染。所以，天下女士的清新、敏銳，都能超越天下的男士，其最大的原因就是女士會掉眼淚，隨時把人間的困苦都洗掉了，而恢復她原有的清新、原有的感動。人生在世一定有很多問題，困苦、憂愁、病痛，甚至老死，都會開啟我們對人間有限性的感受。人是有限的，醫學是有限的，但是我們的願望無窮。我們希望每一個人都天長地久，但我們總要面對我們最親近的人離開我們，所以科技、醫學還是有它的極限。

◎包容有限，開發無限

不管是哲學或宗教，永遠面對兩個問題：第一個它要同情人的有限性，對人生的悲苦、憂愁，一定要有一份包容、一份支持。所以宗教永遠是最動人的，宗教對人的有限性給出最大的同情，與無限的包容，包容苦或罪。儒家認為那是我們的命，道家認為存活總是牽累，人生有很多的命限，所以宗教哲學一定要去同情人的有限性；另外，它還要給出我們的希望，給出我們未來的出路。人生是如此困苦，但是我們要有無限性；人有苦業，但是人可以成佛，人有原罪，但是人可以得救啊！上帝來救贖每一個人，上帝的恩寵，救贖每一個有罪的人。儒家認為每一個人都有命，但是可以突破命限，人人皆可以為堯舜，人人都可以成聖成賢。以道家的觀點來看，人生不免勞累困苦，但人生也可以逍遙。對莊子來說，轉俗成真就是逍遙。人生，事實上是從我們的有限性出發，從人的軟弱、人的無依無靠、人的悲愁、人的困苦處出發，但是我們希望找到一條精神、生命提升的道路，這叫「形而上」。我們的有限性則是源於我們形而下，形而下是因為我們有形氣，形氣成器用，「器」用是有限，苦業、原罪、命限，還有人的勞累，都是從「氣」來。我們是一個有限的身體，人的身體會病痛老死，但我相信人的精神、心靈不會，我們的血液循環、脈搏心跳是官能、氣力的問題，但是我們的精神、愛心不會在人間消失。所以，人永遠要從形而下轉往形而上的路上走；人物是「器」用，人的存在是形而下，但是我們要往形而上的「道」走，走這條路就要去求道、修道、證道，去行道人間。我想各大哲學體系、各

大宗教信仰都有共通的道理，今天我們要講逍遙遊，就是這樣的思路。道家教導我們，首先還是要面對人的有限性。

◎人生困苦不在「物」而在「心」

「逍」跟「遙」，我們可以分開來解釋，在此處我是根據王船山及顧桐柏的解釋。「逍」就是人生取向往「消」的路上走，對於人的有限性，我們要去消解，要「消盡有為累，遠見無為理」。道家最大的感受就是人生是很累的，人會很累就是因為人有為，想要抓住某些東西，想要大有作為，這些在道家叫人為造作，這樣一來就讓人受到很大的束縛，很大的負累。所以逍遙遊就是要我們消盡有為的累，一旦把我們的苦累、有限性消掉以後，就可以遠見無為理，「遙」即為遠的意思。故王船山說逍是「嚮於消」，「遙」是「引而遠」也，「嚮」是人生的方向，即我們要往消解的路上走；在老子而言即「為學日益，為道日損」。大多數的人都為學日益，不管做什麼事，都想要每天增加，抓住名利、權勢，在地位、身分、財富、權力方面每天都想法子成長，一般說來都是如此。道家覺得人生的苦惱、憂愁、勞累就是因為人想要每天增長，而且欲望永遠停不下來；以榮耀來講，應該是件很好的事，但每天都想聽到掌聲、得到肯定，這就是一個無底洞，哪一天沒有了這些，就會覺得悵然若失，好像整個社會都不支持我們了，突然之間就會覺得自己很難活下去，因為每天都習慣於得到喝采。所以，無論是成名或得到榮耀，恐怕那想要得到的念頭永遠是我們的負擔。求道就要減損，損就是要消盡有為累。嚮於消即人生的方向走向消解，要消解人的有限性，消掉有心有為的人為造作。

儒家認為人生的問題是因為我們有命有物欲，人雖是有良心，但物欲會把我們的良心往下拉；譬如權力欲太強的，名利心太重的，或面對強烈競爭的人，良心往往被拋到一邊，只想到欲求，對儒家而言，我們的問題是出在我們的物欲；但對道家來說，不是我們的物出問題，而是我們的心出問題，因為我們的心會起執著，執著名利、權勢，什麼都要都想抓住，這個才成為我們的問題，以道家言就是要消解這些心執，叫消盡有為累，然後才能遠見無為理，這樣才能逍遙。

◎消解有限，走向無限

我們首先要反省的就是，我們活在人間能不能遊，能不能自在自得，遊於人間世。所以憨山大師他解釋逍遙為廣大自在。人生在世我們要遊，遊就是自在，現在的名詞叫自由，叫解放，道家不講解放，道家叫消盡、消解，現在叫解放，精神的解放讓我們自由，在傳統的說法這叫自在。遊就是自在，不論我們在哪裡都可以自在，沒有憂愁、困苦、煩惱、壓力、鬱悶，這叫自在。人生要能夠自在，是因為有一個開闊的心靈世界。

台北給我們最大的感受就是太擠了，整個台北街頭任何時間都是人潮，都是車隊，太擠了就讓我們很難遊得起來，所以每個人走在路上都匆匆忙忙，都有壓迫感，奔走於途，有點到處流落的感覺。我們缺乏自在，就沒有美感；台灣很進步，但台灣沒有美感，沒有讓人家有個自在的感受，自在來自於廣大，廣大就是遠，遠就是很開闊，人在開闊的世界裡才會遊，才會自在。比如在很大的運動場，小朋友就可以自在地做他的遊戲、他的活動；整個校園很開闊，每個人在裡面都可以自在，捉迷藏的捉迷藏，打球的打球，聊天的聊天，談心的談心，都

可以自在。但這自在必須要有開闊的空間，我所說的開闊的空間是指精神方面。世界為什麼會開闊呢？因為我們都不要。什麼時候我們最自在？就是消解人間名利心跟權力慾時，不要跟人家比賽，不要搶第一，剎那間覺得很大的自在。上班的時候有哪個人心情會很好？散步的話就心情很好，因為散步是沒有目標的走路，莊子認為最悠閒的人叫散人，這樣的散人叫真人，很閒散，似乎自人間的排行榜跳出來，眾人都在追求名利，競逐權勢，但是真人跳出來，把它消掉了，心裡面不執著名、不執著利、不執著權勢，所以世界突然變得很大，海闊天空什麼地方都可以去。平時我們什麼地方都不能去、都不敢去，因為我們有太多的忌諱、太多的想要、太多的追求、太多的執著，……以致讓我們失去原來的自由。人的精神本來是無限性的，心靈是到處都可以去，有無限的自由。但是我們的心掉下來了，心變成有心，有心的話就變成有名、有利、有權勢，會跟人家競爭，要排名、要排行，這樣一來就會失去原來的空靈，因此我們就會變成一個很受束縛的人，很沒有情趣的人。

　　由此我們可以了解到道家要講的是我們的心要減損很多的執著，如此世界才會無限的開闊。人擁有無限開闊的空間，人間到處可以去，到處可遊，這就叫「逍遙遊」。「逍」就是消掉人的有限性，「遙」是開發無限的精神空間，人就可以做個散人到處散步，悠閒而自在，沒有束縛，沒有壓力，沒有罣礙，沒有牽累，這叫做「遊」。所以今天我們講的逍遙遊，是這個意思。我們解題什麼叫逍遙遊，人生的有限性就是我們執著太多，想要太多，「道」就是把人的執著消掉，消掉以後就會變成沒有忌諱，沒有壓力。什麼時候我們會變得最好？就是當我們忘掉爭取第一的時候，突然間會感覺這個世界好大好開闊，

到處都可以去。既然世界無限寬廣，那麼人間到處可遊，因廣大而自在。

◎人生問題在於「在」與「得」

人生永遠面對兩個問題！第一個是我的「在」，我們活在這個世界叫「在」，我們的「在」從兒女來說是從父母來的，從萬物來說是從天道來的，天道生萬物，父母生兒女；從政治來說是從聖人來的，聖人生百姓，所以我們拜天地、拜天道、拜父母、拜祖宗、拜歷代聖賢；因為我們的「在」是經由他們來的，所以我們每一個人都命定的要走我們父母的路，他們也許不存在了，但是我們在啊！媽媽在人間消失了，但是我在啊！所以我一定要演講。我也會老，但是我兒子在啊！我兒子也會老，但我兒子的兒子在啊！所以，人生第一個是「在」的問題，人生是從「在」開始，人被生下來，來到這個世界，這是第一個問題。但人生還沒有完，當我們「在」了以後，我們開始問第二個問題：我們「得」到什麼？我們「有」什麼？我們的「在」及我們的「得」是人生兩大問題。人在病痛時，我們只希望「在」，在面對死亡的時候，我們只希望從死亡的邊緣走回來。我們所有的祈禱所有的禮拜，就是希望上帝、佛陀讓媽媽活著，因為「在」是第一個問題，當媽媽活著的時候，我們就開始希望媽媽幸福，希望媽媽得到心靈的平安，有她的「得」。所以人生的「得」，大概是指我們的「德行」和「福報」，而且我們經常覺得是因為我有德、有福我才在。

◎自在自得與他在他得

我們不大認為人活著就只是活著，人要先存在才求得；現

在一般人的思考是我得了以後才在，假定我沒有德沒有福的話，我這個人彷彿一無所有，「在」也等於「不在」，這叫空虛，一無所有。故這兩個問題是很難分開，第一個——我們如何來到這個世界，第二個——人活著有什麼。人不光活著，活著要有尊嚴，要有價值，要擁有某些東西；若一無所有，是否人生就很空虛？不是白白過這一生嗎？所以人活著之外，還要求「得」。但是我們思考回來，是我「得」了，我才「在」。比如很多政治人物會覺得沒有權力就彷彿沒生命一樣，很多人覺得他若沒掌握財富，他就不算活著，有些人覺得他沒有成名，就不算活著，沒有掌聲、沒有喝采、沒有知名度，他就覺得沒有活著。當「得」的時候，他才覺得他「在」。所以才會投入在人間社會的競爭中，去追逐名氣、權勢、財富。否則他會有危機感，每天一定要翻開存款簿看看才覺得自己還活著，為什麼？因為他得啊！所以他理所當然整個精神投入在人間社會名利、權勢的角逐。那種「在」那種「得」，叫他在他得。怎麼說呢？比如選舉，當選才算「在」，但是能不能當選是由別人投票，所以「在」與「不在」是別人決定，故言他在他得。

　　我們的財富要靠整個台灣社會的人氣，股票過去漲到一萬二千點，現在是五千五百點，台灣有四百萬的股票人口，我自己一張都沒買，因為我永遠看透了股票是他在他得。我覺得人生一定要找到一條自在自得的路，譬如讀書、修養、做人、行道，這些我們自己可以決定，而且一去實踐就有所得，都是我們自己去做，我們自己可以決定，故言自在自得，所以我們生命的起伏不大。我有位生意界的朋友告訴我：「王博士，你很忙喔！你每天都跑來跑去。」他的意思是我到處演講，我答以我雖然很忙，但是我心情都一樣。因為我在講永恆的東西，講

孔子、老子、孟子、莊子，講哲學、宗教，我的生命沒有很大的起伏，我告訴他：「你們就跟我不同，你們的忙是漲跌互見，一下子漲停板，一下子跌停板，這樣的話生命沒有安全感。」我講孔孟老莊有安全感，人生的安全感很重要，我早上出門，我知道我傍晚可以回家，而且家不會跑掉，所以我放心出門；我晚上放心睡過去，因為我知道我明天會醒過來，而且爸爸還愛我，媽媽還愛我，兄弟還是兄弟，夫妻還是夫妻，我才會放心睡過去，人生是靠這個恆定的親情友誼活下去，不是靠社會新潮、流行、時髦等變動的東西活下去，那個是讓我們活不下去的原因。為什麼心情這麼惡劣，是因為社會變動太大。一下子在高峰，一下子在深谷，那個叫他在他得。

　　什麼叫「道」，「道」就是把那個「他」消掉。什麼叫「遙」，就是把「自」活出來。我們要消掉外面決定的東西，然後才會給出自己在自己得的情境；他在他得是靠不住的，是別人決定的。我們一般人要靠社會的景氣來帶動我們，若社會不景氣，我們要不要活下去？所以，我們不能靠景氣，要靠修行，人修行的話，每天一定自在自得；故「消」就是把所有我們對人間過度的依賴消掉。愛國獎券仍風行時，我從未買過一張，我當然很愛國，但是我不願給自己一個等待僥倖的機會，我覺得不好。我永遠靠自己的力量去得到什麼，自己在自己得。譬如讀書，每日讀就每日有所得，所以不管怎麼晚，我臨睡前起碼要看幾頁書，因為讀了書我才在。我跟朋友在一起我才在，我教學生時我在同時我得；我覺得這是人生最穩當的道理，這是不變的，因為我們是自己在自己得，而不是他人讓我們在，他人讓我們得。「他」就是外在，但我們希望是自在自得，故所謂

「道」就是消掉我們內心的執著及對外的依賴，依賴減少了，則自在也自得的比率就增加，這叫逍遙遊。

◎自在自得才是逍遙

《莊子》第一篇叫〈逍遙遊〉，但很多人以為逍遙遊是從天上掉下來，而不曉得逍遙遊是從人間的困苦悲愁開始，從病痛開始，從執著、負累、傷感開始，但是我們要把它消掉，如此才能遠離人生的有限性，而給出無限的精神空間，可以做個散人到處散步，這就叫自在自得。只有自在自得，我們才是自由的，我們才是無限的，假定我們投入在人間的他在他得，一切都靠別人給我們，靠別人決定，在求排名排行的話，我們就失去我們原來的自在自得，所以莊子要講逍遙遊。

我們來看〈逍遙遊〉的寓言，叫「大鵬怒飛」。莊子的義理通常都通過故事來的，而且他最重要的理論通常在第一段出現。「北冥有魚，其名為鯤，鯤之大，不知其幾千里也。」逍遙遊的意思，通過這段就可以看出來。北冥就是北海，但非指一般海洋，故以「冥」名之。老子用玄，莊子用冥，有時叫玄冥，此「冥」為孕育生命的大海，是形而上的海洋，是生命誕生的地方。鯤為魚子之意，魚子很小，但莊子說：「鯤之大，不知其幾千里也。」所以大家都覺得莊子的想像力太強。莊子說他自己是謬悠之說，所以人家就說他是滑稽的開端，他的荒唐之言，無端崖之辭，是文學性的語言，甚具想像力，但事實上他不是隨意寫的，因為北冥是個孕育生命的大海，生命最大的特質就是他會長大，或許剛生下來還小，但是他會成長，所以他告訴我們這是「由小而大」的成長，而不是滑稽的開端。

莊子好像告訴我們一些很有想像力而不真實的話，其實不是，
他說的是寓言，寓言就是把大道理放在故事的背後。

「化而為鳥」，這條大魚轉化而變成大鳥，這隻鳥的名字
叫鵬，故曰大鵬，「鵬之背，不知幾千里也」，鵬也有幾千里
那麼大，但它不再是魚，化成鳥在空中飛，這叫「由大而化」
的飛越，意謂一個心靈的超越，境界的提升。由小而大只是生
命的成長，平面的成長，由鯤變成鵬則是起飛，由地面往天上
起飛。我們知道莊子的寓言裡鯤是魚，鵬是鳥，但他實際上講
的是人。莊子是對人說話，他告訴我們人生就是在生命的大海
裡面，我們被生下來時很小，但是我們會成長，不光是長大，
而且是境界的轉換，人會轉化，會昇華，會往上起飛，會飛到
幾萬里的高空。

「怒而飛，其翼若垂天之雲」，大鵬鳥奮起而飛翔，牠的
翅膀擺動之間就像雲垂天旁，牠一張開翅膀就遮住了半邊天，
「是鳥也，海運則將徙於南冥」，這隻鳥在海上長風吹起時（海
運即海上長風吹起時，代表自然），憑藉海上長風往南飛去，
由北海飛到南海，此南海為南冥，還是形而上的海，是天上的
海洋，不是人間的海洋。以道家來講人的修養、修行，是跟「自
然」結合在一起，人本身的成長由小而大，由大而化，但是光
人不行，所以道家要我們回歸自然，跟天地結合。所以人的大
化還要跟自然的大化結合。

◎天國在人間不在新大陸

「南冥者，天池也」，看起來人生好像是從北海飛到南
海，好像北海不大好，南海才很好。所以莊子才說：「南冥者，
天池也。」天池即天國、天上。人本來是活在人間，只要你往

上飛的話（即每個人修養自己），人間可以成為天國。我們在詮釋《莊子》時，要看《莊子》各篇的系統來了解莊子的意思。我個人的想法是人間有苦難，不是世界不好，是人不好，故只要經由我們的修養以後，讓人變成真人，那人間就是天國了。

　　這一篇最重大的誤解就是人生的理想彷彿就是由北海飛到南海，就好比北冥是台灣，南冥是美國、紐西蘭、澳大利亞、加拿大。在台灣的中國人都往國外跑，因為認為台灣是北冥，北冥不大好，我們趕快起飛吧！存點錢到國外去，外國就是天國。我看莊子絕對不是這個意思，假定我們人生只是逃，由北冥逃到南冥的話，那我們何須講由小而大，由大而化？在莊子來講，人生不大理想是因為我們太小了，只要我們的心胸開闊，我們的精神起飛的話，每個人有大心胸、大氣魄，有大修養，有大的成長、飛越，這樣的話事實上北冥就是南冥，人間就是天國了。

　　所以，我們不要誤解莊子要逃，好像大鵬鳥就是七四七的飛機，搭上七四七就如大鵬鳥起飛了，飛到哪裡？飛到美國……。我看莊子不是這個意思，所以莊子用一隻小鳥來跟大鵬鳥對話，小鳥是配角，小鳥覺得不可思議，就發表感言：「大鵬鳥，人生的逍遙何必像你這個樣子？要長得那麼大，飛得那麼高，不像我小麻雀飛來飛去都很逍遙。」他就用一隻小鳥來嘲笑大鵬鳥，嘲笑牠飛得那麼高、那麼遠，而小麻雀從這個樹叢飛到那個樹叢，中途掉下來都沒有什麼折損，再爬起來就是了，仍然很逍遙。小麻雀的意思大概是大鵬鳥你掉下來就不得了啦！所以，直昇機掉下來比較沒問題，七四七掉下來就問題大了。所以莊子特別說小麻雀不懂得大鵬鳥生命的理境。

　　我們要強調一點，北冥就是南冥，只要人去修養自己，由小而大，由大而化，然後跟自然結合，那時北冥就是南冥，南冥不離北冥，所以人間跟天上在中國哲學來說是一，叫「天人合一」，不管是儒家或道家，這是一個共同的精神。在此，我們引用一位西方文學家講的小故事——有一次天堂開放，世界上每一個人都排隊要進入天國，大家都進去了，最後一個他不進去，他坐在門外，拒絕進去。人家問他：「難得天國開放，為什麼你不進去？」他回說：「原班人馬都進去了，還叫天國嗎？」就好比我們現在把地球上每個人都送到月球上去，月亮就成了亂世災區，一樣的污染。所以不是把每個人放到天國就好，人要轉變才行，人要修行成天使，人間才能是天國。假定人依然故我的話，把這批人送到天國，天國也會變成人間，那個時候最可愛的是地球，從月亮每天看地球會覺得地球好美喔！想像地上嫦娥，「嫦娥應悔偷靈藥，碧海青天夜夜心」。

　　莊子的寓言，給我們的啟發是追尋一個人生的理想，最重要的是：人的改變。這個世界本來沒有什麼生態問題、環保問題，是人過度開發才讓世界出了問題。以台灣來講，治安惡化、交通癱瘓，故台灣的生活品質算很差，但是我們擁有世界第一的外匯存底，最近外匯一直往外匯，再下去不可說了。空有世界最多的外匯，但我們過的不是很好的生活，所以我們要講人文，講哲學。

◎莊子說人生四層次

　　「南冥者，天池也。」我們期待台灣成為天池，不知何年何月才會實現，但是我們總知道一點，我們一定要由小而大，由大而化，且要和整個自然結合，不要過度開發，不要破壞自

然。當然道家所說的自然，不是我們今天所講的自然，我們只是藉這個意思來說。道家的自然是天上的自然，不是指原始叢林的自然，「道法自然」的「自然」是指方才講的自在、自得；他在他得叫他然，自在自得叫自然，人生要自然不要他然。這是逍遙遊借「大鵬怒飛」的寓言來告訴我們人生的修行，要成長與飛越，去追求人生的理想境，那就是天池。

在大鵬怒飛的寓言之後，緊接著講人生的四個層次。人生的第一個層次就是：「知效一官，行比一鄉，德合一君，而徵一國者。」即他的知可以盡一官的官職，他的行誼可以得到一鄉之人的肯定，他的品德可以得到一國之君的賞識，且可以得到一國之人的相信。這在一般世俗的眼光看來，這種人有功有名，是最成功的人。

「而宋榮子猶然笑之」，「之」指方才所說有功有名的人，宋榮子笑他們有功有名，因為他們仍有求於外。功名來自一國、一君、一鄉、一官，這些都在主體之外，由外在而得，是他在他得，人一有求於外，就會失去自主權。我們最好不要希望從美國那邊得到太多，不然就是美國在干預台灣的內政。我們老是希望得到美國的庇護，但美國的庇護會讓我們變成第三流的國家。所以宋榮子猶然笑之。「定乎內外之分，辯乎榮辱之境。」他認為「內」才是榮耀，人活在自己才是榮耀；人有求於外就是辱，人希望得到天下的恩寵，這對人本身就是一個很大的屈辱，就會失去人格自主權。譬如「我」好不好？「我」活得好不好，都是別人決定，「我」自己一點信心都沒有，你看「我」怎麼樣呀？你看「我」今天快樂嗎？你看「我」值得再活一天嗎？用不著問這些，我們何只值得活一天，還要活一生，我們自己決定，不要問別人。在宋榮子來說的話，像「知

效一官」這樣的人都是有求於外的人，所以他看出來內才榮，外一定是辱。我們對外面不要有太大的依靠，有了太大的依靠，就會失去我們的尊嚴，榮耀就在尊嚴；我們每個人活在自己內在的精神生活、內在的自我修養的話，我們才能維持自我的尊嚴、榮耀，一投入社會，有求於外的話，就變成屈辱。「宋榮子猶然笑之」就是他不走這條路，所以宋榮子可以做到無功無名，但他仍未能做到無己，他有己，他把自己關閉起來，保護自己也是關閉自己。諸位有沒有看過武俠小說？有種功夫叫金鐘罩，就是刀槍不入，全身像一個金鐘把自己罩住一樣，所以別人攻不進來，但是諸位有沒有想過金鐘罩裡的人也出不去？用一個鐵鐘把自己罩在裡面，有什麼意思？自己在裡面覺得好安全，很榮耀，沒有屈辱，其實根本就是自我禁閉，這叫困守於內。

　　所以，宋榮子把他自己困住了。我寫過兩篇文章，我第一個就問該把罩門練在哪裡？金鐘罩一定要練罩門，罩門可以通氣，外面就可以闖進來，也就變成我們的弱點，因我們要通氣出去，外面的人就通過這個氣孔來打擊我們，所以罩門不能夠讓別人知道在哪裡，因為全身的弱點就在罩門，人家一點，我們就垮了。所以人生就是在練罩門，且看我們把它練在哪裡。我們的最愛就是我們的最弱，我們最強的地方，往往是我們最弱的地方，永遠不要忘記這一點，那個就是罩門，原來練功夫就是顯現弱點。所以，儘管宋榮子不要外面的世界，要保持內在的尊榮，但事實上他把他自己關在城堡裡面，而且用金鐘罩起來，穿起鐵布衫，當然刀槍不入，不過也困住了自己。

　　到了第三個層次是列子，列子可以「御風而行，泠然善也」。列子比宋榮子更進一步，宋榮子可以無功無名，但他還

有個自己要保護，他把自己困在裡面。列子他把「自己」不要
了，叫無己，一個人無己才能夠御風而行，我們都不行呀！我
以前在文化大學、淡江大學教書，陽明山及淡水的風都很大，
尤其冬季的時候，強風刮來時只有一個方法對抗，要對抗這個
風我們才能站在大地上，且要逆風而行，因怕自己在強風中後
退，故逆風而行，一步一步地走，走出我們自己的路，這就是
我們有己，放不開。列子，風一吹他就起飛了，放開故能起飛，
所以能御風而行。所以舞台的表演要能放得開自己，我自己做
不到，要我唱歌的話那比什麼都難過，讓我打球還可以，叫我
跳舞絕對不行，這就是代表我們自己還很難放開。列子可以放
開，所以大風一吹，他就「御風而行，泠然善也」。「泠然善
也」是代表他輕妙自得，這個輕妙自得是指身體上的，因為他不
要用力氣去走路，他放開自己，隨風而去，那樣的話好像很自得。

　　列子比宋榮子更進一步就是他無己，但他的沒有自己僅止
於形軀的修鍊，他可以鍊得讓自己放開，跟風一起飛行。問題
是莊子說列子旬有五日而後反，即十五天後被風吹回來，就好
比我能隨風而去，想到屏東，結果到台中又被風刮回來。因為
御風而行，是風決定我而不是我在駕御風，只是把自己解消
了，然後隨風起飛，風把我吹到那邊，又把我吹回來，是風決
定我，不是我決定風。所以列子雖是進到第三層，但是還不是
逍遙。

　　所以莊子說最理想的人物是第四個層次，即大鵬怒飛。大
鵬怒飛的人：「至人無己，神人無功，聖人無名。」第一種人
是有己，他才會有功有名，因為他要把功名帶到自己的身上；
第二種人是宋榮子，他可以無功無名，但是他還是有己；列子
是無己了，是更進一步了，但是莊子所說的最理想的人物是「至

人無己，神人無功，聖人無名。因為無己的人才會無功無名，把自己解開以後，就不會想到要去爭取功名。功名帶回來，放到哪裡去呀？因為已經無己了，故無己的人一定無功無名。

◎「無待」是最佳的解釋

莊子理想人物的無己跟列子的無己境界層次不同，理想人物的無己是指精神的無己，不是形軀的無己，不是大風吹，隨著風起飛，然後風又把他刮回來，完全失去自主權；當然不用走路，但沒有理想也沒有目的，隨風飄落，玩大風吹的遊戲而已。到了最高理想的第四個層次，「至人無己，神人無功，聖人無名」，則是精神的自在，不是形軀的修鍊。不是形軀的隨風起飛，是自己精神的絕對自由，精神的大自在。

所以莊子說他「乘天地之正，而御六氣之辯」。天地有常軌，六氣是有變化（氣象、氣流是有變化），天地有正道，而六氣有動變、奇變，「至人、神人、聖人」乘天地之正道，駕御六氣的變化。但是我們知道天地是不可乘，六氣不可御。天地那麼大，六氣那麼複雜，莊子的理想人格是我們要鍊到一個層次，將來我們就可以乘天地之正道，駕御六氣的變化，事實上我們都知道天地不可乘，六氣不可御。莊子認為理想的修養就是修到我不要乘，不要御，我就逍遙。

一般說來，以為我們要抓住整個天地，才能逍遙，才是天下第一等人，可以駕御六氣的變化。事實上不必如此，我們只要跟它站在一起，我們就逍遙了。跟它站在一起是什麼意思呢？那跟天地合一，跟天地一起運行，這不就逍遙了嗎？列子御風而行，事實上是風御他。人到了最高境界，沒有自己，就跟天地合一，萬物合一，即「天地與我並生，萬物與我合一」。

　　並不是說只要好天氣我就有閒情去散步，做一個散人，這樣的話並沒有逍遙。逍遙就是下雨天也逍遙，颱風天也逍遙，工作時逍遙，讀書時逍遙，而不是說等我放暑假時才逍遙，等下班後才逍遙，台北市不可能，下班才不逍遙呢！所以有時候我們自動加班，往往八點後再下班，反而可以快速回家。所以莊子的意思是不必乘，不必御，都可以逍遙，不要說要去掌握天地的正道，駕御六氣的變化才是自在，才是逍遙，用不著。雖身陷台北市的人潮中，也可以逍遙，人生就是任何景況、任何悲傷、任何困苦，都能夠逍遙，才是真正的逍遙，這是莊子講的逍遙遊。郭象說：「所遇斯乘，無非遊也。」我們都是有待，做一個學生，只要不考試，就會覺得日子很逍遙，一個上班族，只要放假不上班，他就覺得很逍遙，那就是有待呀！一個禮拜只有一天逍遙，其他六天都很困苦，人生痛苦了六天，逍遙只有一天而已，逍遙那一天也不見得逍遙呀！全部的人都放假，全部的人都一起出去，全部的人都擠在路上，我看每個禮拜最累的是放假那一天。花季大家都上陽明山，所以花季是陽明山最不可愛的時候，所有的人都擠到那裡去，忠孝東路原班人馬都上了陽明山；所以那時候如果在衡陽路、重慶南路走一走，反而好一點，那個時候重慶南路的書局是比較逍遙的地方。無待就是不必等待，不必等待叫自在自得，我自己在我自己得，我不必等待。

◎不必乘不必御，當下逍遙

　　「乘天地之正，而御六氣之辯。」事實上是天地六氣我都跟它在一起，而不在它的外面，就不會有任何的問題。譬如說台灣要成為石化王國，現在王永慶希望到大陸就是要繼續保持

世界石油化工的霸業，他覺得他停留在台灣，早晚會變為第二。假定是這樣才能維持霸業，才能讓人生存在、有得的話，那我們就是有待。我們看看王永慶，一比較之下就覺得自己好差。前一陣子有很多人看到股票在上漲，就覺得自己損失很多；我的同學是個高中老師，問我：「王邦雄，你看我們是不是會變成窮戶？」我說：「不會呀，你怎麼這樣想。」他說：「人家每天都發財，我們都沒有。」我就跟他說：「股票在上漲，人家在發財，政府的稅收增加，我們公教人員才可以改善待遇，你有沒有想到這一點？我們是股票最直接的受益者，因為我們不用承擔風險，他們還會遇到跌停板，我們不會，暑假馬上又要調薪百分之十三，所以千萬不要因大戶發財、小戶發財、王永慶發財，而不高興。你要跟他一樣，王永慶是中國人，王永慶世界第一，我們就是世界第一。」這就是逍遙。因為我們跟王永慶同在。「天地與我並生，萬物與我為一」，我們在他的外面才會覺得自己在跟他比賽，才會覺得輸給他；我們跟他在一起的話，他的榮耀就是我們的榮耀，大陸隊得第一，在我的感受就是中國人得第一。跳水、桌球、羽毛球，尤其女子排球是世界霸業，中國人終於揚眉吐氣，這一點我們真的很感謝大陸，在台灣的中國人分享大陸中國人的榮耀，現在要通親、通航、通商，中國人兩岸一家親，我們只有跟他一家，才不會自外於大陸，才不會覺得大陸是我們的負擔，歷史是我們的包袱。

所以莊子講到無己、無功、無名的時候，表面上好像說一個人真正自由，逍遙是乘天地的正道，駕御六氣的變化，事實上他的意思是只要我跟天地六氣在一起，我就不必乘、不必御，我不會被天地六氣困住，這叫無待。「逍遙遊」用兩個字

作最直接解釋就是「無待」。當我們沒什麼條件，沒什麼等待時，我們就逍遙了；所以我們要學習不要自外於中國，不要自外於全球人類，我們就不會有那麼多得失、成敗的壓力，這在孟子「叫上下與天地同流」，要跟天地同流並行，就是所謂的乘天地之正。

　　不要以為莊子的話在進行一些形軀的修鍊，鍊得法力無邊，可以乘天地之正，可以御六氣之辯，不是的，是要精神上自在，精神上自在就是跟天地合一，即「海運則將徙於南冥，南冥者天池也」，海上長風怎麼吹，我們就怎麼走，我們順應自然來走人生的道路，故自然怎麼樣，我們就怎麼樣。自然逍遙，我們當然也很逍遙。所以下雨天我們逍遙，大熱天我們也很逍遙，上班或讀書我們也都可以逍遙；不管我們碰到什麼都跟它在一起，這叫「所遇斯乘」。下雨天就下雨天吧，大熱天就大熱天吧，我們不要自外於熱，就不會覺得熱，因為我們和熱同在。

　　試舉一例，人生有命。有的人命很苦，只要認命，接受那個苦，就不會覺得苦了。認了，這是人間世界，這是中國、這是台灣，這是我們碰到的；我們是台灣人，我們是中國人，我們是世界人，無法逃避，所以認了就不苦。在交通癱瘓時，我們逍遙，在工作忙碌時我們逍遙，假定我們不忙碌，我們要逍遙做什麼？莊子講人生要學做散人，那個人遊手好閒，我們還跟他說我們來學老莊，不必學了，因他已經夠老莊了。我們學老莊是為了可以做一個忙碌的人，我們的自在就是讓我們去負擔人間更多的事業，我們不是去追尋遊手好閒什麼事都不做，每天逛來逛去，我們的意思是說我們要擁有精神的悠閒，才能

夠所遇斯乘，上班可以，工作可以，讀書可以，大熱天可以，下雨天可以，這叫「所遇斯乘，無非遊也」。

◎散人散步到處逍遙

這樣的話，叫人間到處可遊，我們用兩句話來說：第一個叫「所在皆是」，人生的修養要鍊到這個地步，這叫精神的自在，我精神自在所以什麼地方都可以。「所遇斯乘」是郭象的註解，我覺得很精采。所以有時候古人一句話，很值得我們回味，我們千萬不要有科技的傲慢，以為我們現在那麼進步，廿一世紀⋯⋯，以為我們超過孔子⋯⋯，其實我們連郭象都超不過。朱熹我們超得過嗎？這要講人格，要講價值，不是講數量，不是我們擁有多少財富，我們坐過飛機，孔子沒坐過，飛機在孔子的心目中一點價值也沒有，譬如說某人發財，然後他跑去跟耶穌說我發財，人面對耶穌都要下拜，因為它是聖賢人物，成吉思汗、漢武帝、唐太宗有什麼用？功業會隨時代而過去，我們要的事像耶穌、佛陀、孔子這樣的人，任何財富、地位、權勢，在祂們面前一文不值。有些東西在我們面前一文不值，何況在那麼偉大的人的面前，因為我們永遠覺得那在我們之外。所以要所在皆是，到處都可以。

另外一個是「當下即是」，就在當下，就在現前逍遙，說要等明天再逍遙，那是不行的，就是現在。一個人抽煙，他說他不想抽了，把這一條抽光就好了，另外又有人說，我不想抽了，我這一包抽完就好了。我說你不想抽的話，就從現在開始，你的香煙馬上熄掉，你那包菸丟掉，那條煙拋棄；當下即是，你不要告訴我等我再抽兩年就不抽了，那是沒有用的。不抽煙也逍遙，當然另外一個可能是，抽煙也逍遙。所以戒煙的「戒」

字不太好。像我的話，我都沒說戒，但我已經不抽了，從民國
六十六年到現在，但我從來沒有說我戒煙哦，因我覺得講戒的
話好像給自己很大的壓力，是強迫性，而我是很自在的不抽
煙，不要以為我訂出個戒律，壓迫自己不抽煙。一旦是壓迫自
己不抽煙，那表示我們很喜歡，很喜歡則不能永遠不抽，就是
不抽也會覺得很傷感，因為失去了自由，我們要自由地不抽
煙，而不是壓迫自己不抽煙，壓迫自己不抽煙就是失去自由，
一定會討厭自己，會有一個反抗，心裡常浮現的念頭是哪一天
一定要把它抽回來。所以我們很多抽煙的朋友，每次告訴我他
現在開始戒煙，我都笑一笑不置可否。我們一定要做到當下即
是，所在皆是，這叫無待，無待是沒有條件的，就在當前，到
處都可以，這才叫逍遙。

◎無己則人間可遊

　　梁惠王給惠施一個大瓠之種，即大葫蘆瓜的種子，惠施就
去種植，栽培完成，且結的果實有五石那麼大，葫蘆瓜原本可
以做酒壺，但是大葫蘆瓜的質地太軟，所以當酒壺的話提不起
來，「其堅不能自舉」，它的堅韌度支撐不了自己，軟弱到提
不起來；將之剖成兩半，當做水瓢，但是它又太淺了，是很大
但是沒什麼深度，所以「瓠落無所容」，容不下多少水，當酒
壺也不行，當水瓢也不行，所以惠施很生氣，一腳把它踩碎。
莊子就跟他說：「這個大葫蘆瓜不能當酒壺，這是你惠施站在
人的角度，認為它一點用處都沒有，你若站在葫蘆瓜的角度來
說，那麼大的葫蘆瓜可以把它繫在身邊當腰舟，那你不是可以
帶著這個葫蘆瓜，浮浪在江湖之上嗎？那是人生多美的事情？
幹嘛你一腳把它踩碎呢？」他的意思是人生不要站在我們自己

的角度來看世界，以我們自己的角度來看的話，大葫蘆瓜要嘛當酒壺，要嘛當水瓢，若它不能當酒壺又不能當水瓢的話，就一腳把它踩碎。可曾想過站在大葫蘆瓜本身的話，它虛大剛好可以浮在水面上，我們可以帶著這個葫蘆瓜浮浪在江湖之上，這不是很好的事情嗎？為什麼要把它一腳踩碎呢？

　　諸位想想看，人生是不是有很多這種事清呢？所以站在有用的角度，我們就會說這個有用，這個無用，這個是大用，這個是小用，我們在那邊比較，所以很多人很冤枉，因為我們都站在一個有用的標準，站在社會的標準來批判每個人怎麼樣，就像那個大葫蘆瓜，它在惠施的系統裡面，它是無用，因為有用是當酒壺跟水瓢，結果它不能當酒壺又不能當水瓢，則它無用，一無用就把它踩碎。

　　莊子的意思是能否從人為升到自然的角度來看，自然就是從大葫蘆瓜本身來看，無用就是取消人為的標準，不要從人為這邊去看，我們回到自然來看的話，無用就是全球性都不要問有用沒有用，那麼任何存在都有用，所以當這個社會不從「用」來衡量人的時候，每個人都很可愛。做為一個老師的經驗來說，只要不考試每個小朋友都很可愛，只要不考試，每個學生跟老師的感情都很好。老師跟學生的感情不好，是因為學生只考三十分，但老師都希望學生考八十分，一考試學生就垮了，也就是以有用無用來看學生，考得分數低就被當成壞學生，站在考試來看的話，很多小朋友變得不可愛。但是每個小朋友都有做小朋友的權利，假定不考試，小朋友都很天真、很可愛。以考試成績來論斷，成績壞的討人嫌，成績好的人見人愛，所以只要我們無掉社會的價值標準的執著，我們每一個人就可以活在自己的自然天真裡、可愛裡，這是最人道主義的處世態度。

　　所以人道主義是不站在我們自己的標準來看天下人，而是
站在對方的標準來看他，對方的標準就是站在無用的標準，以
無用的標準來看，人人都有用，人人天真，人人可愛；無待就
是要通過無用，才叫無待；道家認為人生最大的壓迫，是來自
於人造作出來很多的價值標準；兒子天生長得可愛一點，他就
是好兒子，天生長得難看一點，父母就比較會疏遠他；怎麼可
以呢？天下父母心啊。

◎無才之用才是大用

　　所以，我覺得天下的模範母親應該頒給殘障兒童的母親，
兒女殘障，她付出一生的愛，這真是偉大的母親。人生就是這
樣，我們若站在天生好看不好看，天生聰明不聰明，來衡量的
話，那很多人生下來就沒有機會，真正人道主義的立場，道家
表現出來，我們一定要找到無待、無用（即不用特定的角度來
衡量一個人有沒有用，故無用之意即為無標準）。無標準則人
人皆美善，人人皆天真，人人皆可愛，這是道家的理想；所以
假定不考試，每個小朋友都很可愛，我們看他的笑容，看他的
眼神，看他的動作，好可愛。為什麼他沒上幼稚園前都很可愛，
是父母親的心肝，祖父母的寶貝，為什麼他上了幼稚園就開始
有一半不可愛？為什麼上了學以後變成老師眼中的討人嫌，因
為老師站在分數的標準，所以讓天下父母親的感情受到很大挫
敗，為什麼我的兒子到了學校以後變成第三等國民？

　　怎麼讓每個人活出他的天真、他的可愛？那就是無用，無
用就是無待，用就是待。只要表現好點，只要有用的話，就是
好兒子、好學生，講這種話是很無情的，這個愛是假的，是講
條件的；沒有考上學校，兒子還是兒子，這才是真正的親情；

所以我兒子不管考幾分，我都會擁抱他，且分數愈低擁抱愈久，因爸爸來彌補他。所以我常勸天下所有的父母親不要忘記兒女是我們生的，他們考不好還不是我們生的嗎？這是我女兒告訴我的，我問她怎麼演講比賽沒得名呢？因爸爸以前都得名，她白我一眼：「還不是你生的。」我一想也對，趕快向她道歉：「對不起啊，爸爸沒生好。」像我媽媽會演講，我才會演講，所以我演講從來不敢講自己講得好，事實上我是代表媽媽在外面演講，我媽媽生前我就這樣跟她講：「妳不要傷感，妳現在身體不好，但是我每天幫妳在外面演講，所以不是我演講，是妳演講，因沒有妳就沒有我。」我的女兒、兒子不會演講，我也沒話講。無待無用，無用不是指我兒女無用，而是無掉演講這個標準，不用它來衡量我兒女，叫無用。我不用我特定的標準來看兒子跟女兒，不用我特定的標準來看我的學生，這叫無用。我們無掉特定的標準，師生之間的距離幾乎沒有，就天地與我並生，萬物與我為一，跟學生同在，跟小朋友同在，跟天真可愛同在；就不會覺得小朋友討人嫌，煩人，因他就是我，怎麼會煩呢？我們把他當做他，所以他煩人，他是我的話就不煩人。逍遙遊，我們把自己解消以後，我們的世界就變得很大，為什麼？因為我們擁有全世界，擁有每一個朋友，因為我們沒有自己，我們跟他們同在，既然同在同行，則人間到處可遊，每天都是好日子，每天都是新的，當下即是，所在皆是，無不逍遙，無非遊也。今天演講到此結束，下次再談〈齊物論〉。謝謝。

齊物論──物我的平等

一、人生兩大問題：

（一）自我的超拔提升──逍遙遊　　先逍遙遊

（二）物我的同體肯定──齊物論　　再齊物論

二、齊物論解題

（一）齊「物」之論：萬物平等

（二）齊「物論」：各大宗教、學派平等、儒墨平等

（三）齊「物」之道在齊「物論」：教義平等、信徒平等

三、齊「物論」之道何在？

（一）「物論」救人，也傷人：異教徒、非我族類

（二）「物論」不能統一，也不能取消

（三）故惟有走向「超越」一途，跳開既有的格局，再回頭來肯
　　　定

　　　1、照之於天，莫若以明

　　　2、因是兩行：「是」一起出來，五行（五大教並行）

四、萬竅怒呺（ㄏㄠˊ）的主題寓言

（一）「大塊噫氣，其名為風，是惟不作，作則萬竅怒呺。」

（二）「地籟則眾竅是已，人籟則比竹是已，敢問天籟？」

（三）「夫吹萬不同，而使其自己也，咸其自取，怒者其誰耶？」

（四）天籟：無聲之聲，地籟人籟之源

　　　地籟：有聲之聲　　　　地籟之和

　　　　　　　　　　　　　　　　　　＞是為天籟

　　　人籟：有聲之聲　　　　人籟之真

（五）真君：無形之我　　　　百骸九竅六臟之君

　　　百骸
　　　九竅 ⟩ 有形之我
　　　六臟

「吾誰與為親，女皆悅之乎？其有私焉？如是皆有為臣妾乎？

其臣妾不足以相治乎？其遞相為君臣乎？其有真君存焉！」

五、成形與形化的執迷與痴狂

（一）心在物中：「一受其成形」

（二）心執著物：「其形化，其心與之然」

（三）心陷溺物：「與物相刃相靡」

	（與接）	（為構）	（日以）
	（成）相彼	↓ 是非	心鬥
（四）真君 → 形軀 ⟨	→ 心知 ⟨	→ 情識 ⟨	
	形化	死生	守勝
	大知小知	大恐小恐	

（五）離形去知，同於大通

六、在齊物論中逍遙遊

　　　莊周的蝴蝶夢

◎從逍遙遊走向齊物論

《莊子》第一篇〈逍遙遊〉是講主體生命的超拔提升，一個人怎樣從有限的自我和複雜的天下裡面，把有限消解，開發成無限，有限消解就是「逍」，開發無限是「遙」，只有自己從有限的自我去開發出無限的自我，如此，人間才是可遊的——逍遙遊，所以〈逍遙遊〉是講自我的超拔提升。

我們知道不管是哲學或宗教，它關心的不光是自我，而是天下。假定「逍遙遊」是自己得救，則「齊物論」是大家都得救，從「逍遙遊」到「齊物論」，就是從自我的提升到天下的平等，即眾生平等。對儒家來說是：人皆可為堯舜，由道家來說是：人皆可為真人。所以轉俗成真，一定要從「逍遙遊」走向「齊物論」，否則光講〈逍遙遊〉，很可能成為自了漢，就不是大菩薩了。大菩薩一定要普渡眾生，儒家講修身，還要講治國、平天下，所以道家思想也在自我的超拔提升之外，再說物我的同體肯定——〈齊物論〉。

我們要先了解什麼叫「物論」，是齊「物」，還是齊「物論」，這在傳統的註解家，有二個解法：一個是「齊物之論」，即要講萬物平等，眾生平等，每一個人平等，所以要講齊物，但問題是所謂的萬物平等、眾生平等、每一個人平等，這個平等背後要有一個理論的啊！

◎齊「物」之道在齊「物論」

在某些哲學或宗教裡，不一定每一個人可以得救的，一般說來，宗教信仰的立場，是你信我則得救，那麼請問不信的呢？原來萬物要平等，是要萬物背後的宗教信仰、哲學理論平等，

假定基督教歧視佛教，佛教對抗基督教，或是儒家批判道家，道家反抗儒家，如此，在不同宗派之下的萬物，在不同宗派之下的眾生會平等嗎？所以要講眾生平等、萬物平等，一定要講到不同的家派，像儒家、道家，不同的宗教信仰，像佛教、基督教，這個家派的思想、宗教的教義能夠平等，你才能做到萬物平等，所以在傳統裡面，對於「齊物論」有二種解法，一個是齊物，平齊萬物，萬物平等；另外一個解法是，平齊天下的是非，平齊宗教理論、平齊哲學思想，所齊的是「物論」。

因為平等、不平等是從宗教理論、宗教教義或哲學思想來看的，所以它一定要從齊「物」講到齊「物論」，那麼這二者是連在一起的。我們是要齊「物」，還是去齊「物論」，我們可以肯定，去平齊萬物（即「齊物」）這個說法是沒有問題的；問題是，萬物要平等是跟萬物的存在理論有關連的，假定中國人沒有儒家的「性善說」，我們對人的看法是很難建立的。人性要平等是要從儒家的「性善說」奠基（儒家的「性善說」叫「物論」），或從道家的《道德經》，和莊子的《南華經》裡面，才能理解這個「人」是什麼，否則人是什麼都不知道。「物」是人物、萬物，它或許是萬物，但主要是講人物，於是平齊萬物也是平齊人物，這人物是眾生，萬物也是眾生。

◎物論是從存有論而來的價值論

什麼是「物論」？「物論」即解釋萬物是什麼，如何看待萬物的一個理論，一定要通過宗教信仰或哲學理論，人若沒有「物論」，只能稱為「生物」，即「生物學」的生物，「生理學」的生物，X光透視的生物，雷射掃描的生物，這樣的生物就是只有生理官能的集合體，那麼人就沒有尊嚴。我們都不喜歡看

醫生，因為我們在醫生面前，只剩下生物和生理，所以到那個地方，我們沒有尊嚴，只有生理官能欲求，我們不喜歡被透視，不喜歡被掃描，因為那個時候我們是「物」，我們少了一個「論」。

我們在某一個宗教信仰、某一個哲學理論裡面，會找到人物存在的理論基礎，最簡單的說法是「性善說」，物有物性，人有人性，而且這個「論」就是告訴你，人性有「善」，然後才知道原來人是有尊嚴的，我們才知道原來我們可以頂天立地，可以與「天地」參，不然的話，人很軟弱的啊！人的脆弱，禁不起任何意外，禁不起一場病痛，人的生命可能快速消失，所以做一個人、一個人物，你一定要找到這個「物論」。人在「物論」中，儘管生命短暫，但我們活得很有尊嚴，我們在每一分、每一秒的剎那間展現生命的無限性。我是一個基督徒，我是一個佛教徒，我是天帝教徒，我是儒家的信徒，我是道家的實踐者，就不一樣，不光是每日三餐，每天二十四小時，突然間每一分、每一秒都不同，因為每一分每一秒都有天道、天理、良心、慈悲、博愛，突然間你不同了，慈善博愛，所以「物論」就是萬物存在的理論基礎。

萬物存在的理論基礎，不是指生物學研究的那部份，也不是指生理解剖學研究的那部份，我們是講做一個人的價值、尊嚴在哪裡？所以，萬物存在的理論基礎指的是哲學和宗教，因此你要平齊萬物，一定要平齊「物論」，從現代的語言來說「齊物論」，我賦予一個最簡單的說法──各大教平等。佛教、基督教、回教、儒教、道教……，各大教平等，只有各大教平等，全球性的眾生平等才成為可能，不然我們看到異教徒，老是覺得他不大行，也許對他充滿了悲憫，覺得他好可憐，怎麼沒有信

我們的教。但事實上我們並沒有把他放在平等的地位來看，所以這就變成立身當代的主要課題，因為在當代感受比較深切。

◎從天道往下看眾生平等

　　本來宗教是要救人的，但是宗教的偏見反而產生各大民族、各大國度之間的衝突，宗教原本要救人，卻反而變成戰爭的導火線，當真是從何說起啊！要解決這個問題有兩個方式，第一個方式是統一。我們將全世界的宗教信仰統一，只有一個教，全世界信仰一樣，那就不會產生信仰之間的分歧、歧視、對抗，甚至戰爭，所以把宗教信仰統一，問題就解決了。但是我們知道，宗教是不能統一的，從以色列和阿拉伯的例子就知道，宗教是不可能統一的。也許什麼都可以統一，就是宗教信仰不能，你不能夠否定對方的宗教信仰，因為宗教信仰是一個民族、一個文化最高的地方，最後的地方，那是整個民族國度的靈魂或生命的所在，所以你絕對不能反對人家的宗教信仰，因為在這個地方是不能讓步的，碰到神明這個地方是不能讓步的啊！碰到上帝、碰到佛是不能讓步的，任何統一的企圖，絕對是做不到的，是不可能的，而且恐怕後遺症會太大，所以用政治的力量、用軍隊、用飛彈、用坦克車去統一宗教是不可能的，他是跟你拚了，他整個民族跟你拚了，用幾千年跟你拚，所以宗教不可能統一。

　　第二個方式是取消。宗教既不能統一，那我們將宗教取消，不就沒有紛爭了嗎，因為我們的偏見是從宗教信仰而來，今天把宗教取消，不就完滿了嗎？對！也許，但是人又會回復到原始的「人」，又回到原來物性的我，我們是從原始進化到現代，只因有宗教，人物的存在才有尊嚴，才有所謂的永恆，

才有理想，才有平安哪！從「物」到「物論」，這當然是一個
文化的進程，現在因為宗教信仰產生分歧與對抗，你發覺這宗
教已經成為我們的負擔，那乾脆把它取消好了。但是，把它取
消以後，我們又成了原始的「人」，又變成生理官能的人，X
光透視的人，雷射掃描的人，沒有尊嚴、沒有價值的人，那不
是回到原始了嗎？所以這兩條路都走不通。

◎宗教不能取消也不能統一

　　我們不能沒有宗教，不能把它取消，取消的話，回到原始；
也不能把它統一，統一的話，一定引起生命最根處的悲痛感，
你或許可以征服我的國土，但是假定你要取消我的宗教信仰的
話，那恐怕是沒完沒了。所以，不能取消，也不能統一。既然
不能取消，也不能統一，莊子找到第三條進路，我不能將它取
消，不能將它統一，又要這個物論，這個宗教信仰的理論，這
個哲學思想的理論，總是要有的，這樣我們才不會變成生物，
才不會變成萬物，我們是人物，人物是有靈的，人為萬物之靈，
這「靈」就在我們的「物論」，人物、動物都算萬物，但是人
有「物論」，動物界沒有宗教信仰，動物界沒有哲學思想，所
以你要讓物論存在（即讓宗教信仰哲學思想存在），讓我們覺
得有尊嚴，但它卻產生了各大宗教、各大哲學家派之間的分
歧、歧視、對抗、破裂，這該如何是好？

　　我舉一個很簡單的例子，我們希望我們的孩子好好讀書，
希望我們的第二代好好讀書，要讀書才會有尊嚴，因為可以從
中懂得一些做人的道理、一些哲學的理論，所以要讓孩子們讀
書，知書達禮。但是讀書一定會讀不同的科系，這個念台大，
那個念師大，另一個念政大，此外國內還有其他大學，這各校

之間怕是有一點分歧，而且還有一點歧視，你要他念大學，又不要讓各大學之間相互對抗，這就是我們要做，或教育部要做的努力。那麼我們把大學取消就沒有問題了吧！沒有台大、師大、政大，就不會互相看不起。但是不能取消啊！一旦取消，中國就沒有大學，沒有大學，我們很難成為大人之學；然而有大學之後，大學之間相互看不起：如此，不就變成問題了嗎？而且，大學裡面還分學院，分理學院、工學院、農學院、法學院、文學院、醫學院。工學院看不起文學院，說：「你們學文的將來沒有用。」文學院也看不起工學院，因為所學的都是機器，看到工學院的學生就視同機器人，走路的時候只是關節在動而已。這樣一來就很麻煩，因為中國需要工學院的學生，也需要文學院的學生出來奉獻心力，顯然地，我們各學院都重要，不能取消的，既然不能取消，也不能統一，把所有文學院的學生帶到了工學院上課，全部都是工學院，台灣全都是工學士，那台灣就沒有人文方面的人才了。然而我們要不要文化，要不要音樂？要不要藝術呢？要不要詩歌？要不要戲劇呢？要不要哲學，要不要宗教？

　　所以也不能把它取消，既不能取消又不能統一，那只有一條道路，即莊子所講的齊物論──各大學院平等；各大學平等，都是國立大學，都是中國的大學，不要分國立、私立大學。私立大學反對冠上「私立」的名號，我們今後不要稱私立東吳大學、私立輔仁大學，講東吳大學、輔仁大學就好，為什麼要加「私立」二字？這產生一點歧視：「噢！私立的！」好像就矮了一截，你知道嗎？他付的學費比較多，而且私立大學對國家的貢獻比較大，國立大學的學生畢業後都在美國，私立大學的學生都在台灣貢獻他的才學、他的能力，教育部應該補助哪

個大學，是公立？還是私立？要重新考慮。所以各大學平等，我們不能把大學取消，也不能把大學統一，因為各大學有不同的特性，不同的風格。不但要各大學平等，各大學院平等，還要各大學系平等，一個學院裡，外文系比較吃香嗎？中文系比較冷門嗎？還是哲學系最冷門呢？是故要各大學系平等，如此不但有大學的好處，又不會產生因大學的優越感而互相看不起的困境。

◎儒家天生本善，道家天生本真

　　你要齊物嗎？要萬物平等嗎？那一定要讓各大教平等，因為每一個人都活在各大教裡，各大教平等才會全球平等。否則，佛教看不起基督教，儒家批判道教，不同的信仰之間，不給對方平等的肯定，在此情況下說萬物平等是假的。很顯然地，你認為對方是異教徒，認為他不能得救，若我們只救自己人，不救異教徒，我想這違反了整個宗教的精神。所以，莊子講到的第三條進路就是不取消也不統一。儒、道、佛、耶、回五大教，這五大教的人本來是「物」，五大教的教義叫做「物論」，儒家物論、道家物論、佛家物論、基督教物論、回教物論，都各有一套理論，很多人在這理論裡面就覺得自己有尊嚴，自己有未來，自己有希望，自己有理想。你沒有在這裡面的話，你只是生物，你要得救只能靠醫生，但是現在我們知道，得救不是靠醫生，是靠佛、靠基督、靠天道、靠天理、靠上帝哪！這是不同的啊！所以我們不能把宗教取消，但是也不能用儒家統一所有各宗教、各家派，要儒家去統一所有，連我們自己都不贊成，我們會覺得不應該，那麼去統一其中之一的回教好了，你說得過去嗎？你敢去伊拉克說：我儒家來統一你，你

看海珊會讓你回來嗎？所以，就是人家願意，我們都說不可以
（何況是人家不願意），你們信你們的回教，我信我的儒家，
我們互相肯定，互相欣賞，彼此尊重，彼此包容，我們會這樣
說，那是因為我們有莊子的〈齊物論〉，老實說，中國人的宗
教包容力是世界最強的，舉世無出其右。

◎齊物論現代版是各大教平等

　　儒家講和而不同，講道並行而不相悖，但莊子的〈齊物論〉
才真正給了這個理論基礎，我不統一也不取消，但我怎麼辦
呢？莊子的可能性就是：你一定要越過儒、道、佛、耶、回，
從各教跳出來超越上去，在五大教之上往下看，各大教平等。
各大教平等，所以各大教的信徒平等，這叫做為〈齊物論〉。
我們能夠說，不一定由我們儒家來統一各大教，這是因為我們
覺悟，我們要跳開儒家之上，跳開道家之上，去肯定佛家，肯
定基督教，肯定回教，這樣才是一個宗教信仰最開闊的心胸，
最有前景的宗教發展，否則宗教一邊救人，卻也一邊害人。你
知道嗎？有些宗教是很狂熱的民族主義，現在伊拉克號稱「聖
戰」，這問題嚴重了！剛開始是在對抗資本主義壟斷中東的石
油利益，我想美國在科威特、沙烏地阿拉伯佔了很大的資金股
份，海珊進駐科威特當然是侵犯別人的國土，但他背後受到的
支持，恐怕是有一點理想性的。現在宗教又出來了，「聖戰」
哪！他們又想到十字軍東征：「你看！第二次十字軍東征，他
們又來了。」阿拉伯人受不了，憑什麼第二次基督徒又來了，
十字軍又來了，宗教的信仰卻可能引來這樣的災難！
　　各大教能夠平等，然後宗教才不會成為我們的負擔，所以
莊子講〈齊物論〉，但是現在有個很重大的問題，道家講齊物

論是不是把五大教都平齊到道家來（即以道家為主），沒有五大教，齊物論不可能討論五大教，齊物論只講到儒、墨兩家，他叫儒墨的是非，儒家仁愛，墨家兼愛，都是愛；儒家救人，墨家也救人，在春秋戰國時代他們都號召天志士，透過愛來救人，但顯然墨家先反對儒家，然後孟子才隨後批判墨家，墨家批評孔子的理論，而孟子反擊，把墨家說得一無是處──禽獸也。孟子說楊朱、墨翟那種理論是禽獸也，他不是罵人，他的意思是說，按照墨家的理論，不看重自己的父母親，把自己的父母親跟天下人看成一樣的，那豈不是人間的倫理沒有了嗎？人間的倫理沒有了，等於是鳥獸的世界，鳥獸的世界是不知有父，亦不知有君的，無父、無君就是禽獸，因為和鳥獸一樣。所以孟子不是做人身攻擊，他的意思是說楊朱「為我」是無君，墨家「兼愛」是無父，人之所以為人，是知道有父、有君，君王是代表政治社會的組織、理序，墨家的學說讓人又倒退回到山林田野的世界，和鳥獸一樣的世界。在莊子來講，儒家、墨家是當時的顯學，那時候整個時代最精采的人物就是儒家、墨家，而最精采、最有愛心，而且都出來救世的人，卻互相看不起，那這世界哪裡有希望！各大教都要救人，各大教彼此看不起，那這世界就沒有希望了。因為這各大教是最值得尊重的，結果卻互相把對方貶低，請問人類的希望在哪裡？儒家、墨家是最值得尊敬的人，而這些最值得我們尊敬的人，竟然彼此看不起，春秋戰國時代的希望在哪裡？所以莊子說儒墨的是非，就是儒家自認為是「是」，把墨家看成「非」──我「是」你「非」；而從墨家來看，我是對的，你儒家是錯的──我「是」你「非」！莊子想到一點：可不可能我們得到一個結論是儒墨都對，唯有儒墨都對，春秋戰國時代才有希望。

◎齊物論的國內版是兩大黨平等、兩岸平等

　　然而，從儒墨各自的觀點看，都會把對方看成錯的，結果
這兩大學派互相抵消；這世界有兩個好人都出來救人，這兩個
人每天在那裡對抗，忘掉他要救人，兩大政黨在對抗，這法案
無法通過，兩大政黨都為台灣奮鬥，現在只因為你兩大政黨在
對抗，每個法案都通不過，從何說起！你從國民黨看民進黨全
不行，從民進黨看國民黨更不行，現在只有靠台灣兩千萬同胞
了，我們超越在國民黨和民進黨之上再往下看，我們可以肯定
國民黨，也可以肯定民進黨。我們希望這兩黨發揮他的所長，
政黨政治要制衡，一個執政黨，一個在野黨，就產生制衡競爭
的力量，這樣的話，台灣有希望，因為兩個政黨中最好的人才
都出來了，兩黨的菁英、兩黨的理念、兩黨的才學都貢獻給台
灣，台灣才有希望，而且台灣有希望之後，我們希望台北與北
京是一個良性的競爭。

　　從台北看北京一無是處，從北京看台北也是一無是處，認
為台灣是資本主義、墮落的社會，我們看它們是不求上進，太
落後；它看我們是太墮落，太腐化。工商業社會在北京來看恐
怕很腐化，不過他們現在也在發展工商業。假定我們可以越過
台北與北京之上，讓台北發揮它最大的功能，讓北京發揮他最
大的功能，中國才有希望，而不要台北和北京相互抵消，你看
不起我，我看不起你，讓國外的人看了鬧笑話，成為國際間的
笑話。北京想盡辦法讓台北沒有參加國際社會的空間，那是什
麼意思呢？所以要平齊儒墨的是非，平齊兩個政黨，平齊台北
跟北京，當然我這樣說不是泯滅是非，我們希望能夠把雙方的
「是」都顯現出來，才成為整個中國的「大是」，亦即大是大
非。也有人落在小是小非，你看不起我，我看不起你，這叫小

是小非。大是大非是儒家的精采、墨家的精采都顯發出來，這叫大是大非，這是莊子〈齊物論〉的精神。

◎越過儒墨同時看到儒墨

〈齊物論〉是古今中外少見的寶典，而且切合當代問題，這一篇文章將來一定會發揮更大的功能，我們希望各大教都念這一篇，他的意思是越過儒墨，還同時看到儒墨，超越儒墨，才能回頭來肯定儒墨、看到儒墨。我的說法是現在中西文化交流，從中國看西洋都不對──這洋鬼子嘛！有什麼對？從西方看中國也都不對，西潮東漸，中西文化交流，假定我們表現風度的話，不是以反西方為中國勝場的話，那麼我們就要越過中西，然後再回過頭來同時看到中西，我們要保存自己的長處，也要學西方的長處，中國未來的希望就是我們擁有中國和西方的長處，而不要老是用自己的長處和西方的長處對抗，因為這樣的話我們也只是保有原來的長處而已。所以〈齊物論〉的精神，就是希望你越過中國和西方，同時回來肯定中國和西方，所以我們不一定要反西方，反而要消化西方，消化西方可以融會中西之長，這樣可以為「二十一世紀是中國人的世紀」之可能性奠基，不然憑什麼說二十一世紀是中國人的世紀，又不是標語、呪語，你念了半天就可以產生某種效果。你一定要有莊子〈齊物論〉的精神越過去肯定它、消化它，然後成就我們自己，成為我們的滋養，所以對於其他的宗教愈包容的家派，愈有希望，我們愈包容其他的教派，我們的教派愈有希望，因為你的心胸開闊，你可以看到別人的長處，可以肯定別人的長處，同時也可以回饋你自己，讓你自己在自己的宗教裡成長、壯大。

　　莊子的〈齊物論〉主要是談儒墨的是非,我今天把它擴大為中西文化,然後我們再把它擴大為五大教,在莊子的時代是儒家、墨家的問題,今天是中國跟西洋的問題,然後我們再將它縮小,在台灣是民進黨和國民黨的問題,擴大一點,台海兩岸是台北與北京的問題,我們希望能有〈齊物論〉的精神,但是有這一包容的精神,並不表示我們要認同大陸的馬列主義,或是它所有的一切體制都對,絕不是如此的,像民進黨我也不認為它什麼都對,那國民黨也有很多不對的,我們是希望大家的對都朗現出來,大家的「是」都凸顯出來,成為「大是」。若你是他非則互相抵消,要知道當時有一半的人是墨家,你對他錯,那中國的希望豈不是剩一半了嗎?而且他又把你拉住,那不就沒有希望了,因為是非相抵等於零,一正一負就沒有了。兩家的「是」都凸顯出來,我們才有「大是」,這在台北叫做共識。

　　我們希望在台灣的中國人有共識,但是大家都只是口說而已,共識的意思是你跟我一樣,但大家都在等待對方跟我一樣,以國民黨的立場來說,假如民進黨是國民黨的話,那台灣很有希望;但以民進黨的立場來說,假定國民黨和我一樣,台灣有希望。然而這是不可能的,那該怎麼辦呢?必須大家暫時跳出國民黨與民進黨的立場,同時回過頭來肯定對方。現在國民黨內部又有主流派和非主流派,民進黨內部有新潮流和美麗島,有的是台獨,有的是獨台,你越往下分越細,我們希望越來越往上提升,然後是一個中國,若要往下分的話,一個村子都不能合作的,左右鄰居相處都有問題的。你希不希望左右鄰居超越雙方,而讓整個公寓有一個倫理,大家來講求安靜,講求衛生,要講求安靜、衛生,家居生活才會好,這樣由公寓再

擴大及於社區，再擴大為鄉鎮、一個縣、一個省，再及於整個中國，再由中國擴大及於全世界──世界變成一個地球村。

從環保生態來說，地球村的思考正是最迫切需要的，所以〈齊物論〉很有價值，你越往下分，大家越分裂，愈互相看不起，你不如跳開雙方的立場，回過頭來對對方有一種包容、尊重和欣賞，互相肯定，然後產生一個整體的和諧，這才是我們希望的所在。

◎不是單行道，而是雙線道

莊子走的第三條路，不取消也不統一，他走超越的路，超越上去，再回頭肯定，所以不要取消，也不要統一，超越上去再回來肯定，如此雙方的「是」都出來了。這在莊子稱為「因是兩行」。五大教都道並行而不相悖，可稱之為五行，而單指儒墨二家並行不悖稱兩行，兩條並行的雙線道。不要把世界上的路都變成單行道，大道之行也，天下為公，怎麼可以只有你這一家派可以走，別的家派不能走，但是〈齊物論〉只講兩派──儒家、墨家，所以莊子說「兩行」，所謂「因是」，就是要把另外一家的「對」顯現出來，墨家因儒家的「是」，儒家因墨家的「是」，不是因非喔！因非就沒有前途了，只看到儒家的缺點，看到墨家的缺點，兩家的缺點加在一起等於中國沒有希望。我們希望台北和北京的缺點不要加在一起，從台北看北京，我們就知道，我們這邊的風氣實在不好，股市、房價狂飆不好，功利主義不好，於是我們希望能有北京的乾淨，我們也希望北京看到台北，能了解到因為民主化不夠，沒有自由開放，沒有法治精神，所以工商業不能發達，若能如此，則北京

也學到了台北的好處，台北也學到北京的好處，整個中國的希望就在把台北和北京的好處加在一起，這叫做「因是」。

因雙方的是，然後讓雙方的是都並行在中國未來的路上，不然我們為什麼到大陸觀光，我們真的是喜歡，我們喜歡昆明，喜歡桂林、杭州、北京、西安、南京，這是真的喜歡，否則怎會有那麼多人到大陸，據說每天有十萬名台胞在大陸各地跑來跑去，我在石林就發現了三個台灣旅行團，一個高雄的，一個彰化，一個台北，可見大陸有許多地方有它的「是」，它的佛廟道觀，它原有的古蹟文物，中國幾千年了，到處都是古蹟名勝。我並非把雙方的政治立場完全抹殺了，而是就我們整個精神上而言，要因是兩行。「因是」，則五大教的「是」都顯現出來；「五行」，五大教同時開出人類的前程，這五行並非指陰陽五行，是五大教並行的意思，道並行不相悖。這麼說，莊子已經架構出五大教平等的理論基礎在哪裡，要肯定五大教平等，不是說了就算數，孔、孟在前，莊子的理論真的可以在諸子百家中一言九鼎嗎？一定要有理論基礎，為人所認同才行，是故莊子提出「齊物論」。

◎物論平等，萬物才平等

莊子提出「齊物論」即要齊「物」，但他發現先要齊「物論」，「物論」要如何能齊呢？要「物論」齊了，「物」才能齊。如何齊「物論」，莊子有他的一套哲學，這哲學的理論在《莊子‧齊物論》的第一段。方才我們說，儒家講性善，道家講天真，所以道家最喜歡嬰兒，講天真，因為嬰兒最真，而道家的理想人物叫真人，所以中國神仙界的人物都叫真人，是道家修養之後的真人，而儒家是賢者，是聖人，這都是他們的物論。

天真與性善二者是可以相通的，只是儒家首重在善，道家首重在真，這個理論就是莊子「萬竅怒呺」的寓言。

　　其中最重要的幾句話──「夫大塊噫氣，其名為風，是唯無作，作則萬竅怒呺」，「大塊」指大地，實際上不光指大地，是整個天地的意思，指宇宙天地，「噫氣」是吐氣，天地間吐了一口氣，這個氣叫做風，氣是宇宙的風；是唯無作，「是唯」是除非，除非這個風不來，「無作」是不升起，因為風是從氣而來，風會作，而這氣是整個天地的氣，天地宇宙之氣，這氣變成宇宙的風，宇宙的風一升起，當然吹向大地，大地有萬種不同的竅穴，叫萬竅。大地有萬種不同的竅穴，比如林木、山石、河谷等特殊地形，有殊異的構造，有大大小小不同的形狀，所以風吹過來，它透過各種不同的竅穴就發出萬種不同的聲音，萬竅怒呺就叫做「地籟」。地籟是大地的交響樂，萬物都發出不同的聲音，因為他的形狀不一樣，你看我們吹笛子，距離不一樣聲音就不一樣，七孔笛，不同的孔道就發出不同的聲音。整個世界也是，萬物的聲音都不同，所以說萬竅怒呺；通過萬竅來看，那每一個人也不同，這叫「人籟」，所以莊子說人籟是：「人籟則比竹是已。……」敲打樂器時，並列的竹子長短不一，敲出來的聲音就不一樣，那麼萬物的形狀不同，發出來的聲音也不同，這兩者都是有聲之聲。

◎生命樂章是人籟，大地交響樂是地籟

　　比如我的一生就是我的人籟，而每個人的一生都有每個人的人籟，整個大地總體發聲就是地籟，那個籟就是生命的樂章，所以我們才會有美感，人家才會喜歡我們，來欣賞我們的樂章。生命的旋律，生命的樂章，人人不同，就如兄弟、雙胞

胎也不同，因為他有後天的成長，所以從這邊來說，每一個人都有個性的，而且每一個人都很精采，你天真，我天真，大家都是真的，這叫人籟。你的真跟我的真，跟他的真，加在一起，大家都很和諧共鳴是為地籟，地籟是整個和諧的大地交響樂！每一個人都是一個樂器，全體演奏就是交響樂，那叫地籟，每一個人不一樣，每一個物不一樣，所以才值得欣賞。然後又說「咸其自取」，莊子說你要發出什麼聲音，是由你的形狀自己決定。

你發出什麼聲音，是由你自己決定的，所以我在聯合報發表一篇文章〈做我自己〉。那背後完全是儒家和道家的理論，我只是沒說儒家怎麼說，道家怎麼說，我整篇文章就是在講儒家和道家的理論──「做我自己」。做我自己不是封閉，不和別人來往，是每一個人都有個性，每一個人都真的，每一個人都可欣賞。你是真的，他是真的，全班就是好的班，這叫地籟。每個小朋友都是真的，這一班老師教起來就覺得好可愛，所以幼稚園是現在最好的校園，那裡最可愛。

莊子說：「咸其自取」，比如儒家理論、道家理論、佛家理論、基督教理論，叫咸其自取，儒家是仁，佛教是悲，基督教是愛，道家是慈。但是這五大教連在一起叫做地籟，很精采呀！五大教不同，才讓人覺得多采多姿，而值得欣賞。然而莊子要問的是：萬竅怒呺既是因為風吹起來才有的，那麼風又是怎樣吹起來的呢？是「氣」啊！那麼「氣」又是怎麼來的？是有人吐氣。再問：是誰在吐氣？是大地在吐氣啊！

◎天道是發動者，又給出自由的空間

因著「咸其自取」，莊子問的問題是：怒者其誰？假定風不來的話，萬籟就沒有聲音，這就是萬籟俱寂，這就像沒有聲

音、沒有色彩的世界，是寂靜的春天，假若自然生態被破壞殆盡，鳥呀！魚呀都不見了，這世界就要變成沒有花的世界，沒有鳥語花香的世界，那世界有什麼好活的呢！每一個人都沒有個性，每一個人都沒有樂章，這世界亦是死寂一片，只有一批機器人走在路上一般。那麼，這世界有什麼好活的。都沒有人性；都沒有感情；都沒有愛心，如此一來，說自取也取不來啊！

「自取」，是因為風吹過來，你才自取，風沒了，你的自取要從哪邊來。「取」是因為那吐氣成風，風吹過來通過你的竅，你才會發出聲音。怒吗，就是盡情的發出聲音，充分發出我們生命的聲音。看起來是「咸其自取」，每一個人都在發出自己的聲音，自己取的，但你的取必須取自天地之氣，因為要有天地發出來的氣，宇宙才有風，宇宙有風，萬竅才會發出聲音，風停了之後，萬竅沒有聲音，所以怒者其誰，是得自於天籟。

天籟是什麼？天籟本來是沒有聲音的，天籟是無聲之聲，風沒有聲音，我們聽到風聲是因為風通過樹梢，風通過竅穴，所發出來的聲音，風本身沒有聲音，所以風是「怒者」，是發動者，這個怒字是發動的意思，而不是生氣發脾氣，我把氣吐出來就是生氣，產生氣來而非發脾氣。風本來沒有聲音，它通過大地，通過萬竅，通過每一個人，才發出聲音，現在我們看到聽到的是有聲之聲，萬竅的聲音，萬人的聲音，實際上都是從沒有聲音的天籟來的。所以天籟是無聲之聲，此曲只應天上有，人間難得幾回聞，人生要能夠聽到沒有聲音的聲音，我們才到達很高的境界，套句武俠小說所言，沒有招的招式才是最高的，他隨意、隨時隨地都有創意，他因應融入這個情境，他舉手投足都是新的招式，那才是最奧妙的，當下就生起來的，不是套招，套招是可道，可道非常道，可道是一定的招數。套

招的，已經成套的了，所以在套裡演練出來叫套招，常道卻是
沒有招的招，這叫天道。

◎人籟之真與地籟之和，就是天籟

　　從這個地方來說，儒家墨家的真就是人籟，儒家墨家的和
諧就是地籟，儒墨二家不是從天直接降下來的，但儒家是人，
墨家是人，不都是從人性發展出它的人生理論嗎？而這個人性
是天性啊！沒有天哪裡有人性呢？天命之謂性，然而天是看不
到的呀！所以我們現在都活在對某一個聲音的追逐，卻忘了所
有的聲音是從沒有聲音的天道來的。老子說：「天下萬物生於
有，有生於無。」天下萬物生於有，我們都只了解有，而道家
的精采跟智慧，是要你體會到無，莊子是把老子那個無變成無
聲之聲，所以你知道怒者其誰，都是天。要如此才平等，也因
此而平等啊！平等理論的基礎（即「齊物」的基礎）就是都從
天來的。

　　你從人籟來說的話，每一個人都不一樣，從地籟來看的
話，百花不一樣，但是百花都是天花，都是天女散花，沒有天
哪有百花，所以百花互相來看是不同的，此花與彼花是不同
的，倘若花要比賽誰是花之王？誰是花之后？很難取捨。從整
個天地的安排，每朵花都是一樣美的，都是天，所以花要選王
封后，看是要比鮮艷，還是比長久，比淡遠，還是比濃郁，如
此才顯示出花世界的多采多姿，有聲有色。從天往下看，所有
的花都平等，若從此花看彼花，則永遠都不平等，紅白二花互
相說對方不對，如果紅花紅，白花白，二者皆能互相襯托，形
成花園美景要如何才能看出它是花園美景，要從天看，原來所
有的花都是天籟，無花之花。

　　所以，一定要從天籟往下看，則五大教平等，五大教最後還是講到最高的，最高就是天，不管是佛、基督，還是真主、天道、天理，都是天啊！宗教有他的道、教義、儀式，有禮樂，有讚美詩，都很動人，宗教的音樂、宗教的藝術很動人，是因為它通過最高的根源、最高的靈感寫下的音樂，所以不同於流行歌曲。流行歌曲為什麼差一點，就是太流行了，它是從唱片公司做出來的，由商人做出來的，所以不會長久，「流行」就是一下子就成了泡沫，流行不是好藝術，時髦也不是好的藝術，時髦就是很快就沒有了，新潮是很新，但很快就流過去了。宗教的舞樂是永恆的，你只要聽到那種音樂的話，就覺得那「天」就在你的眼前，這所有的人籟、地籟都是天籟啊！

◎萬物平等的理論基礎在天籟

　　儒家、道家、佛家、基督教、回教都是人籟，因為創教者是在某一個國度，在某一個文化領域創出這個教，是開創出來的，所以叫咸其自取，但他是取自於天，問題在此。中國的宗教，印度的宗教，希伯來的宗教，傳到世界各地，佛教有多少家派，基督教有多少家派，它都是咸其自取，但是聽起來聲音都不一樣，儒家、道家、佛教、基督教、回教都不同，它是自己取的，但是根源都是同一個發動者，都是「天」。我們就從這個「天」來看各大教平等，從天來看儒墨平等，不管他是資本家，是執政者，他是藝術家、文學家、舞蹈家，只要在他們最高的地方是一樣的；一個政治家是要用天理來主政的，藝術家的原創是從「天」下來的，音樂家的靈感，舞蹈家、雕塑家的創意，都是從「天」而來。

　　政治家、音樂家、舞蹈家、文學家、藝術家都不同，但都是由無聲之聲的靈感創意而產生各種不同的藝術風貌，所以希望音樂家不要看不起文學作家，畫家不要看不起雕塑家，只要是「家」，一定是自「成一家之言」。一家之言的「家」是從「通古今之變」來的，通古今之變是從「究天人之際」來的。看起來是「家」，能成為「家」，是因為你通古今，而你能通古今，是因為：你是人也是天！現在我們看到家派都是一家，宗教也只是一宗，但這個大教一定要通古今，要歷經幾千年才能成一個大教；而它為什麼能通古今，為什麼能傳承幾千年？那是因為它承自最高的天。

　　既然是最高的天，從天往下看，則各大教平等。假定有某一個家派只講魔鬼，那它一定不是大教；某一個廟宇，只給明牌，它不是大廟。因為你的明牌應該給每一個人，怎麼只給少數人，眾生平等，普濟眾生啊！你為什麼渡那兩三個，而且那兩三個也不大感激你的，哪一天這個明牌不大準的話，他就把神像流放到大漢溪。

　　萬竅怒呺就是《莊子・齊物論》的理論基礎，都是「天」籟，從天往下看一切皆平等。很簡單的一個例子，兄弟姊妹之間，哥哥看弟弟不對，姊姊看妹妹不對，你現在跳開兄弟姊妹的立場，在兄弟姊妹之上，就是父母，從父母往下看，四個兄弟姊妹平等，每一個子女都很可愛的。從天籟看地籟、人籟皆平等。

◎人體的天籟在真君

　　比較人文的說法，整個宇宙、世界叫做天下，再濃縮在自我來說，每一個人都有百骸、九竅、六臟，這是莊子說的，是否符合當代的醫學理論，則另當別論。每一個人都有百骸、九

竅、六臟，這又叫做有形的人。莊子問：你是喜歡所有的器官，還是特別喜歡其中的一部分？有的人特別喜歡胃部，比較好吃，有些人特別喜歡肺部，比較喜歡爬山，呼吸新鮮空氣。莊子認為特別喜歡某一個器官是不可能的，「……吾誰與為親？汝皆說（同悅）之乎？其有私焉。」你若對某一部分有偏好，那是你有私心偏愛，因為我們同時需要百骸、九竅、六臟，你要偏愛哪一個，既然無所偏愛，百骸、九竅、六臟都一樣，都同為臣妾。何以皆是臣妾？因為從君而言都是臣，從妻來說都是妾，百骸、九竅、六臟都是臣妾，臣妾不能做主，何者為可以做主的「真君」呢？是「心」，不是有形的「心」臟，是超脫形體之上的「心靈」。

每一個人都有心，若心都是一樣的，怎麼會有儒墨的是非呢？我有心，你也有心，我們的心一定相通的，一定會感應，一定會會通，亦即心心相印，既是心心相印，怎麼會產生人我之間的誤會、對抗？所以莊子一定要給我們一個解釋。你的心一定落在一個形物中，這形物稱形軀，可以做主的叫真君，真正可以主宰自我的人，才是真正的人，莊子不大看重形物，他認為人最重要的是要看心。從天地往下看，萬竅都一樣，從真君往下看，百骸、九竅、六臟都一樣。

從心來說，心是無限性的，我們的心在一起的話，我們就可以貼心哪！心是可以貼在一起，心不貼在一起是因為形體的障隔，於是我們坐公車時就討厭別人擠過來，因為擠過來之後，你就沒有空間了，但你的反射動作一定是會一讓一點空間出來，要注意的是，在讓的時候先看看旁邊還有沒有位置，我有一次讓了一下，就從台北市「金雞獨立」回永和。我們不喜歡在公車上彼此擠迫形體，但是我們不會厭惡心的貼近，尤其

是相知的朋友，愈相知就愈貼心，愈體貼我們的感覺愈好。但是那個形體是愈擠過來就越壓迫我們、擠迫我們，所以心落在形是人生有限性的開始。

比如說，愛心落在阿拉伯，它表現的愛心是不同的，天理落在黃河流域或者是長江流域，它表現出來也不同，比較接近南方是道家，比較接近北方是儒家，韓、趙、魏三晉是法家；儒家在魯國，陰陽家在齊國。這魯、齊和三晉精神是不同的，楚地是道家，三晉是法家，魯國是儒家，那齊國、燕國比較接近海，是法家或陰陽家，這就是「形」啊！一樣的天理，一樣的心落在不同的地方就有不同的表現。

◎心落在形軀，一在成形，二在形化

你會成形，你成形以後，你就不能是別人，人的心「一受其成形」，心就會跟這個形結合在一起，比如：我的心現在就跟我在一起，一定是王邦雄的心，我再怎麼思考都經過王邦雄這個人，沒有辦法。而我原來的心是跟全世界一樣的，現在這個心已經落在這個形裡面，落在我的身體裡面，它已經變得跟我密不可分，成為一體。而我的愛心一定要通過我這個人去表現，我的愛心要通過我的才學去表現，譬如說：我要參與台灣社會一定是通過我這個人，我不可能把自己想像成王永慶去參與，因為成形了嘛！你的形成了，是成了，但也是限制，這叫吾生也有涯。所以成形之後，你是你自己了，你不可能是別人。

關於「形」還有一個問題，就是「形化」。「形」是會變化的，王邦雄就是王邦雄一個人，是不是！但也有幼年的、童年的、青少年的、青年的王邦雄，現在是已經到了中年，而且是中年的盡頭了，講得好聽些叫做「壯年」，中性的講叫「中年」，

醫學上說是「更年」。壯的結果就一定是老，老子說的「物壯則老」，你一壯之後，一定要老，反正我們都壯過啊！就是老也沒有遺憾，人生有什麼好遺憾，嬰兒、少年、青少年、青年、中年，每一個階段都活過來，沒有什麼好遺憾的，人生有不同的階段，這叫「化」。

◎心通向全世界，道通為一

心是全世界一樣，心是每一個人一樣，都是愛心，都是包容，都是美好，所有人生的問題都是我們的心落在我們的物。伊拉克的出發點，它一定跟美國不一樣，跟沙烏地阿拉伯不同，跟敘利亞不同，跟伊朗不同，這裡頭回教世界開始分裂，但信仰的真主都一樣，真主就是我們的真君，從人叫真君，從整個宇宙叫真主，如此說來我們的信仰很重要。就人來說，我的心很重要，因為它是百骸、九竅、六臟的真主、真君，那世界為什麼分裂、意見分歧呢？那是因為每一個人的真主落在不同的地方。不同的時代，不同的國度，他就表現不同。成形不同，你成了，同時也限制了，因為你成了你自己，就不可能是別人，所以我才說，人生千萬不要想做別人，想做別人是不可能的，而且會讓你自己很寂寞。為什麼我們寂寞，因為我們沒有自己啊！為什麼我們悲傷，因為我們不是自己啊！很多的寂寞、悲傷，就是你對不起自己才引來的，很多人不知道，每天學做別人，學做別人是絕望的，因為你不是他，學了半天，你仍然不是他，那不如回頭來做自己還比較有希望，這叫「人籟之真」。

◎成形有是非

人籟之真，地籟之全，就是天籟。所以每一個人做我自己就是天，因為我的天性，我的天真，我做我自己，我就是天，

因為我是天生的。心落在形，形成兩個問題，一個是「成形」，一個是「形化」。成形就產生「彼是」的問題，我成形了，但是另外一個人也成形喔！於是有「彼」與「此」，「你」與「我」相對立的問題，即人與人之間的問題。我們說彼此之間，這個「此」是指我、我的立場，「彼」是指對方，我以外的任何一個人都是「彼」，我跟爸爸也是「彼此」之間，跟媽媽也是「彼此」之間，兄弟如此，朋友亦然，陌生的人更是，因為兩個人都各自成形了，我們就不是一個人。而我們的心是同一個宇宙、同一個心，叫「天心」，但是一本萬殊，因為落在不同的個體上，落在萬竅，萬竅怒呺，落在萬形就有萬種不同的風貌，更何況還不止萬形，是幾十億人口就有幾十億的形，每一個人都不一樣，所以成形就有「彼是」的問題。

　　有「彼是」的問題，就會有「我對、你錯」的問題產生，所以人生第一個問題叫「是非問題」。我們兩人相處在一起，我都認為我對、你錯，這表示我是非的判斷標準很簡單，只要是跟我不一樣的，我都不喜歡，跟我一樣的都對，我都喜歡。你看人我間的分別差多少，兄弟比較好相處，那是因為我們都是爸爸媽媽生的，「本是同根生，相煎何太急」，但不是同根生就差一點了。「成形」就會產生你我的問題、人我的問題，進而衍生是非問題，那麼「形化」呢？

◎形化逼出死生

　　「形化」的問題很簡單，現在醫學上發揮一點功能，還有美容上發揮一點功能，如何讓衰老取消，人之所以動外科手術是為了要青春永駐，要長生不老，就是因為你的形會化，形化到最後變成死生問題。死生問題是人生的第二個關卡，而且是

最嚴重的關卡，這個地方只有靠宗教來解決，哲學很難化解。
是非問題在哲學上還可以獲得理解，有所指引，它用個標準來
告訴你，什麼是對，什麼是錯，它建立一個客觀標準，來檢驗
什麼是對，什麼是錯，但遇到死生問題，哲學無法讓人得到解
脫，唯有宗教才能夠解決永生的問題。

　　儒墨的是非，儒家與墨家談的是天下的問題，而每一個人
自我的死生問題呢？儒墨的是非，也許儒家肯定墨家，墨家肯
定儒家，就得以化解，然而自我的死生問題呢？你五十歲的心
情跟二十五歲的心情一樣嗎？你七十五歲時可以保持五十歲
的心情嗎？這滿重要的，所以莊子最大的感傷就是：「其形化，
其心與之然。」「形化」就是我們在變老，「其心與之然」就是
我們的心也跟著老去，我們希望我們的心永遠年輕，永遠年輕
就是保持現狀，不要跟著歲月往下掉。人事滄桑，滿臉的風霜，
我們一生的憂苦都在臉上，都在眼神，一生的悲痛都在心頭，
那當然老啊，風霜是形軀的老，悲愁是心靈的老，在生命歷程
中你一定會一路把這些給帶過來，因為承擔了太多是非的壓
力，面對死生的來臨，宗教哲學一定要解決人生苦難的問題。

◎心知是「心」執著「形」

　　青春要永駐，長生要不老，年輕跟年老顯然是一個分別。
以儒家的立場來看，儒家是對的，儒家是「是」，墨家是「非」，
以墨家的立場來看，墨家是「是」，儒家是「非」。會產生這樣
的是與非，是因為彼此的心都執著自己，這在莊子叫「心知」。
心本來是很自由、很空靈的，跟全世界站在同一線上，但是心
落在「自己」裡面，然後又執著自己，這時候的心，是你自己
的心，不是宇宙的心，宇宙的心是平常心，自己的心是不平常

心，因為你每個地方都想到你自己，你就很難平常，「平」不起來也「常」不起來，你的特殊心——特別的用心，我們的心不僅落在形，而且會去「知」形的每一個階段。譬如說，我的心會去知「我」，執著我，然後我就只愛自己，不愛別人，只知道有自己，不曉得有天下，這叫做「心知」。只知道年輕的美好，而忘掉年長的成熟，所以他拒絕成熟，他要永遠幼稚，這實在很奇怪，我們難得是從幼稚走向成熟，這是人生的長成，但是我們覺得越是成長越是討厭自己，這是一個問題。

我覺得天道、天理很公平的，年輕是看起來很好看，但是心裡面很貧乏的，那麼年紀愈大，你看起來沒有那麼年經，然而你的心靈愈來愈成熟。上帝很公平，天道很公平，你看孔子怎麼說的，「三十而立，四十而不惑，五十而知天命，六十而耳順，七十而從心所欲不踰矩」。孔子有沒有說，四十而胃腸不好，五十而血壓過高，六十而糖尿痛風，七十而心律不整，沒有！孔子才不那樣想。因那是生命走向成熟之境，所以關鍵就出在這個地方，這叫「成心」。

◎成心是分別心，有成亦有毀

成形會變成「成心」，你的成心就是，你只知道我這個人，只知道我這一派，只知道我這個地區，我這個行業，只知道我這個階級，我這個種族，這個宗教信仰，那就麻煩了，因為你會抗拒其他的人，其他的地區，其他的行業，其他的宗教信仰，這叫「成心」。這一成，你就毀，你成了你自己，就毀了別人，你成了自我就毀天下，因為你只看到自我，沒有看到天下，所以莊子在這地方警告我們「其成也，毀也」，在你成的時候，另外一面是毀喔！我們不要忘記，你成了生，你就討厭死，逃

避死，你成了「是」，就在對抗大家的「彼」，你成了你自己就看不起別人，所以各大教互相歧視，互相以對方為異教徒，互相以對方為非我族類，就成最大的罪過，你什麼都不管，你可以派飛機去轟炸它，也可以發射飛彈過去，這怎麼可以呢？但人間就是這樣。

關鍵就出現在心落在形裡面，然後執著這個形，這也叫地域觀念、階級觀念，自大、狂妄，都從這邊而來，自我膨脹不光定著你的心知，還會牽動你的情識、你的心那樣想會拉引你的喜怒哀樂、悲歡離合，你每天都害怕你變成不對，就好像全世界的人都在對不起我，每一個人都要壓迫我，怎麼想，自己都是受害者，怎麼看人，別人都是特權，都是壓迫我們的人，這是情識作祟。

◎大知小知是心知，大恐小恐是情識

想像的世界是無窮無盡的，甚至我們會發現，原來牆壁都藏有很多眼睛在看我們，我被無形的監視系統所籠罩，於是恐慌起來。這「知」會在那裡分別，誰有學問，誰沒學問，誰是大學生，誰是小學生，誰是大學畢業，誰是小學畢業，事實上有什麼差別呢？都是「心」在分別，只要愛心一樣，你管他什麼學校畢業。陷在「大知」、「小知」的分別中，產生一個結果叫大恐、小恐，恐懼的恐、恐慌的恐，因為心知，而產生恐慌、憂愁、焦慮，你看我們生命中是不是有很多的焦慮、很多的憂愁、很多的悲痛、很多的恐慌，害怕有一天我會變成不對，害怕有一天我不年輕，不再青春美麗，不再是事業的高峰，因為我要退休了，然後想像退休以後怎麼辦呢？這就是情識。

　　以儒家為例，假定儒家只認為自己是對的，任何家派都會成為它的壓力，我是儒家，我肯定自己，然後討厭其他家派，我的情識中，就會因為有別的教派的存在而受不了，因為我的情識想像別的教派在威脅我。人生從這方面來說就叫做自困，你用「心知」，你就在心裡面蓋了一座監牢，你蓋了一個監牢把自己關進去，每天被禁閉在心靈的監牢裡，然後每天在情識作祟下受苦受難，想像別人在對我怎麼樣，而事實上並沒有，但你自己已經苦了。

　　我想像有一天兒子會不理我，現在就開始悲愁，我現在才五十歲，卻要為此而悲愁到最老的時候，我兒子會出國，女兒恐怕也會出國吧！那將來我該怎麼辦呢？我會自苦，那還是為人生很正常的親情關係喔！在人我之間，地位、名利、權勢的爭逐中，你會發現，此消、彼長。王永慶要到大陸投資，那還得了，這邊少了兩佰億，那邊多了兩佰億，一共差四佰億，台灣外匯存底有一仟億，楊尚崑問你，你有幾個兩佰億，所以我們希望王永慶不要去，勸他不要去，因為台灣只有五個兩佰億，倘若五個兩佰億都到大陸，那台灣不就變成海南島，海南島變成了台灣，當海南島是台灣，台灣是海南島的時候，全國已經統一，不是光統戰，這是一個問題。

　　所以，在台海兩岸的對抗情勢裡，在大陸跟我們沒有建立一個共識前，雙方的「是」還沒有交會的時候，我們若輕易的動搖台灣的存在地位，恐怕是不對的。但是從哲學的眼光，從莊子的眼光來說，他會說你自困自苦啊！所以莊子給我們的智慧是，你要消除恐懼、恐慌、憂愁嗎？你要消除悲痛焦慮嗎？你一定要先取消這個「知」，這叫「去知」，莊子告訴你要去掉這個「知」，這個「知」就是執著的執，這與佛家講的一樣，

你的心知道了，你就開始有你的執著，你要去掉你的執著，不要有我跟你、彼與此的分別，不要有是跟非、死跟生的分別，如此一來，死與生的恐懼，是與非的對抗，就沒有了，就消失了，你就不會有死生的哀樂，所以要「去知」。

◎離形去知是工夫修養

但怎樣「去知」呢？你的「知」是從執著形而來的，所以要「離形」，要離開你自己，不要老是用自己的知去看世界。你的心落在形裡面，你的心通過你的形來認識世界叫做「心知」，但這個心是帶著有色眼鏡的，帶著我們近視的眼鏡，帶著我們斜視、亂視的眼鏡，這樣子看世界都是亂的，都是斜的，所以你一定要想辦法「去知」，而去「知」要從「離形」著手。

原來人生的有限性就是我們的心落在我的形裡面，你的心就失去自由了，所以莊子要我們「離形去知」，到這樣的境地就要「同於大通」了。你要回到原來那個天地心上去，人在未離形去知前，被形體包圍的心叫做人心，你現在必須去掉知，去掉這個執著自己的有色眼鏡，你要「去知」一定要「離形」，否則你的心一定有「心知」，因為你通過成形與形化，執著自己。所以你比較喜歡自己，說你自己是對的，所以只要離形去知，你的心就回到原來的空靈，「心知」使你的心淪落天涯，去知離形使你的心回到你的家，我們讓心回到我們原來的地方就是回家，原來的家是跟大家一起通的，叫「大通」。只要我們的心回到「大通」，回到那個天地的家裡，然後再回過頭來看各大教，各大教平等，看儒墨，儒墨平等，看每一個人，每一個人平等，看萬物，萬物平等。

你若從「心知」的角度去看，不要說萬物平等，你跟同學

就吵得不能相處，跟媽媽不說話，夫妻賭氣，不要講那麼遠，什麼治國平天下，身邊那個人都平不了，因身邊那個人也是自「是」「非」他，先生對，太太都錯，從太太眼光看，太太對，先生都錯，父母眼光看兒女都錯，兒女來看，都是父母不對，父母壓迫我。每一個人都有一套是非，你一套，他一套，天下無數套，天下都分裂，我們要回到一套，「大通」大家那一套，大家共同一套，讓我們的心不要流落在十字街頭，而回到我們的家，這個時候心再回來看萬物，看每一個人，看每一個家派，看每一個宗教都平等，大家都平等，大家都放心，都不要比了嘛！當大家都不比時，你會覺得你空前的解放。

◎心有千千結都解開

哪一天我們可以不要跟人家比名氣、比地位、比權勢、比青春、比亮麗，你才會覺得你好像活在天國，他為什麼變成人間，就是因為每天比，比得實在太累了、太苦了！到了這邊不比了，大家都大通，大通是一家了，到那時就不用比了。各位想想看，我們下班回家都馬上換上便服，也不要莊嚴，也不要形相，不要報告，也不要簽呈，都不需要了嘛！兒子也不管爸爸是不是要寫文章，就坐在我的書桌寫作業，我看他在那邊寫作業，也不敢去說我要寫文章，我趕快躲到小桌子去寫，這不必分別，因為兒子跟我本來是一家嘛！一個心，誰在那邊寫功課、寫文章都一樣。所以你一回家就穿便服，回家最大的輕鬆就是你不要跟人家比，哪有先生跟太太比，兒子跟父母比的，回到家不比了，所以回到家每一個人都很輕鬆。在公車裡面也比喔！你看誰姿勢端正一點，看誰臉上有一點神采，不要每一個下班的人臉上看起來都黯然神傷，我們要表現一點生氣蓬勃

給人家看，實在是很累！回到家就要放鬆了，為什麼？回到家了嘛！

在什麼地方逍遙遊？在〈齊物論〉的世界裡面，才能夠真正的逍遙遊，在沒有分別的世界裡面，我們才得真正的自由解放，整個精神放鬆了，每一個人都活在自己的路上，彼此間互相欣賞，就像這朵花看那朵花一樣，這個人看那個人就像花園裡面的花互相欣賞，都美！都好！我相信莊子的精神在此。

今天我們對整個人生，對整個社會，對國際情勢，甚至對台北的政治格局、對台海兩岸的未來，我們都有很多感受，甚至我們的人際關係、家居生活都有一點觸動，我們都往《莊子‧齊物論》的路上走的話，你的心有千千結都解開了，解開了以後看什麼都對，我們希望重新回頭來過人生，一定跟我們這邊過的人生不同。這並不難，從哪邊開始？從不跟別人比，做我自己開始。

養生主——存在的困局

一、 存在的處境與困局

（一）自我的有限性　　　　　　　「吾生也有涯，

　　　成形與形化

（二）天下的複雜性　　　　　　　而知也無涯，

　　　大知小知，大恐小恐

（三）有限的自我　　　　　　　　以有涯隨無涯，殆矣；

　　　投入天下名利權勢的無限追逐

　　　命定不僅是事實的不可能，也是價值的不值得

（四）如此，還堅持走下去，　　　已而為知者，殆而已矣。」

　　　不僅是困局，

　　　根本就是悲劇

　　　「年命在身有盡，心思逐物無邊。」（宣穎南華經解）

二、 養生主解題

（一）「養生」之主：養形

（二）養「生之主」：養心

（三）「養生」之主在養「生主」

三、 善惡是名，善惡也是刑

　　　心知是名，生命是刑　　　　　成名人乃受刑人

（一）「為善無近名，為惡無近刑。」

　　　1、 無為近名之善，無為近刑之惡——名是善，刑是惡。

　　　2、 無為善，無為惡——不知善，不知惡。

　　　3、 善惡的分別是名，善惡的壓力是刑。

（二）有名有刑——有心有為——自困自苦

　　　　無名無刑——無心無為——自在自得

（三）緣督以為經，順中以為常

　　　「奇經八脈，以任督二脈主呼吸之息。身前之中脈曰任，

　　　身後之中脈曰督。督，居靜，循虛而行。」（王船山）

　　　　　　　　　　　　　牛是人間世

四、　庖丁解牛的主題寓言 〈　刀刃是心

　　　　　　　　　　　　　解是解開

（一）莫不中音，合於桑林之舞

（二）臣之所好者，道也，進乎技矣！

（三）

　　　1、始臣之解牛之時，所見無非牛者。—目視

　　　2、三年之後，未嘗見全牛也。—心知

　　　3、方今之時，臣以神遇而不以目視，官知止而神欲行。—

　　　　神遇

　　　4、良庖，歲更刀，割也；族庖，月更刀，折也。

　　　　今臣之刀十九年矣，所解數千牛矣，而刀刃若新發於硎。

　　　5、「彼節者有閒，而刀刃者無厚，以無厚入有閒，

　　　　恢恢乎其於遊刃必有餘地矣。」

五、　右師之介與澤雉之神王

（一）　右師：人文之有名

　　　　　　　　　　　　　＞為惡無近刑

　　　介：　　　　有刑

　　　「惡乎介也？天與，其人與？天也，非人也，天之生是使

　　　獨也，人之貌有與也，以是知其天也，非人也。」

（二）　澤雉：自然之無名

　　　　　　　　　　　　　＞為善無近名

　　　神王：　　　　無刑

「十步一啄，百步一飲，不蘄畜乎樊中，神雖王，不善也。」

六、　自我的有限──逍遙遊──走向無限

　　　天下的複雜──齊物論──回歸單純

　　齊物論：無名　無待

　　逍遙遊：無刑　遊於無窮

◎逍遙遊是消掉「小」而生出「大」

　　今天講《莊子》第三篇〈養生主〉，第一部分講〈逍遙遊〉，第二部分講入〈齊物論〉。逍遙遊是自我的超拔提升，怎麼樣讓自己在有限的形軀或動變的人間超拔提升出來，解消困苦就可逍遙遊。齊物論，是講很多人──一個社會、一個群體，不能只是一個人逍遙，所以我的人生理念──人生是一定要「生」的，而這個「生」不光是要活下去，「生」是要生出來，就好像父母生兒女生出來了，老師生學生生出來了；政治家生百姓生出來了；宗教家救人間救出來了，「生」是這個意思。人生是一定要生的，每天一定要生出一點新的東西，生出一點價值。這樣的話，才沒有白白過這一生。但人生的第二個理念就是我們的生，一定是要跟別人一起，不可能孤單的活出來；我們自己要逍遙，逍是將束縛我們的都消掉了，遙是遠大，然後你覺得人生的路途很寬廣，你存活的世界就很開闊。平時我們人生的路很狹窄，活的世界很小，就是因為我們小心眼跟小氣；小心眼跟小氣，我們的世界就變得很小，人生的路就變得很窄，所以你就要把那個「小」消掉，那個「小」消掉後，人生的路，你活著的世界就會「大」起來。遙就是遠大的意思，把小消掉，世界就大了，路就大了；世界大了，路大了，就會覺得很悠閒，到處都可以去，人間到處可遊，這叫逍遙遊。此外還有第二個問題，那不光是我自己逍遙遊，父母親有沒有逍遙遊？先生、太太有沒有逍遙遊？朋友、同事呢？假定我們一個人逍遙遊，而父母、兄弟姊妹、夫妻沒有逍遙遊的話，那我們一定會有遺憾的，所以一定要進入〈齊物論〉。

　　物論是人我之間不同的觀點，你的人生觀、我的人生觀，

你的宗教信仰、我的宗教信仰，你拜天公、土地公，他拜媽祖、關公，這是物論。我們希望普天之下所有的人都能夠有宗教信仰，都能有人生修養，所以要齊；你看得起我，我看得起你；要互相尊重，你尊重我，我尊重你，雙方互相尊重，雙方互相肯定，才能夠雙方同時得救，才能夠雙方同時活出來，雙方同時活出來，才叫做「齊」。齊不是在很可憐的狀況下來齊，一起受罪難過，這樣的齊有什麼意思？一起卑微一起受苦受難，這樣的齊有什麼意思？齊是一定要往上齊，因為逍遙遊是往上而遊叫逍遙遊，不是人間遊手好閒式的遊，那算是什麼遊！逍遙遊是往上遊，往上的「上」，當然是指天道、天理，所以齊要往上齊才有意思，不是往下降，大家一起往下掉，大家一起沒有意義，大家一起悲苦，這樣的齊沒有任何價值，所以〈齊物論〉希望我們能相互肯定、彼此欣賞，大家一起活出來。第一個理念──人生是一定要生的，第二個理念是一定要跟天下人一起生，先生跟太太一起生，父母跟兒女一起生，跟朋友同事一起生，這樣才沒有遺憾。你個別生的話，對方一定會想辦法把你拉來，「為什麼只是你快樂？我們卻不快樂？」不快樂的人，一定想法子讓獨享快樂的人不快樂，譬如先生在家裡當老大，太太很傷心，兒女也很苦悶，先生大男人主義說自己在家裡很快樂，我不相信，太太和兒女一定會想辦法讓先生的假快樂變成不快樂。所以這個世界要一起好，這個世界有任何地方出問題，全世界一定出問題；台灣島上有任何地區出問題的話，全台灣一定出問題；譬如後勁鄉有問題的話，台灣一定有問題，所以這叫〈齊物論〉。

◎齊物論是大家一起向上走

今天我們要講的是養生主，逍遙遊是每人自己往上提升、

人格往上超越，不能原地踏步，就像跑運動場一樣，速度段落永遠都一樣，那有什麼意思？中國人講人生的道路，一定要講形而上，形而上即往上走，而不是要我們千百回跑運動場，那不是原地踏步嗎？那樣活一生有什麼意思呢？每天都差不多。活一生就是要每天不一樣，不一樣並不是每天穿不一樣的衣服，吃不一樣的食品，那叫時髦、流行，不是那個意思；每天不一樣，是每天的精神不一樣，我們的心靈不一樣，每天我都對別人好，每天我都給出新東西，這個才是人生的價值所在。所以第一是一定要生，第二是要一起生，逍遙遊是我自己在修養，往上走，往上走才叫生，往下掉不叫生，往下就沒了，所以形而下者謂之器（成器的器），形而上者謂之道，道是天道的道，往上才是道路，往下就不是道路，所以逍遙遊是往上走，〈齊物論〉是大家一起往上走，對所有往上走的人我們都要尊敬他，不管他是否與我們有同樣的宗教信仰，有宗教信仰就是往上走，有人生修養就是往上走，然後我們希望大家一起往上走，叫〈齊物論〉。

◎生有涯而知無涯

今天講第三個〈養生主〉，一開始講兩句話，第一句話是「吾生也有涯」，另一句是「而知也無涯」，涯是涯岸，是一個限界，今天講生涯，做學生的生涯、當老師的生涯，生涯是指人生的限界，當老師就是老師，不是其他，所以當老師的生活就是一個限界；當學生的生涯是有一個限定。當學生定要讀書；當老師一定要教書，讀書、教書就你的限界，所以「生有涯」就是我們的生命是有限界的，這是人生第一個問題。

　　限界在〈齊物論〉有兩個，一個是成形，一個是形化，成形是成這個我，我來到這個世界，父母親把我生下來，那麼我這一生就是我這一個人，這叫成形，因為你不可能變成另外一個人，我不可能變成哥哥，不可能變成弟弟，儘管兄弟是手足，是同根生的。但是，哥哥不能取代弟弟，弟弟也不可能取代哥哥，這個社會上有這麼多人，每一個人都有他的精采，我們看了都好喜歡，問題是，你不是他，你看這個社會值得我們欣賞的人不是很多嗎？很多人不是飛往北京嗎？那不是中華代表隊嗎？每一個人不都是很可欣賞嗎？不管是什麼球類、什麼運動、什麼項目，都是反應非常靈敏，技巧非常純熟，甚至是藝術化的境界。但問題是，我不是他呀！所以從這一點看來，人生只有一條路，你不是他，但你可以欣賞他，讓遺憾變成美感。我不能是他，譬如，我沒有秦漢的相貌、林青霞的身材，不免有憾，但你可以欣賞他，欣賞他就有美感，讓遺憾變成美感，人生就沒有遺憾，這是道家哲學給我們一個很好的「化」，把所有的遺憾變成美感。我不能是他，但我可以欣賞他的精采，我看到他的精采，就是我生命中有精采，因為我看到了。所以人生一開始、一成形，我們就變成有限，多少我們喜歡的同學朋友，每一個都有他的漂亮、他的青春、他的美麗、他的聰明、他的才智、他的光采，但我不能是他，這是人生的第一個有限。

　　人生的第二個有限是，我這個人也會變化的，我有我的童年，有少年、青年，到現在已經中年，你看看小時候的照片，你幾乎都要不認識自己了，原來過去還那麼漂亮，對呀！過去呀！現在呢？現在中年了，這叫形化。人生的形是會定形的，我定形了，所以我的相貌不會有什麼重大轉變，身材、相貌、才智大概就是這樣，我已經成形了，這是第一個，我有限就是

我不可能變成另外一個我。第二個是，我這個人也會變化，隨著年華老去，我這個人也在變化中，這兩個問題叫做生有涯，人生的第一個問題，是生命有限，有限的意思是你只能做你自己。第二個是本身也會變化，所以我們才希望青春永駐，長生不老，因為他會變化，我們不喜歡變化，但願我永遠年輕，但是我做不到，我們的年輕在哪裡？在兒女身上，告訴諸位一個秘密，你不要覺得中年不大好看，你不要看自己，每天看兒女就好了，所以每天當我有點傷感時，把兒子喊到前面來看，「好可愛喔！」就覺得自己好可愛了！

◎生有涯就是我是我，不可能是別人

所以人生兩大問題，我就是我，我不可能是別人，問題是，你跟別人活在一起，會問是我漂亮還是他漂亮？是我對還是他對？所以人生是很多人在一起，會產生是非。成形會帶來是非，美國人對還是蘇俄人對？台北對還是北京對？是後勁鄉居民對，還是中油對？因為我們不是後勁鄉民，所以有的時候我們投票是不能代表他們的。全台灣省投票，後勁鄉一定落敗；台北縣一定通過，桃園縣也通過，苗栗縣也通過，新竹縣也通過，問題是你不是後勁鄉呀！後勁鄉的人他「是」後勁鄉，而不是後勁鄉的人，他「非」後勁鄉，這叫「是非」。是白種人漂亮？還是黃種人漂亮？上帝是白種人還是黑種人？黑人說是黑的，白人說是白的，我們沒有去討論，不然我們一定說是黃種人。這就是因為大家站在自己的立場講話，所以「成形」就分出彼此，你我他，每一個人都有自己偏執的是非觀念，個個都以自己做標準來說自己對，這就產生是非問題，我是他非。

　　第二個問題，形體會變化，變化到最後就產生死生問題，生老病死，人生的限制，人生百年嘛！百年只是一個數字。是非跟死生的問題就是知無涯，因為你有分別有執著，是非問題很複雜，死生問題很無奈。這種問題是無窮無盡沒完沒了。人生兩大問題，一個是人生旅途是有限的，第二個問題是，所追尋所渴望的卻無限。譬如今天晚上，你可以看書、聽演講、喝茶、散步，每個活動都很好，但每一個時間你只能選擇一個，你做了一件，其他三個就沒了，這叫遺憾。人生只有一個，想做的事卻太多，每一個現在，你都分身乏術。「知無涯」，你想要的太多了，你被社會帶走，想擁有的太多了；街頭流行很多東西，都是新潮時髦，在百貨公司亮相登台，但是我們的薪水有限，你要買什麼呢？買這不能買那，這叫「知無涯」。人生兩大問題，這個「我」本身有限，而在人間我們想要的太多了，這叫自我的有限性，與人間的複雜性。我自己是有限的，所以叫限定，而人世間是複雜的。今天晚上有三個朋友過生日，而我只有一個人，他們又不願一起慶祝，因為不一定是同時期的朋友嘛！你參加了一個，你覺得對不起其他兩個，對方也會生氣或遺憾，人我之間是複雜的。我愛我的兒女，可是有一天我們會離開他們。你看，你的有限性來了，你實在不喜歡這有限性，可是你一定要承受這有限性，總有一天要分離的。另外，同時間之內有那麼多朋友、家人，你要陪誰呢？總不可能在大禮堂裡團聚。每次人家跟我說：「王教授你要在那邊演講，請你打電話給我。」但我沒有打過一次，我想隨緣吧！但有些朋友希望聽我所有的演講，甚至我的課。但這是不可能的，因為人是有限的，我們才要逍遙遊，無待之遊。

◎完全自由，養生極致

人生的際遇變化太多，就因為知也無涯。逍遙無待之遊，就是要讓生有涯變成生無涯，將「有」變成「無」，就是人生的一個突破，人生是有限，我讓他無限，我不斷往上提升，我便不再是我，像大鵬鳥飛在九萬里的高空，飛在廣闊無垠的天空，怎會變成自我的有限性呢？生有涯，我們要突破自我的有限性，此突破會讓有涯變成無涯。

知無涯，這叫多元的價值，多元的社會。現在風尚是東洋風或西洋風？是西方哲學好，還是中國哲學好？是儒家好還是道家好？是舊教好還是新教好？這個很複雜。知無涯就是你被牽動，被帶出去了，就像在十字街頭，不知何去何從，就像在百貨櫥窗前傻了眼；知無涯就是你被帶到一個什麼都可能的世界，但是你不知道哪一個好？就像買書，光是《老子》就有許多版本。這太複雜了，所以要講齊物論，天籟齊物之論就是要破解知無涯，不被帶到許多地方去，讀通《老子》就可了解宇宙人生的問題。但是現在的人，新書一出版了，有人問及讀過沒有，若沒讀過，便自覺差勁。《老子》是第一等書，《論語》也是第一等書，各大教也都是第一等書，你只要將第一等書讀通了便是第一等人。但是我們卻被帶到讀書的壓迫中。全世界每天出版多少書，你一想心就慌了；所以我說「什麼書都買的人等於沒有買」、「什麼書都讀的人等於沒有讀」，希望各位深思。

所以不要被帶到什麼都想要、都可能、都喜歡的境地，那一生注定不幸福，因為你定不下來，你好像每日都在十字街頭，不知該走哪一條路，所以要讓知有涯；人生不必要讀幾萬

本書，我們只要讀一本書，我們的宗教信仰人生修養都在裡面，讀進去把它讀通了，你就不必被帶到十字街頭，每天跑書局，每天跑圖書館抄卡片抄資料。沒有思想，沒有實踐，怎麼念都是理論，都是應付考試，結果自己一點受用也沒，沒有將書讀進生命中，書永遠在外面，跟外面的車水馬龍一樣，對你來說都是陌生。所以天籟齊物之論就是要解決「知無涯」的問題，轉成「知有涯」，才不會變成無限的膨脹與無窮的追逐。所謂「年命在身有盡，心思逐物無邊。」心思所要追求的無窮無盡，譬如約稿寫完了正覺得輕鬆了，但明天的約又來了，有時一看到電話就害怕，人家會說：「王教授，你答應寫的文章怎麼還沒寄來？」我就覺得虧欠人家，所以我現在人家請我寫稿，我會說：「雖然是好朋友，但我只是一個人，每天只有二十四小時。」這就是「生有涯」的「年命在身有盡」。後來又覺得應該寫，你對社會有責任，當代中國人沒有中國，只好多講一點，而這也是心思逐物無邊，想做的事太多了，「以有涯隨無涯，殆矣！」以有限的生命追求無限的心知是不可能的。士農工商各行各業，都有發展的可能，都可尊敬，但我只能選擇其一。教書就要好好的教書，做人就要好好的做人，不要又想這又想那，不要不認同自己所選擇的，這叫以有涯隨無涯。譬如老師玩股票，根本無法專心教課，學生只見老師臉色陰晴不定，教室的氣氛怎能正常化，以有涯追隨無涯，是「殆矣」。「殆矣」是不可能；生命是有限的，你想要的很多，如此是永遠追不到的，即使追到了也沒用，明天它又跑到前面了，不斷的翻新，這叫新潮流行，你完成了，新的又出來了，否則廠商如何維持，你剛買照相機，新的又出來了；你買了這個冰箱，新型的又推出來，你才會再去買一個，這叫心思逐物無邊。所

以用有限的我，去追求無限的想望，在電視的廣告、社會的帶動下，你是永遠趕不上，因為新的又出來了。你永遠趕不上，這叫「殆矣」，「殆矣」是不可能的，是很辛苦的，更重要的一點，它是心知執著，是虛妄的，假定它是有價值的話，就是落後也沒有關係，還可以逐步追上。

◎知無涯是想要的太多，且競爭激烈

這個知無涯的「知」，是不好的意思，在道家哲學想要太多是不好的；「知」不是今天我們所肯定的那個知識、學問、才學，這只是社會的廣告、流行，告訴我們可以這個、可以那個，這個知是沒有價值的，是我們被廣告帶出去，一減價便買了一大堆不需要的東西，使家裡成了儲藏庫，你以為賺了一半，因為半價嘛！但問題是買回來沒用，事實上是你損失了一半，而非賺了一半；本來一百塊，降為五十塊，趕緊買回家，現在都沒用；我們誤以為賺了五十塊，事實上你是賠了五十塊，這叫「知無涯」。廣告就有那個魅力，會讓用不上的人把它帶回家。所以每天傍晚，我會好緊張，有時好幾包啊！太太抱怨你不幫她拿，全家大小總動員似的抱回家，我就知道她又「知無涯」去了，她忘了她的先生是「生有涯」，然後她每天都在街頭上「知無涯」，很多青少年朋友也一樣會忘掉父母是「生有涯」，每個青少年都在「知無涯」；不過，為了家庭為了孩子，我們都認了。「殆矣」另有一個意思，是停不下來。因為社會總是用新的東西在帶動我們，新的東西出來，社會一定會流行。「殆矣」就是你永遠趕不上他，你永遠停不下你的腳步，人生命定是浪跡天涯，你看我們是不是有時會覺得好累喔！每天鬧鐘一響，趕快爬起來，一堆行程表擺在你眼前，有

時太累太忙了，連睡夢中也在想明天的事，還沒到已在想了，先想十年後、二十年後怎麼辦，這個社會變動太大，所以叫「以有涯隨無涯，殆矣！」既然是不可能的，是停不下來的，是永遠趕不上的，結果你還要去走「知」的路，所以說「已而為知者」他還要去走這條路，「殆而已矣！」人生就走入一條死巷，明知此路不通，還去追逐流行時髦，這條路走不通，走不通的意思是永遠趕不上，永遠停不下來，永遠不可能，但你還是選擇這條路，「殆而已矣！」一生就注定一場悲劇。

◎無形的心才是生主

莊子精采啊！我剛只翻了一段，到底是現在的人有學問，還是古代的？要好好講。才幾十個字，要一個鐘頭的時間去解說，這叫經典，經典就是他只講幾句話，我們就要用一生去想，那個叫《道德經》，叫《南華真經》，叫四書五經、十三經，所以我們定要讀經典便是這個道理。你明知此路不通，還走下去，那就命定是一場悲劇。所以，〈養生主〉主要告訴我們怎麼從這條路走出來，心知逐物無邊，就是因為你的心去「知」，心知就是心執著是非，執著死生，心知是有分別，你有這個分別，就一定會去追求，一定被帶動。譬如我們台灣常會覺得新的才是好的，值得追求，然後人家就開始問：「現在有新的書出來，你有沒有看？」沒有看就覺得自己很差。因為用新舊來評斷是非，以你馬上被帶動，因為你有分別，你的是非是通過新舊來分別的。然後就說：「你這個老頭腦、老古板！」一聽到老的就覺得很慚愧，想辦法讓自己新，但你要讓自己新的話，每天都有新的，所以這社會就會讓人生不快樂，它一定要讓你趕不上，讓你停不下來，你才會買它的東西，你才會跟它

跑，所以莊子要把分別解消。「心知」即「心執」，心有執著有分別。分別心，佛家叫「識心」，要「轉識成智」，莊子叫「成心」，「成心」就是在心裡面成立了它的分別──新的就是對的，舊的就是不對的，所以現在大家不願讀古書，因為舊的不對新的才對。你在大學讀書，手上帶書千萬不要拿中文書，要拿洋文書人家才看得起你，所以你帶四書都不敢給人看到，要放到最裡面，外面就是大一英文教本，英文課本也好，我念國文系時就是這樣，所以我不敢說是中文系的，人家會像看骨董般的看你，你這人就是笑話，他就好像考古一樣，看到你就像今之古人，因為他用他的是非標準，是用新舊來說你對不對，來說你進不進步。所以最勇猛的青年叫新青年，要打倒孔家店，孔家店兩千多年，我打倒孔家店就是新青年，你不打倒孔家店就是舊青年，舊青年是沒有前途的。今天台灣不是男生一定要念理工嗎，男生念文史人家就會笑，所以漸漸造成一種斷層，在法政文史方面人才現在很少，因為台灣青年都念理工，現在變成工商，將來一定有問題的，這個社會靠法政，你看，是不是立法、行政跟司法的問題嗎？靠法律、政治還有經濟的學者，那麼這個社會要不要靠文學、藝術、音樂、宗教、哲學呢？今天台灣有財富但沒有心靈，沒有教養，沒有方向；到處都是錢，但是錢沒有方向，現在終於找到一個方向──刮刮樂，每天刮刮樂，這總是有個方向（刮刮樂好像支持社會福利，不曉得有百分之多少會用到弱勢團體），這總算代表一種價值。最重要的是你心裡面一有這個東西，你一生就被帶進去了，這樣的分別，莊子叫「名」，我們現在不是叫成名嗎？我告訴各位，「成名的人就是受刑的人」。

◎成名人就是受刑人

我們剛開始沒有成名的時候，都嚮往人家好有名氣嘛！哪一天你的名氣大起來以後，才知道一點都不好玩，名是人生最大的枷鎖，那個名就是壓力，那個名會形成心理的負擔，形成一生的壓迫。所以從「心知」來說，這叫「名」，但心知會帶動生命，所以從生命來說這叫「刑」。同樣的東西，你心裡面一有分別，譬如我們分貧富，有錢人才有面子，沒錢就覺得很挫敗，輸給人家了，你一有這個想法，你就受到以貧富為是非的分別所帶來的壓力。以貧富為是非，什麼是對什麼是不對。有時用新和舊來說，有時用有錢沒錢來分別，你只要接受這個觀念，然後你就覺得當公教人員輸給人家，什麼都不對。譬如當教授很清高啊！看起來很高，事實上很苦啊！我搭計程車和司機聊天，他問：「你做什麼。」我回答他：「在教書。」「在哪裡？」我只好回答：「中央大學。」「喔！那你是教授囉！」「對！」「那你一個月賺多少？」我說大概多少，「那你跟我差不多嘛！」再問：「那你念了幾年書？」我說：「到現在還在念！」剛開始談話時，我很高，他聽到「教授」，肅然起敬，到最後發覺原來我很清。我想這樣也好，讓他快樂一點，也算日行一善！讓他覺得原來讀了幾十年書的教授不過跟我一樣嘛！我自己絕不採取這種觀點，不以貧富來做為我一生價值評斷的標準，這個分別叫「名」，它的影響力叫「刑」，所以莊子講一句名言──「為善無近名，為惡無近刑」。

◎善惡美醜就是是非

人生最重要的分別就是善惡，這叫心知，善跟美的執著，我立一套美善的標準，你分別什麼是美什麼是善，這叫分別，

這叫善惡，事實上包括美跟醜，善惡美醜就是是非，是非的最極致的發展叫死生，因為生是全部的有，死是全部的沒有，我是說世俗的觀點喔！宗教可不是這樣講的，因為宗教還有死後的世界。人間的現實觀點，死後的世界完全沒有，所以我們為了要讓我們的人生活得長一點的話，我們需要哲學、宗教，不然人生只有這幾十年，只有這一百年，這個分別是用善惡來分別，莊子的意思是只要有善惡的分別就是名，譬如賺錢賺多是善，沒有賺多是惡，美醜的話是說二十五歲是美喔！四十歲就醜喔！我姑且這樣說，白種人是美，黑種人是醜，所以白種人是善，黑種人是惡，所以有的人認為黑人不該活下去。那你說如果善惡不分別，則黑人就變成好人，所以別誤解，這個分別不是指一般的道德判斷，像儒家講的那個道德判斷，而是說人生現實裡面有很多莫名其妙的標準，用貧富、新舊來說你對不對、好不好，這個就是莊子要破的那個分別，所以善惡是名，名就是你在心裡面有這個分別，這叫名。你心裡面有這個名，就會帶動你的一生，你白天受它影響，晚上做夢也受它影響。很多人告訴我，到了四、五十歲夜晚做夢還在考數學，還在北一女，在建中考臨時考，可見以前壓力太大，老早畢業了，念博士了，晚上做夢還是高中時代老師正在考數學，還沒有過去呢！這叫過不去，人生過不去這太苦了，因為他在晚上會冒出來，而還沒來的，自己又先想到，突然夢見自己好像七老八十了，所以你就開始想到人要面對老年的問題，你先想，老子叫「前知者」，這個「知」已經不好，「前知者」就是把那個「不好」想在前面。我記得我女兒在三、四歲的時候，在外面扮家家酒聊天，突然進來問我：「爸爸你將來是不是會老？」「是啊！」「那老了是不是會死？」「是啊！」突然間她叫出來：

「爸爸！我不要你死！」我說：「爸爸還沒老啊！」那個時候
她才四、五歲（今年考大學），突然抱住我，受到死亡的壓力，
她突然害怕爸爸會老，爸爸會死，她承受不了，人會老死。當
然將來總會來，但我們把將來可能會來的事（是好是壞我們不
知道），我們想像成一定是壞的，而且又提前幾十年傷心，你
看！提前幾十年痛苦，這個「先知」啊！人家說未卜先知，知
已不好，還去先知，所以「先知」在道家的義理來講就是把痛
苦想在前面。所以善惡是名，你心裡面有它，你就有這個分別，
這叫名號，名號就是有這個分別，然後你一生都會被它帶動，
受到它的壓力，它的全面籠罩，你說我一定是個強者，我一定
要證明自己是個強者，我一定不只是個學者、教授，每個月才
領那幾萬塊錢的薪水，你每天就承受那個壓力，所以善惡是
名，善惡也是刑，總之一句話，名就是刑，所以我說「成名的
人就是受刑的人」。問題是大家都不知道啊！你想想看，那些
成名的人可以在街上走來走去嗎？他方便在小攤吃碗擔仔麵
嗎？很難啊！你沒有隱私權，你到哪裡都有記者在後面追，有
沒有看到英國王室的照片？這個記者實在是太惡劣了，所以身
為王室的一分子，對他們來說是個極大的刑罰，沒有任何隱私
權，你在一個孤島上，他可以用遠鏡頭把你的活動拍下來，這
就是刑，所以你怎麼辦呢？我們當然要避開刑罰。避開讓我們
生命受苦的刑罰，但是生命受苦的刑罰是從哪邊來的？是我們
「心知」的執著帶來的苦，所以你要取消這個苦，取消這個刑
罰就要取消這個名，所以你一定要從無名做起，無名才無刑，
你要去掉以貧富代表成功失敗的分別，你一生才不會對我們的
工作行業不滿意；你一定要無掉新舊做為是非判斷的標準，你
才會去好好念幾千年的經典，不然的話，你不敢在公共場所念

《道德經》、《南華真經》。所以你無名就無刑，你就可以坦蕩蕩在陽光下念《南華真經》，假定你以新舊為是非的標準，你不敢讓人知道你念《道德經》或《南華真經》，一定要找一本現在最新思潮的書來代表我們是前進分子。所以無名才能無刑，這叫「為善無近名，為惡無近刑」。這句話我還沒翻譯，我先分析一下，即「無為近名之善，無為近刑之惡」。不要去追求那個名，「無為善無為惡」，因為善是名，惡是刑，所以才說「無為近名之善，無為近刑之惡」。事實上，善惡是名，善惡也是刑，我們做好人是一種壓力，你要放得開，包括自己做好人都要忘記，不然好人沒好報，你會受不了，所以善也是名，善也是刑。

◎等待回報就會自苦

假定你認為自己是在做好人做好事，你就在等待別人回報，會自苦喲！多少父母對兒女都覺得白疼他了，多少老師對學生的感慨都是：「白疼他們了！白教他們了！」這樣的話，豈不是當老師的自苦？當父母的自苦？我們忘掉了做老師、做父母的名，我一生就不會等待學生兒女要盡孝道要尊師重道，他們要盡當然很好，他們不盡也沒有遺憾，當初就是為了愛他們嘛！已經愛了就沒有遺憾。爸爸愛兒女天經地義，老師教學生天經地義，已經教了，已經愛了，已經完成了，你何必遺憾呢？但我們會忘不掉啊！你在心裡面就有那個名，你就永遠記得你是父母、老師，你付出太多了，你太辛苦了，你連這都忘不掉的話，那就變成一生永遠的辛苦。另一方面，不是說別人是「是」我是「非」，王永慶是「是」，王邦雄是「非」，因為他的石油化工，他是經濟鉅子嘛！但就一個人而言，我們是

一樣的，他是一個人，我也是一個人，所以不要把人家說成是
「是」我是「非」，這不叫〈齊物論〉。

　　〈齊物論〉是他是我也是，大家齊「名」，大家都成「名」，
給自己一個機會，給自己一個可能。另外我也不說我「是」別
人是「非」，我的朋友在小學教書，我在大學教書，我不認為
他是「非」我就是「是」，我認為教小學比教大學更難，教幼
稚園的更了不起，媽媽最了不起，要換尿布洗奶瓶，孩子哭了
不知為什麼，但是她要一直愛下去，沒有第二句話，哪一個最
偉大？媽媽最偉大，再來是幼稚園老師，再來小學老師、國中
老師，所以小學和國中老師免稅，我支持；更應免稅的是幼稚
園老師，更該免稅的是媽媽。所以不要認為在大學教書就比小
學老師偉大，這個是非也要去掉。

　　「無名」有兩方面意義，第一是我不認為自己很差別人了
不起，第二個我也不認為自己了不起別人很差。無名以後大家
才能一起活出來，一起得救，你看得起我我看得起你，你很有
面子我很有面子，你有你的一席之地我也有我的一席之地，這
樣不是大家一起活出來嗎？

◎大家逍遙才叫齊物

　　所以，什麼叫「齊物論」？每一個人都逍遙遊才是齊物論，
現在很多人都沒逍遙遊，都在受苦受難，都是受刑人，為什麼
受刑？因為我們沒有「齊物論」，我們有行業職等的分別，有
優越感，什麼是好的不好的？什麼是高人一等低人一等？你有
這個分別以後，大家就不能逍遙遊，所以齊物論有一個好處，
大家一起逍遙遊，這個世界上沒有受刑人，沒有受刑人是因為
沒有用新舊來分是非，用貧富來決定貴賤，沒有這樣分別的

話，大家都活得很好。

我們也不是不能過清苦的日子，我們是受不了別人鄙視的眼光，受不了別人悲憐的眼光；我從小粗茶淡飯過一生，但受不了別人說「你好可憐」。我們小時候都有這個遺憾，總覺得同學的爸爸都有錢有地位，自己的爸爸好像沒有錢沒有地位，自己在學校的活動受到很大的壓力，假定沒有這分別，窮苦人家的小孩可以擁有一個美好的童年歲月。要不然連童年都沒有，老師都瞧不起窮苦小孩，老師是應該帶所有的同學來齊物論，可是很多老師不是，他沒有齊物論，他是分別心。所以，原來受苦受難是心裡的感覺，人家那種看法那種眼光，才是讓人受不了的原因。所以我們無名的話，就可以無刑，無名就是齊物論，無刑就是逍遙遊。

無名就是大家都一樣平等，都一樣偉大、了不起、可愛、可尊敬，一樣天真美好，這不是很好的幼稚園、很好的小學嗎？為什麼穿制服？要齊物論嘛！你不穿制服的話，就不能齊物論噢！因為穿著相差太多，富有人家子弟穿名牌，他得意的說：「我衣服上有這個名牌，你沒有！」那窮小子就哭著回去了，大家都穿一樣沒話講，所以穿制服也有道理叫「齊物論」。什麼地方做的最好？軍中全部穿制服，但軍隊有官階的分別，宗教沒有上將、上校的分別，宗教不會分，所以宗教做的最徹底，人人皆可成佛，眾生皆有佛性，即是齊物論，齊物論就可以逍遙遊，逍遙遊是避開生命的壓力跟傷害，你要避開生命所受的苦，那個刑罰，你就要取消心知的分別，心知的執著。那就是人生只有一條路，無是非無死生，這叫齊物論。因為心知的分別最重要就是兩方面，一個是是非，一個是死生。

◎名是人生最大枷鎖

今天講的是〈養生主〉，怎麼養生呢？這個養生就是希望生命不受苦，消解掉生命中的刑罰而讓我們原來的生命回到天真美好，使每個人都喜歡自己的童年，無憂無慮，因為那時分別心還沒出來。人間社會像一個飄流場，大家流落到人間社會，受到是非、死生、成敗、利害、禍福、榮辱的煎熬。從小我被判為「窮苦人家的子弟啦！可憐啦！」我哥哥小學畢業，考上中學，家太窮不能讀，一看到同學他就躲起來，覺得自己不能去上課很羞恥，事實上他考上了第二名。你看，十三歲小學畢業看到同學來就要躲起來，所以有一陣子他很少回家，過年回家和家人團聚，就馬上離開，到台北來，台北沒人知道他，沒有分別，沒有人知道他只念小學，在西螺鎮，人家就知道他沒上初中。

童年就像是大台北地區，大台北地區也有一點美感，你過去沒有人知道，你的爸爸怎麼樣，你的祖父怎麼樣，你的家世怎麼樣？在家鄉好像是永遠擺脫不了的刑罰，我只是舉例說，不是說我們不要鄉土家族觀念，我只是說這些東西會帶給我們很大的痛苦壓力，所以你要無掉它，你把是非觀念擺脫，你就不會受到是非觀念的壓力，你就不會有失敗者的挫折感，人家都好我們都不好，人家都高貴我們都低賤，所以無名就無刑，你把它擺脫了，沒有東西可以壓迫我。

〈養生主〉的第一個意思就是：「養生要怎麼做去？」養生的綱領？養生的根本？「主」是主要，養生的秘訣是什麼？這叫養生之主。第二個解釋不一樣，養，養什麼？它不是要我們養生，而是要養心，「生主」即心，齊物論稱為「真君」，齊

物論認為每個人有真正的生命，真正的生命不是有形的身體而是無形的心，它講天籟是無形的聲音，真君是無形的我，這顆無形的心不是生理學上的心臟，也不是大腦，心靈是天籟、生主，它不是告訴我們養生之主在哪裡，而是說要養心，有一次我參加「女人女人」的電視節目，有一個題目問如何養生，有四個答案，我選「沒有」，因為我覺得應該要養心，先生跟太太一起去聽演講、讀書，參加公益的活動，這個時代不需要再講補腦補身，已經營養過剩了，問題是我們缺乏心靈的充實感。

所以，第一個意思是：「養生的主要在哪裡？」第二是：「我們要養的是生主」，生主即生命的主體，亦即是心，我們要養心才對，要有善心、包容心、體諒的心，這個心才是真正要養的，我把這二個意思結合起來，養生的主要是什麼？是養心。人生是要養生的，養生的最主要原則就在養我們的心，養生之主在養「生主」，這是我對養生主的解釋。

◎養生之道在養心

既然要養生，在哪邊養呢？怎麼養？它的主要綱領是什麼？生命受苦受難是因為心裡有分別，才會覺得生命是苦，被挫折感、壓力的陰影籠罩，永遠趕不上，也停不下來，又疲累又厭倦，一天下來最大的感覺就是好累，想到明天就討厭。疲累厭倦是因為你被帶動，你受到社會的壓力，你不喜歡但是又被帶動，應觀眾、家人、朋友的要求，但你不喜歡自己所做的，所以愈做愈疲累，愈做精神愈差，而且希望明天不要來。

所以養生要養心，養心在道家講要「虛」、「無」，你心裡面的知，就是是非跟死生，現在我們把知無掉，就是無名，你所知的就是「名」，我現在無掉這個知，無掉新舊貧富的是

非分別，把心裡的負擔執著無掉，無掉後我可養生，你的生命就不苦了，生命要養是因為受苦受難疲累厭倦，養生就是不要讓生命又苦又累，你不好是心自找的，在心裡蓋了很多監牢，把自己關在裡而，我們都是受刑人，忘不了童年的苦，忘不了人生某一段的不愉快、某一個挫折，我們把它蓋成違章建築，把自己關在裡面出不來，一想到那件事就悲從中來，這個生就沒有歡笑、喜悅、充實、快樂，你要養生就是把充實美好幸福快樂找回來，拆掉心裡面的監牢，拆掉長久以來心裡的違章建築，你一定要忘掉，一定要通過，不然大家都被關在裡面，而且這樣的監牢是無形的，隨時都在的。活在人間是有期徒刑，我們自己的刑叫無期徒刑，那是終身的，一生都關在裡面，所以養生一定要養心，養心在道家來講要無心，無心即無知，無掉心裡的執著，拆掉心裡的監牢，拆掉以後，我們就不會受刑了，因為不成名就不受刑，特赦自己，你會發現海闊天空──齊物論；無限的自由──逍遙遊。

　　所以，怎麼樣去養生？應該在養心，把心裡的負擔、執著、分別、監牢取消拆掉，你無名就無刑了，你成名就受刑了，心裡面沒有名，心裡面沒有優越感，心裡面沒有分別心，這樣的話，人生每一階段都很好，每個時刻都很好，「所在皆是」、「當下即是」，逍遙遊的要件叫「無待」，「無待」就是「現在就是很好」，不要「明天才好，等過了今天就很好」，不要！現在就是。要戒煙現在就不要抽，把口袋裡、家裡剩的全拿出來扔了，不要等這幾條抽完了才戒煙。「當下即是」，「所在就是」，而且什麼時候都很好，不要說黃昏時我就會快樂，為什麼黃昏呢？那清晨呢？午夜呢？那其他二十四小時呢？我只有黃昏才快樂，那其他人生就不快樂！別人就要靠運氣，黃

昏裡碰到你就是好朋友，另外時間碰到你就被討厭。這樣的逍遙遊沒有保證，所以消遙遊一定現在就是，而且到處都是。人生要如此就要拆掉心裡的監牢，沒有監牢隨時自由，什麼時候都自由，什麼地方也自由，因為沒有監牢。

◎人生際遇變化太多

養生就是把生命的苦痛取消，讓天真回來，讓充實回來，讓美好回來，怎麼樣才能回來？把迫使美好歡笑充實失去的因素取消，不要在乎成敗，不要在乎得失，不要在乎利害、禍福，不要在乎新舊、貧富，你把這些放開後就是完全的自由，這樣就是養生的極致！

〈養生主〉裡，莊子講個寓言——「庖丁解牛」。庖丁是庖人，庖人是要殺牛，這庖人技巧很高，連君王也風聞其名，邀他來表演，庖丁在君王面前演出一場解牛秀。莊子說他是在音樂的旋律節奏和舞蹈的動作律動中進行，他一舉手一投足都有美感，都有音樂的節奏，都有舞蹈的動作。在解牛的過程中，像是藝術的創作，音樂的演奏，所以君王讚美道：「你的技巧實在太高了，令人嘆為觀止。」庖丁提出嚴重抗議：「我解牛可不是『技』，而是『道』。」（「臣之所好者道也，進乎技矣」）即我所表現出來的是在追尋道而不是技術，所以你讚美我技術高明，這話對庖丁說來是不禮貌的。我這是「道」的展現，不是「技」的演出，然後他開始解釋「道」，他說一般宰牛的人，大概一個月換把刀，因為他的刀會砍到骨頭；比較好的庖人一年換一把，因為是用刀去切割肉，我這把刀用了十九年還是如此銳利，因為我這把刀叫「無刀」，所以最高明的武功就是沒有武功，最高明的招數就是忘了招數。

◎無我解開人間

　　這刀是我，牛是人間世界，刀刃刀鋒就是我們的心。我們為何傷心？因為你這把刀老是去切割人間世界的肉，或砍斫人間世界的骨頭，你跟人對抗破裂，傷感情、傷心，所以我們才會衰老，我們才會往事不堪回首。所以要養生的話得避開衰老，避開傷感，避開刑罰，怎麼做到呢？即讓你的刀通過人間世界的時候不切割到肉、砍到骨頭，怎麼樣才能通過牛體結構的空隙，如中醫的針灸，一針扎下去不痛不流血，那即是空隙，故中國醫學是道家精神，西方解剖學都是肉跟骨頭，中國醫學是講虛無。所以刀在牛體結構的空隙中通過，沒有碰到骨頭和筋肉，刀鋒就不會傷損、不會捲曲，你就不會傷心了。怎樣才能通過呢？「無刀」！我的刀鋒是「無厚」——沒有厚度，而人間世界是「有間」——間是間隙，既然是結構，就一定有空隙，我的刀是沒有厚度的，沒有厚度就可進入任何空間。我們平時都大搖大擺才會和人相撞，照相時五個人照不進去，每個人都擺正大姿勢當然照不進去，只要側身成一條線就可照進十幾個人。一條窄巷面對面通不過，雙方側身就過了，側身就變成一條線就是無厚，人間世界不一定路走不通，大家都要把正面擺出來，而且大搖大擺誰都不退讓，事實上我們一側身就雙方通過，這叫解牛。解牛是解開人間世界的結構，解開人間世界的衝突，解開人際關係的矛盾，你把自己看得太重要，把自己看得像天一樣的大，唯我獨尊，才形成窄門瓶頸。反之每個人都能齊物論，都能自我修養，讓自己沒有厚度，虛無就是無厚。當我的刀沒有厚度以後，人間世界到處可以去——逍遙遊，逍就是讓刀沒有厚度，沒有厚度則人間世界每一個地方都

覺得很寬闊，你的刀就「遊刃有餘」，就可以來去自如，「有餘」
就是有餘地，本來不是覺得路太窄了嗎？世界太小了嗎？莊子
告訴我們只要你沒有厚度，世界根本就很大，路無限的寬廣，
每一個人都通過，因為每人都沒有厚度，那個刀鋒從來沒有去
切割到肉，也沒有砍斫到骨頭，他永遠在人間世界的空際中通
過。不要在上下班的高峰時間搭車，盡可能人家還沒有出來我
先出來，人家還沒有回家我先回家，大家散開一下，有的上班
八點，有的上班是九點，用輪班也可以，台北將來總要走上這
條路。

　　沒有厚度就是不認為自己是重要人物，不自我中心，沒有
厚度，如此人間世界就游刃有餘，你那把刀，在看來很小的空
間還可以揮舞，還可以很悠閒，人間的修養就是在癱瘓的台北
街頭仍然走得通，在忙碌的工商社會仍擁有悠遊的歲月，逃到
山上逃到鄉村不算本事，真正的修養要在台北，陶淵明說：「結
廬在人境，而無車馬喧。」不是結廬在深山而無車馬喧，深山
裡一個人都沒有當然無車馬喧，在台北的鬧區仍未感到鬧市對
你的吵雜跟壓力，才是人生修養的高峰，你要解開人間世界的
複雜而保有自我的純真，讓世界回歸單純，這叫解牛。

　　「解牛」是解開心裡的千千結，誰來解？當然是自己，心
裡的監牢自己蓋，心裡的監牢自己拆，所以自己修養。養生就
在養心，怎麼養？要「虛」、「無」，落實下來就是沒有厚度
的意思。你沒有厚度的話，人間世界到處都是空際，世界會變
得大起來，路會變得寬廣起來，到處可走沒有癱瘓，永遠不會
人擠人人撞人，永遠不會刀鋒受損，成為一個傷心人，受刑人
一定是傷心人，養生就是不讓自己傷心、受刑。

那刑從何來？從名來的，名是什麼？是心裡面抓住很多東西，你就開始建造你的監牢，你要當董事長，你就一生關在董事長的監牢，即使當上了還是在監牢，沒有當上，監牢更多。整天想董事長那麼多，為什麼沒有我？看到董事長就生氣。把自己的監牢拆掉，解開心結，結就是牢。解開了，開放了，叫逍遙遊；自己走出來後看到別人都很好，這叫齊物論。

自己受苦受難，看到別人好，會心裡不平衡，所以我們給家人朋友最好的禮物就是讓自己心理平衡，沒有心結沒有監牢，這就是我們給先生、太太、父母、子女最高貴的禮物，每天活得很快樂，這是我們最大的回報，你每天憂愁給他看，「都是你害的！」是人我間最嚴重的傷損。所以為什麼我們老是受到自己家人的傷害，你看不到別人，你就看到父母，父母每天很憂愁給你看，你就受不了，兒女每天悲苦給你看，你就受不了，所以怎麼樣才能得救？怎麼樣才能活得很好，就是大家一起得救。大家一起，首先要從自己做起，你就首先來養生主，要養我們的心，把心裡的監牢拆掉，把心裡想要的複雜念頭取消，名利不要，權勢不要，不用成敗論英雄，大家都有天真歡笑美好以後，整個世界得救，整個家庭得救，那個時候叫天國，那個時候叫人間淨土、桃花源，道家式的桃花源是「心上種來心上開」，桃花是自己栽的，開花結果是在心裡面，才叫桃花源，我們叫心花怒放，心花可以怒放就是要我們去栽種。

怎麼栽？養生在養心，虛無，沒有厚度，無名，想開一點就沒有監牢了，人間就很大，路就很寬廣，每一個人都活得好。每一個人逍遙遊，那是因為每一個人都齊物論，沒有分別心就齊物論了，沒有你一個監牢我一個監牢，互相之間釋放自己也放開對方。先生會把太太禁閉，太太會把先生禁閉，先生用他

的標準要求太太，太太用她的標準要求先生。所以雙方各蓋一個監牢把對方關進來，結婚成家變成「枷」，所以逃家變成合理化，因為逃「枷」，婚姻變成刑，所以大家逃開那個刑，沒有人想結婚，婚姻一如「圍城」，在外面的想攻進去，在裡面的想打出來。所以婚姻也要解牛，解開婚姻的不好，解開以後，夫妻才可以在齊物論裡面得到逍遙遊，這才是夫妻的養生主，才是夫妻維護婚姻之道。不然的話，雙方都有監牢，一方面關自己，一方面把對方抓進去。朋友也一樣，師生也一樣。但願我們都沒有監牢，人生無限的自由，無限的單純，沒有複雜沒有限定，人生無限而社會單純，無限就是到處可去到處都很好，社會單純就是沒有人責怪他人，讓社會由複雜回歸單純，讓自我變成無限。有限變成無限叫逍遙遊，讓複雜回歸單純叫齊物論。怎麼做到的？大家要養生，大家養心，心要無知無名，生命就無刑無監牢，大家走出來，大家自由自在。

◎不死之道在於不生

有朋友問「死生」問題，道家怎麼解，道家覺得有死是因為你有生，你心裡面已經執著生，才會有死的問題，假定心裡面連生都沒有，死也就不存在。你想當院長，結果發表不是你，你才會傷感，我不想當院長，發表是誰我都不會傷感，我什麼都不要，世界上就沒有什麼可以打敗我，因為你沒有弱點。什麼都想要的人，到處都弱點，都是忌諱，所以道家說怎麼樣不死，答案是「不生」，人生怎麼樣不死？只要無名無刑。因為我們覺得死好像無限的幽暗，因為沒有人告訴我們死後怎麼樣？無窮的想像無限的陰影，死好像一個刑罰，大家害怕，萬一死了不是被判為不可知的刑嗎？事實上只是沒有人知道而

已，這是想像的，我們想當然它是刑，所以只要你不執著生的話，無名就無刑，你就不會有死的陰影跟壓力。不死之道在哪裡？在「不生」，這是道家的答案。

人間世——人世的難關

一、 解題

人跟人之間所構成的關係世界，由困局逼出難關。

吾生也有涯—命關

而知也無涯—義關

二、 人世兩大難關：天下有大戒二：其一命也，其一義也

（一）「子之愛親，命也，不可解於心」

天生的「命」：自我的有限性。

自我從父母來，命在「愛」親，且是不可解。

天倫：天生是一家人，不可分離。

（二）「臣之事君，義也，無適而非君，無所逃於天地之間。」

人間的「義」：天下的複雜性—陰陽之患，人道之患。

人倫：人間相遇相知，可以分離。

三、 解開人間兩大難關

（一）不擇地而安之，孝之至也：「子於父母，東西南北，惟命之

從。」

不擇事而安之，忠之盛也：「行事之情，而忘其身。」

（二）知其不可奈何，而安之若命，德之至也。

（三）自事其心：虛靜心，不必解，何須逃。

乘物以遊心：乘天地，御六氣，遊乎四海之外，託不得已

以養中。

四、 心齋（ㄓㄞ）工夫的修行與養成：由戒而齋

（一）顏回：「醫門多疾，願以所聞思其則，庶幾其國有瘳（ㄔㄡ）

乎？」

孔子：「若殆往而刑耳！」

（二）好名師心，未達人心，未達人氣

　　1、災人：「以人惡（ㄜˋ）有其美也。」

　　　　　　「人必反災之。」

　　2、益多：「而目將熒之，而色將平之，口將營之，容將形之，
　　　　　　　心且成之。是以火救火，以水救水。」

（三）敢問心齋：

　　1、無聽之以耳，而聽之以心：由外而內

　　2、無聽之以心，而聽之以氣：由有心而無心

　　3、耳止於聽，心止於符，氣也者，虛而待物者也：
　　　　虛靜觀照萬物，貼心達人心，感應達人氣。「待」不是「對
　　　　待」，而是觀照，在「照」物中「生」物。

　　4、虛室生白，吉祥止止

五、　形莫若就，就不欲入；心莫若和，和不欲出

（一）彼且為嬰兒，亦與之為嬰兒：彼且為無町（ㄊㄧㄥ）畦，亦
　　　與之為無町畦；彼且為無崖，亦與之為無崖，達之入於無
　　　疵。

（二）養虎不敢以生物與之，為其殺之之怒也；不敢以全物與之，
　　　為其決之之怒也。虎之與人異類，而媚養己者，順也，故其
　　　殺者，逆也。

（三）愛馬者以筐盛矢，以蜄盛溺。適有蚊虻（ㄇㄥˊ）僕緣，
　　　而拊之不時，則缺銜毀首碎胸，意有所至，而愛有所亡。

六、　無用之用，人世自處之道

（一）櫟社樹：趣取無用，則為社，何也？其大蔽數千牛，觀者如
　　　市，匠伯不顧。不材之木，散木，故能若是之壽。

「予求無所可用，久矣，乃今得之，為予大用。而幾死之散
人，又惡知散木？」

「彼亦直寄焉，以為不知己者詬厲也，不為社者，且幾有翦
乎？」

（二）支離其德：支離疏，支離其形─挫鍼治繲，足以餬口；鼓筴
　　　播精，足以食十人；上徵武士，則支離攘臂而遊於其間。

（三）人皆知有用之用，而莫知無用之用也。

◎人生兩大問題

今天莊子系列第四次講〈人間世〉，什麼是人間世？人間世就是人跟人之間所發生的關係世界。按照我的理解，莊子的系統是說人生是「心在形中」。我們的心在莊子叫真君，它落在一個形軀、形體裡面，從這裡講「吾生也有涯」。我們的心是真正的君、真正的我，因為我們把心當做「生主」，「生主」是生命的主體，人的修養在養「生主」。齊物論的「真君」，是真正能夠做主的「心」，而不是我這個人物，因我這個人物會生病，但我的心可以不生病，只要去修行，當然可以養生，我們強調養生主是養這個心。所以說每一個人的心落在每一個人身體裡面，這叫「吾生也有涯」。

普天之下都是一樣的心，可以講天心、道心、宇宙的心，那麼這個心開始落在不同的身體上，才開始有一個我，有吾生，本來在心沒有差別，不論大家的心、天底下的心，都是一樣的；千古下來的心一樣；東西方的心一樣；今人古人的心一樣；但是這樣的心落在每一個不同的身體裡面，它開始有分別心，有差異性，有自我的有限性。吾生也有涯不是光指人生百年，人生這個年限的有涯，而且是指我是我，就不可能是他，或是天下人，這是人生第一個問題。

人生的第二個問題就是要活在人間世，這邊是構成一個我，但不光是一個我，而是跟很多人在一起，此之謂「知也無涯」，很多人在一起就會產生很多競爭，例如一個亞洲運動會、世界運動會安排多少球類？多少金牌？這叫知也無涯；這是屬於人跟人之間，最簡單說是你、我、他，好多人並排一起互相牽動，互相關連，所以人我之間會發生很多事、很多情，一起

去做事，一起去讀書，一起去旅遊，一起信仰，一起修行，這叫志同道合，有時候說性情相投，在《論語》言「共學適道」，我們可以一起讀書叫「共學」，一起去追求真理叫「適道」。所以很多人在一起會構成關係世界，人跟人之間的關係世界，我跟爸爸的關係，我跟兒子的關係，我跟兄弟的關係，我跟姊妹的關係，還有先生跟太太的關係，老師跟學生的關係，太多了！這叫人間世界。

人生有這兩大問題，第一個問題「吾生也有涯」，莊子在〈人間世〉告訴我們這叫「命也」，「知也無涯」叫「義也」。吾生是如何來的？吾生是父母生的，莊子說：「子之愛親，命也，不可解於心。」我這個生是通過父母給的，父母生我是天生的命，生命就是父母把一個命生出來；而命是有限定的，叫吾生也有涯，講得最簡單就是每個人命一條。中國人算命是算我們的有限性在哪裡，會怎麼樣？我的命最大的有限性就是只能活一回，不能活兩回，我只能活一百年，不能活二百年，這叫命；我只能做我自己，不能做別人，這叫命。什麼叫命？每天過自己的生活叫命，每天做自己叫命，但是有些人不是喔！他去算命希望自己變成不是自己，看看有沒辦法把自己算成別人，真是不可思議。所以我們說什麼叫命？命就是認我自己，爸爸媽媽生下我，就是我的命，人生的命運最重要就是要愛你的爸爸媽媽，因沒有他們就沒有我，我的命是從他們來的，所以我的愛直對父母，這叫「子之愛親，命也」。

天下兒女情，總是愛他們的父母，「不可解於心」，這樣一份愛心是解不開的，不可解的，你在你的心裡永遠忘不了你的父母，你永遠解不開你對父母的愛。莊子也講命，但他的命是這個意思，這樣的命不用算吧！每天好好在家當兒女就是我們

的命，還用算嗎？任何人都有父母，只要有這個人，就有他的
父母，所以你的愛不會落空，你每天愛你的父母就是人生最好
的命，什麼叫好命？就是做人家的兒子，做人家的女兒。也許
那個愛是滿累人的，有時候在道家的思考，愛是牽累，例如男
女的情愛，夫妻的情愛有時滿累人的，可是我們願意啊！心甘
情願啊！因為你愛啊！有的人認為愛是一個情結，這個愛在心
裡面結成一團，有時候解不開，好苦喔！但其他的情可以解
開，男女的情可以解開，不過，夫妻的情有了兒女便難解開，
情會打成死結，心裡面的死結，很難解開。但是道家認為還是
可以解開，好像庖丁解牛一樣

　　莊子告訴我們，對父母的愛那個結千萬不要解開，而且解
不開的，因為一解開，自己就流落天涯，而無家可歸。什麼關
係都可以脫離，但父子、母女關係永遠不能脫離，登報都沒有
用，因為你每天想的都是他。我不要你這個孩子都不行，他沒
有回來，你就睡不著，他只要回家，你就覺得天下美好！我兒
子念小學時候，傍晚放學回來，按電鈴時，我覺得那電鈴聲好
像天籟，莊子所講的天籟，那電鈴聲響起，我趕快開門迎接，
爸爸背他的書包一路護送進臥房，問他口渴嗎？今天是否受了
委曲呢？功課還好嗎？看他臉上有笑容，我才敢走開，隨侍在
側，永遠當快樂的書僮，天籟呀！因為那是永遠解不開的，既
然解不開，就不要把它當做結，也不要把它當做累，我愛爸爸
好累人喔！這話不能講，它不是結也不是累，你就是想解也解
不開，這是與生俱來的命。

◎天生的命與人間的義

　　《莊子》裡面講的〈人間世〉，他說人間世界有兩大關卡，

「天下有大戒二，其一，命也；其一，義也。」我把大戒解為大關，很難通過，可是你一定要通過。要學習接受我這個人，很難喔！很多人活了一輩子不喜歡自己，每天看自己就討厭，每天都想做別人，好羨慕別人，人家好好喔！看看自己怎麼那麼差，真正認命、知命的人，一定會說自己好好喔！當然我們也說別人好好喔！但是我們就活在自己的「好」裡面，這叫互相欣賞，不是老說自己命不好，所以要通過關卡，一定要喜歡自己，一定要接受自己，這是第一個關卡，很難通過，但是你一定要通過！通不過，你的「吾生」也沒有了。

第二個關卡就是要通過人間世這一關，莊子叫「義也」。「義」是什麼意思？他說：「臣之事君，義也！無適而非君也，無所逃於天地之間。」這個「我」是父母生的，這叫命，你一生就是靠你的命，因沒有我這個人，我的命就沒有了，命運還不是你這個人去運嗎？倘若你這個人都沒有了，怎麼去運呢？所以命運是我這個人去運，去運轉，這樣的話，我才會把我一生轉出來，運出去，這叫人生的「運途」。不一定愛拚才會贏，「運途」就是用頭腦、用愛心、用修養，那就可以運了，不用靠打拚，這個打拚不一定是好的。

所以第一個問題是我的命，第二個問題在我的系統叫緣，人生緣會的緣，你一定是在街頭走來走去，從這一個村落走到另一個村落，從這一個城市走到另外一個城市，從這個國家飛往另一個國家，這叫人生的「緣」，你一定會碰到不同的人物，發生不同的事情，這叫人生的緣會，有命運、有緣分，緣分是你跟別人發生的，命運是我自己的，緣是命跟命的，我的命跟你的命碰在一起叫「緣」，兩個命在一起，這叫相依為命，相依為命叫善緣，兩個命碰在一起共同走一生叫善緣，兩個人可以共同走一生叫緣分，分可以定住緣，分就是情分，不是光你

碰到我，我碰到你，這碰到太容易了，兩個人碰到，還要有一生的情分，緣會還要有情分。

那麼我們一般說來，生活得好不好，大部分是緣分決定，有沒有碰到好的長官、好的同事、好的同學、好的朋友、好的先生、好的太太，影響我們一生的幸福，所以算命一定要算到緣，光算我自己，沒什麼好算的，就像量量體重，量量身高就好，看喜歡哪一科系就走那一條路，青年朋友填志願，念哪個大學，哪一個科系，看從小到大喜歡哪一門就念那一門，這就叫好命，這很單純。但是好命的人，條件很好的人，在人生旅途上並不一定能夠碰到願意接受你的人或你可以接受的人，人間的關係是錯綜複雜的，不是男士為女士惋惜，像是一朵鮮花插在牛糞上之類。這代表緣會的問題，鮮花怎麼會插在牛糞上？人間不是有懷才不遇嗎？很多人有才華，為什麼沒有人看到呢？沒有人看到，就是你跟那個人沒有緣分。

◎「家」是命，「國」是義

莊子不談感情的緣分，他認為人活一輩子，最大的人際關係叫「家」，叫「國」，中國人講家國天下，我們的命是在家裡面，緣是在一個國裡面，「命」是父子關係，「義」是君臣關係，儒家也說，父子之親、君臣之義，莊子採取同樣的說法，人間世界就是一個國，我這個我是父母生的，這個我還在我的家裡面，我的命在我的家裡面長成的，但是我們是活在一個國裡面，一個天下裡面，你會跟很多人在一起，跟很多中國人在一起，海峽兩岸在一起，有時候你還要面對日本人呢！你討厭他，但是你還是要面對他；所以我們畢竟是國，現在我們的思考是我們是中國，釣魚台是我們的，大家都很生氣，氣不知往

哪裡發，你生誰的氣？生郝院長、錢復還是陳履安的氣？是外交部還是國防部的挫敗？或是行政院長的挫敗？還是宜蘭縣長？高雄市政府主任秘書？是他們的領隊？還是一個姓王的立法委員？還有那些游泳的國手，他們錯了嗎？但是為什麼聖火隊挫敗回來，台灣兩千萬人都那麼感傷呢？

這證明一點，我們活在國裡面，我又不是漁民，我又沒有出海，關我什麼事！這跟你有關，因為你是中國人，而且跟大陸有關，大陸永遠躲在後面，說他做我們的後盾，做我們的後盾就是我們跟人家打架，我們當前鋒，他們在後面看，做我們的後盾（這是我說的，他們沒有說），你怎麼可以躲在後面不說話呢？他們開始說話了，可是行動還是要我們台灣行動，他們只是發表談話而已，所以證明我們是活在國裡面，這個國就得面對對不對的問題，釣魚台是我們的就是對的，聖火隊要去也是對的。

所以「臣之事君，義也」，這個臣是廣義的，我們每一個人都是臣下，所以做臣下是要奉事君上，今天的解釋很容易，我們都要尊敬李總統，不一定要做一個很傳統迂腐的解釋，我們一定要信任郝院長，信任王建煊部長、陳履安部長、錢復部長，不要逼問：「他們為什麼老是去打高爾夫球？」他也是一個人，並不能因為當院長、部長，就取消一些人生常軌、日常的活動，我們在家做人家的兒子，在國做人家的臣下，做中華民國的人民，就要遵守我們的法律，這叫「臣之事君，義也」。天經地義，我們遵守中華民國的法律是應該的，這是義，講道義就是要大家遵守這個義，中國的道路才會走得出來。大家不講道義，你就說這個法律是你訂的，我不接受，或這是前人訂的我不接受，那整個台灣的路就開不出來。

　　中國人守中國人的法律，義也；台北市民尊重台北市長，義也；中華民國的國民敬重他們的總統，義也；除非你不要國，你不要國，為什麼「釣魚台」你會傷心呢？由此見得你不可能不要，海峽兩岸的問題解決後，我們還要面對日本，這就是中國人的義。「無適而非君」，莊子說不管所往何處，不管你到哪裡，都有君王，你到香港，香港也有法律；到夏威夷，夏威夷也有法律；你不要以為在台灣受拘束，那你到美國受拘束更大，美國警方的威力超過台北，所以不管你到哪裡都有君王，要導出一句話，你無所逃，你逃不掉，你到關島，關島也有政府；到印尼，印尼也有；如巴里鳥，據說是觀光勝地，它也有；所以命是一個不可解的，義是無所逃，你的愛是解不開的，你的責任是逃不掉的，我對父母的愛解不開，我對社會、國家的責任是逃不掉的，你一定有國籍，你一定要在某地區落腳，你一定要在人間某一個角落生根，那就是你的國，你逃來逃去，總是要在天地間某個地方落下來，你定要落地、落腳，一定要生根，一定要傳家，這是無所逃，人生兩大關卡很難通過，但是你一定要通過。

◎愛不可解，義無所逃

　　簡單一點說，人生兩大關卡，第一是做人家兒子，第二是做人家先生或太太，沒有話講，養兒育女滿辛苦的，先生、太太一輩子也滿為難的，但這是你逃不開的，你不能說你不要，你一定要通過，事實是很難通過的，這是人生兩大問題。人生兩大問題對莊子來說，既然是不可解的，那就「不擇地而安之」。就是隨時隨地，反正不可解的，解不開的嘛！你不能選擇一個好的地點、好的時辰，說「爸爸！我現在盡孝道了，因

為這是吉日良辰。」不行的！在任何時候都要盡孝道的，不能看好日子，這叫：「不擇地而安之，孝之至也。」隨時隨地都是人家的兒女，隨時隨地都要盡孝心。那麼臣下對君上是「不擇事而安之」。中國人的事，你不能選擇，你不能在繳稅時說我不是國民，分紅時，說我是國民，不過國家是不分紅的，公司才分紅，這不能選擇的，國民的義務是當兵、繳稅，遵守法律，這是義務，做為一個臣下，既然逃不開，你就要去做，不能選擇的，「不擇事而安之，忠之至也」，什麼事情我們認了，把它扛起來，誰叫我們是中國人，所以釣魚台一定是我們將來要處理的問題，但是沒有急迫到非跟日本人引起爭端不可。

因為「不擇事而安之」，不管任何事你都安，不管任何地方你都安，這才真正叫忠之至，你在盡忠愛國的時候，還很不滿，老發牢騷就不算了，莊子講要安之，安之在心裡面很平靜，不會不滿，不會討厭，發表中小學老師要繳稅，中小學老師很不高興，這很奇怪！因為我們跟小朋友講繳稅是國民的義務，而老師就不是，希望國防部長也不要不高興，我們命都給了國家，為什麼繳稅還不高興？我命都可以交出來，更不要說稅了。

不擇地、不擇事，但是你總是安的。此外他說像這種事情，「知其不可奈何，而安之若命」，我想我們愛父母的命，大家都比較可以接受，這是中國人幾千年傳統，父子關係講得最好，中國的家庭，是全世界最穩固的。中國的國是靠家的，我們的國有時候像一盤散沙，還好我們的家很堅強，而且家是家族，在這一方面我們很強，但是國的觀念比較弱，這個國的義，我們比較弱。既然是無所逃的話，你怎麼逃也逃不開，這叫不可奈何。

這人世間很複雜，這十字街頭很複雜，你從新店到台北要經過層層關卡，過去我感覺我的住家永和，是計程車最不願意

去的地方，現在我發現還有新店，所以永和和新店是難兄難
弟，但是它不可奈何，你又不能飛行，你總是要到台北去上班、
上學，放學回家都擠在交通的高峰，一個鐘頭回不了家，一個
鐘頭到不了學校，這是不可奈何。既然不可奈何，就不要氣，
千萬不要讓自己一路上心臟的跳動不對，胃的消化不好，所以
首先要知其不可奈何！你逃不開，你總是要經過台北街頭，台
北的交通是黑暗期，既然不可奈何，你就安吧！像命一樣，你
把台北街頭就當我這個人一樣，我這個人是不能換的、不能改
的，就是這個人，你就認命，開始認台北交通的命。你一樣的
安，把它看成我的命，實在是不可奈何，很多事情你從這邊想，
我們的職業不理想、工作不如意，但你就安之吧！就把它當做
命吧！

　　此中最大的問題是，中國人把婚姻當做命，婚姻是在人間
社會碰到的叫「義」，本來也就是義，因父子才是命，母女才
是命，夫妻本來是義，叫夫妻的情義，有時候叫夫妻的情緣，
情義、情緣都是通過情牽連在一起的義跟緣，但夫妻，因為最
親近、最親密，所以問題最多，「知其不可奈何，安之若命」，
把它當做像我天生這個人一樣，每一個人在人間總是要做人家
的先生或太太，每一個人都要通過這一關，既然要通過，就把
它當做命吧！就不用每天不滿、每天埋怨、每天責難、每天吵
架，都不要了啊！所以安之若命，這是中國人解決的一個很好
的方式。

　　我們從整個莊子的系統講下來，人間世界講這個，養生主
也講這個，在這個地方，你要逍遙遊；在這個地方，你要齊物
論。你不齊物論的話，你會對自己的工作不滿意；大家平等，
你的學校、我的學校平等；你的事業、我的事業平等。人間世

界最大的壓力，就是我們不如人家，為什麼人家老是比我好？所以《莊子》第一篇講〈逍遙遊〉，第二篇講〈齊物論〉，〈養生主〉強調「吾生也有涯」，所以才要你逍遙遊，像大鵬鳥在天上飛，飛出我們自己的精神世界，飛出我們的自然天地，你不要被拘束在有涯裡面，你可以往上飛。〈人間世〉是告訴我們無可奈何，這是關卡，你非通過不可，可是又很難通過，最難通過就是大家覺得不公平，社會不公正，好人不一定有好報。人間世界最大的難關就在此，所以我們要齊物論，齊物論就是對我們的宗教信仰、對我們的人生理想、對我們的事業、對我們的工作、對我們的情愛、對我們的職位，大家平等，平等不是拉平，大陸才拉平，大陸全都是公務員，最近才有個體戶，全部都是國家發薪水，所以大陸比較沒有不公平的想法，大家一樣沒有錢，這個叫社會主義、共產主義。社會主義、共產主義要求平等，資本主義社會，民主法治社會，希望自由。逍遙遊是大家發展，資本主義大家發展，大家有錢，大家富有，這是資本主義社會；社會主義的說法是大家都差不多，不要有人冒出來「很多錢」，這叫齊物論。

◎生有涯要逍遙遊，知無涯要齊物論

我們希望兩邊都有，大家自由的去開發前程，人我之間又可以平等對待，不要歧視，而且不要自卑，我們不要看不起別人，也不要覺得自己很差，人的要求很有限，人生三餐而已，你要那麼多錢做什麼？買二本書一個月就看不完，我們要那麼多錢是要跟人家比較。台灣多餘的錢叫金錢遊戲，假定我們為了生活，並不需要那麼多的錢，既然不用那麼多錢，為什麼要為沒那麼多錢而傷感？因為實在用不著那麼多。譬如說你總不

會把外面的空氣吸光吧！「空氣！趕快多吸幾口，每一秒吸一次，賺回來。」何必呢？空氣是多餘的，到處都是空氣，你就不會到處猛吸空氣。難得太陽出來，中午趕快去曬太陽，把它曬光，曬光就是把別人的陽光都曬到我身上叫曬光，不可能嘛！金錢跟空氣一樣，跟陽光一樣，跟水分一樣，你總不會跑到新店溪把水吸光，把所有的水吸回家，那溪流在哪裡？財富也一樣，我們不需要太多的財富，就好像我們不需要太多的陽光、空氣跟水一樣。

所以問題就出在你要跟別人比，誰有錢？誰名列排行榜，所以你一定要齊物論，活在人間世你一定要齊物論。道家兩邊都要，我說資本主義要逍遙遊，社會主義要齊物論；逍遙遊是向上開發，那麼齊物論是大家拉平；莊子讓每個人逍遙遊，又能齊物論，大家信自己的宗教信仰，這叫逍遙遊，信佛教、道教，信基督的，大家各信各的，因為信仰往上走，你信到天道那邊的話，你的生命是會往上提。但是各大教之間我們希望齊物論，有限的我要逍遙遊，複雜的人間世界要齊物論，不然你怎麼比都比不完，你面對兄妹就覺得媽媽不公平，為什麼你生妹妹的臉龐比我漂亮？為什麼你生哥哥的身材比我好看？子之愛親，還埋怨父母？人生如何比都比不了，比不了就不比叫齊物論，這樣才能安之，安就是不擇地不擇事，不擇就是不選擇，不比了，隨處都安，任何事都安。儘管有些事情是不可奈何，反正像命一樣，你就當做命一般的安吧！

◎解不開認了，逃不掉安吧

所以人生的命，我們就把他擴大，不是光我這人是命，我做人家的先生也是命，做人家的太太也是命，做一個中華民國

的國民也是命，繳稅是命，要服兵役也是命，本來命沒有這麼多的，命只是爸媽把我生下來叫命，所以我說擴大，因為人生還要做人家的先生、太太，人家的同事，做中華民國的國民，這個地方你又跑不掉，無可奈何，你只好安命吧！安的時候你就不會苦了，哪一天你不跟人家比，你就不苦了；你安的時候就不生氣，你去繳稅就不生氣。

　　我是公務人員，我去年繳了二十幾萬，做生意的朋友，都沒有繳幾萬，顯然收入是不成比例，但是你看我們是繳二十幾萬，我們都認了，我都安之若命，中華民國的國民我們當然繳稅，就不跟別人比了，他做生意，當然好賺，為什麼不大繳稅！而我們做教授的薪水一定跑不掉，因為每一張都開單子，包括稿費、版稅，都開單子，我們都事先繳了，所以積下來就是二十幾萬，你就不要比了，不要比，我就可以安；一路心安去繳稅，一路心安回來，不會三天睡不著覺，不會三百六十五天生氣，既然無可奈何，你為什麼要讓自己生氣？到台北為什麼一邊坐車一邊生氣？為什麼不「安」的坐車去，安的回來；所以道家用「化解」，化解那個負擔，化解那個壓力，所以奉養父母也是個負擔，人間行走是個壓力，你要考大專聯考，會有壓力，那麼多人考高考是個壓力，找到一個好工作也是個壓力，但是道家要我們把負擔變成不是負擔，壓力化為沒有壓力，那怎麼辦？那就是要你不擇地而安之，不擇事而安之，這邊來說叫認了，我的命我認了，認了就沒事；我爸爸生我，我認了，我接受了，那就沒事；我不比了就沒事，反正是不可解的，你為什麼不認了，反正逃不開，你為什麼還要比呢？所以我從來就不覺得做中國人是第二等國民，我不會這麼想，何必一定要

移民美國、加拿大去當第一等公民，我覺得中國人在中國是第一等公民，我到美國、加拿大就變成是第三等，而且中國人的觀點這叫不入流；中國人不想當中國人，這是中國人的悲劇，怎麼可以呢？我們為什麼要跟美國比呢？某一天我們也可能像美國，而且美國就比我們好嗎？真的嗎？不比大家都很好，全中國人都安了，天下兒女都認了。

在莊子的人間世界，做一個人是如此有限，但是你認了就不會覺得有限。我認了，就不會討厭自己，一六〇公分的身高我以前很討厭，忘了到幾歲才不討厭，當我可以講「緣與命」，證明我不討厭了，我到處讓人家看我的身高，還討厭什麼？認了吧！然後我不比了，我就覺得當一個老師很好，當公務人員很好；我不比了，我就不覺得自己好清高，清高就是很高但是很清，清就是什麼都沒有叫清，清潔溜溜，但是我不比了，所以我就不擇地而安之，隨時孝順我的爸爸媽媽，儘管他們只生給我一六〇公分，任何事情，我都不選擇，我都能安。中國人要做的事情我都做，我就不必逃，反正逃不開，你都認了，因為反正都解不開，你不認了，又能怎麼樣呢？安之若命，你就安了；安了就是沒有負擔、沒有壓力，突然間你就像一隻鳥飛起來——逍遙遊，沒有壓力就飛起來了，平時我們飛不起來是有壓力，才飛不起來。精神在起飛，我們的心靈在起飛，然後你看到每一個人，你真的覺得每一個人很可親、很可愛。

我們討厭他是因為跟他比，老是考到我前面，所以討厭他，哪一天你不跟他比了，你會覺得他是一個很好的朋友，天底下很多好朋友是戰友，每天都在比較，現在我不比了，就是好姊妹、好兄弟。不比了嘛！你才發現原來鄰居那麼可愛，走

在路上都覺得他很可愛，你不跟他比速度，他的車子切進來，就讓它切，用欣賞的角度看它切進來，不然你會生氣──「好討厭喔！」讓人生改觀，那個時候的衝突及悶氣就沒有了，反正一個是不可解的，一個是無所逃，不可解就認了，認了以後馬上逍遙遊，因為你到處都可以啊！不比的話就齊物論，人間世講的最好，就在這一方面。

　　人間世在討論人間世界，人際關係的關係網，這叫天羅地網，我們都活在一個人際關係網、天羅地網裡面，所以每一個人都被網住，不能選擇，這叫不擇地、不擇事，因為你都解不開、逃不掉，無所逃又不可解，當然只有在裡面，你就不要選擇、不要比、不要討厭，不討厭自己，不跟別人比，這是人生兩大智慧，不討厭自己，第一大關通過了，不跟別人比，第二大關也通過，人生從此幸福，每天從此逍遙遊，從此齊物論，你自己好像解放，看待鄰居朋友，你都會覺得他好可愛，當你不跟他比，你救了自己，也救了別人，你跟他比的時候，傷害了自己，也壓迫了別人，所以道家覺得天羅地網，而你就這樣放開了。不討厭自己、不跟別人比，就安了

　　現在我要講的是人間世界比較尖銳，我們稱尖端，我的說法叫「第一線」、「第一級戰區」，人生有第一級戰區，當初在選縣長的時候，台北縣為一級戰區，高雄縣、宜蘭縣、彰化縣、台中市，民進黨最炫的五個地方叫一級戰區，雙方實力接近、勝負未定，這叫第一級戰區，那是很尖端，那像第一線的海軍陸戰隊，我們這一次聖火隊出去，不是海軍陸戰隊，假定我們海軍陸戰隊出去，日本那十幾艘艦艇馬上不見，不是我們不能打，只是那樣打是沒有道理的，只好用聖火隊，穿運動服裝，把它降為不是戰區，我們不希望尖端，不希望它是第一線，

在這樣一個人間世界，我們要舉出幾個較尖端，第一級戰區的最前線來談，第一個就是怎麼向國君進言，當老師怎麼跟校長講話，當部屬怎樣跟長官、主管講話，相當於這個意思，天下兒女怎樣跟爸爸說話，有的爸爸像董事長，有的爸爸像總經理，甚至有些爸爸在家裡像團長，兒子像二等兵，所以這個時候莊子告訴我們一點做人的道理。

◎救人是災人

顏回看到當時衛國的國君是一個暴君，所以顏回就想去跟衛君進言，因為孔子教他要救人救世，所以顏回想要去救衛國的人民，他要去跟衛國君王說話，希望他能行仁政，而不要做一個暴君，孔子就問他說：「憑什麼去呢？」「老師教給我的儒家思想，我就用老師教給我的去救他啊！」孔子跟他說「你此去必被傷害而回。」因儒家是對的，孔子是對的，我顏回是孔子的大弟子，我要把老師說的大道理，去跟對方說你錯了，你應該改過來，孔子說假定你去了，你很難全身而回。我們好好想，我們老認為自己是對的，然後去向別人發表宣言一樣，把對方大罵一頓，倘若你還能走回來，那是對方客氣，也算你運氣。在孔子來說「你此去，很難全身而退」。為什麼？因為孔子說像顏回那樣去的話，叫災人。何謂「災人」？就是帶去災難的人，人家本來好好的，你一去就說他錯了，你這國家很差，就像美國到處說人家國家很差，說台灣不民主，那美國就是災人，說台灣很差，不民主，你憑什麼？憑你是美國嗎？所以莊子說，你這樣的人是災人，因為你認為自己是對的，你到別人那裡說人家不對，那邊豈不是變成災區嗎？讓人家變成落後地區嗎？讓人家變成錯誤的領導人嗎？這叫災人，所以說自

己是對，說別人是錯，好像自己是正義之師，好像當仁不讓，好像義無反顧，實則我們是以災人的姿態出現，因為你是對的，你好名，因你覺得你是對的，說我是孔門的堂堂大弟子。

這是寓言，是莊子在講故事，不是真的史實，因為當時最有名是孔子和顏回，顏回這個人其實很道家，他是儒家的大弟子，可是他的生活跟道家一樣，所以莊子最喜歡他，重要的大道理都說是顏回說的，他「一簞食，一瓢飲，居陋巷，人不堪其憂，回也不改其樂」，這是道家生活，最簡單。他跟孔子一樣，孔子是「飯疏食，飲水，曲肱而枕之，樂亦在其中矣」，我很喜歡這種情節，尤其在鄉下屋簷下、榕樹下，孔子躺在一個長板凳，就那樣子睡，你看到他，都要跟他拜拜，不過這種情節在台東、花蓮還有，車子從那邊經過，好像看到人間仙境。幾個老先生在赤嵌樓會面聊天，我覺得那是人世間的美景，尤其是黃昏的時候，在榕樹下幾位老先生在下棋、在那裡喝茶，那樣的境界，就是孔子和顏回的境界。

顏回要去救人，我是醫門，醫門就是出身醫學院叫醫門，我是醫學院的學生，孔子主持醫學院，醫世界、醫天下的醫學院，那我是醫門的大弟子，所以我一定要救人。孔子說你是好名，你覺得你是對的，你是儒家，「我是對的」這叫好名，你這個名會讓你的德蕩失，德是本德，德是天真，人本來很天真，很容易說話的，人在沒有武裝時很容易說話，但是因為你好名的話，會讓你原來的天真沒有了，一個人好名的話，我們就好討厭；你的朋友中假定有好名的，你就討厭；好利的人，你就討厭，全身銅臭氣，好名的人，優越感的人，不齊物論的人，看到我，就自以為高人一等，他選上立委，他當上什麼長了，

我最討厭這種端起來的人了；不跟他來往，因為他不齊物論，我為什麼要跟你逍遙遊，我還是自己養生主吧！

所以一個人好名──就像顏回說的「我是對的，我要去救人」，那樣的名會讓顏回的天真可愛不見了，而且你說你懂得一切，而且你用你的懂、你的知識、你的學問去跟別人爭，去跟衛君爭，你一去就把衛君給比下去了，你把衛君比下去，他怎麼受得了？他全國的臣子這麼多、人民那麼多，你讓他不能做第一等君王，那你得罪他最大，所以他說你這人是災人，「災人者，人必反災之」，你是帶去災難的人，人家為了平衡一定要給你災難，所以我們在世界上，我們得罪人都在不知不覺中，你露出你的精采，你表現比別人強，你就得罪人；你得罪人，他一定想辦法反災之，你是帶來災難的人，什麼是帶來災難的人？跟你在一起他就輸掉了，只要你出現，他就沒戲唱，你都是主角，他都不是，所以他一定想辦法反災之，反災之的方式很多──說閒話、打小報告，或其他的方式，很多小動作，讓你受不了，讓你不愉快，這叫反災之，這是第一個問題。

◎救人行動轉成益多

第二個問題是在災人之外，你可能成為「益多」，什麼叫益多？你本來是跟他比，你是對的，你用你的知、用你的德去跟他比，說對方是錯的。但是一個皇帝，你去跟他比的時候，他是王公，那叫朝廷，你進去一路上就有人喊「威武」──威武是刑堂，我們看連續劇都喊威武，你看宮廷那麼長，兩邊都是衛士，都是出將入相，一進去裡面，很自然你的氣勢馬上衰退。

你有沒有看荊軻刺秦王，他帶一個亡命之徒叫秦舞陽，是江湖殺手，荊軻在等某個人，但是那個人沒有出現，燕太子丹

不相信他，逼他趕決去刺秦王，他以為荊軻不去了，其實荊軻
是在等待一個可以跟他合作的人，可是那一個人遲遲不出現，
所以只好勉強帶一個殺人不眨眼的江湖浪子叫秦舞陽，一進秦
國的宮廷，馬上兩腳發抖，站都站不住，所以才失敗；荊軻則
不會，因他有修養、他養氣、他沉得住氣；江湖好漢是不行的，
面對整個皇宮氣勢，馬上就垮了，嚇死了。所以孔子告訴顏回，
你第二個危機，你本來是要去勸人家，去跟對方比你是對的，
可是對方用另外一種氣勢把你壓垮，他是帝王家，所以你會變
成益多，什麼叫益多？本來是要去罵他說他不對，一看到皇帝
馬上喊萬歲，你本來是代表隊要把日本隊打敗，一到日本變成
啦啦隊，你就不是代表隊而是啦啦隊，為對方鼓掌，這不是垮
了！剛開始很多讀書人都想去從政救人，都說我要去當義士或
正直之士，但是投入權力中心以後，他就變成啦啦隊，只要每
天喊兩個字：萬歲。你看莊子對人多大的諷刺！莊子說益多就
是以水救水、以火救火，那邊火夠多了你還要把火加進去，以
火救火火更大；以水救水水更大，氾濫成災，所以第一個你是
災人，你要把人家比下來，人家一定想辦法把你比下來，所以
你很難全身而退，帶去災難的人，人家一定用災難來回報你；
第二個你跟人家比，人家是皇帝，有皇宮朝廷的氣氛，你的氣
勢被壓垮，只好變成益多，益多就是增益他的多，你反而變成
他的啦啦隊，為什麼會這樣呢？因為你的修養不行，你光說「我
是對的」是不行的，你是對的，別人就是錯了嗎？

◎同體流行與一氣之化

所以人生不能靠自己的對，儒家說靠自己的對；道家說不
是，孔子說顏回：「未達人心，未達人氣。」你為什麼變成災

人？因為你的心沒有跟他貼近，假定兩個人很貼心，你就不是災人；一樣勸，一樣說你這樣錯了，只要你讓他覺得貼心，兩個心是一個，你不會變成災人，所以一定要講悄悄話，講貼己的話，要體貼、要親切，兩個人貼心叫達人心，達人心就是兩個人的心貼成一個，你的心跟他同在，他就不會覺得你把他比下來，說你是帶來災難的人；所以夫妻是同命鳥，你跟先生說話的時候，代表所有的問題是二個人一起的，所以我們兩個人來想怎麼辦才好，因這問題是我們倆一起的，這樣太太說什麼話，先生不會覺得太太是災人，你說他是災人，他就忘掉你的溫柔，說你很醜，他一定要想辦法，讓你跟他一樣差，他才覺得做先生有尊嚴，所以就是親如夫妻、親如父子，你要跟他在一起；像我兒子物理考垮，我就跟他坐下來說：「我們來看，我們為什麼考垮？」我說「我們」，沒說「你為什麼給我考差了？爸爸的面子在哪裡？」我沒有這麼說，我把他拉在旁邊說：「我們來想：為什麼我們考壞了？在什麼地方我們不懂？我們怎樣讓他懂？」這叫貼心，父子貼心，他也覺得很溫暖，他考不好，他已經很難過，他很害怕爸爸把他罵一頓，結果發現不是，爸爸認為是我們兩個人一起考，然後他又覺得對啊！同仇敵愾，我們把物理學好吧！這樣多好！要不然爸爸變成災人，所以我就達人心，達人心就不是災人，因為你的心不在他的外面，你在他的外面，你的心講的話就是災難，你在他的心裡面，你的心講的話不是災難叫體貼，人生就是這麼簡單，所以孔子說「你未達人心」。

　　第二是「未達人氣」，達人氣是兩個人的生命是感通的，中國人不是講相生相剋嗎？相生就是氣質相應。兩個人為什麼叫好朋友？他還沒說話你就懂了叫「莫逆於心」；我們叫默契，

不必說已經契合了叫默契；我們叫冥合，不求合就合了叫冥合，沒有說什麼就合了。所以這兩個生命在一起就自然感應，自然感應就不必益他的多，就感應了，有時候感動力、說服力要靠精神力量，不是要靠人格解決人間世界的問題嗎？那叫精神力量，那叫達，達就是可以交會，跟對方合成一體，所以假定你達人氣的話就不會轉成益多，不會以水救水，以火救火，變成啦啦隊，每天喊萬歲，你的生命會透出一個力量，一種感應的力量叫達人氣，所以他說：「顏回呀！你未達人心，未達人氣。」

顏回提了好幾個可能的應變措施，老師說不行，我再換一個；又不行我再換一個，孔子仍說不行！都不是那一套的問題——我有好多套，這套不行再換一套。不是那麼多套的問題，問題是你在他的外面，問題在於此。你越多套，他越煩，那一套都是要把他比下去，那一套都是要帶來災難的人，所以不是有沒有好幾套的問題——我有沒有學問？我有沒有知識？我有沒有了不起？我有沒有才情？不是那個，而是有沒有跟他貼心，你有沒有跟他感應、會通，貼心跟感應是要成為一體。災人益多都是因為你在他的外面，你在他的外面就不行，你有多少套都沒有用，你的幾套都壓過他；你在他的外面，就是跟他比，壓迫他，你只有一個辦法，就是跟他「同體流行」，你要跟他上下一氣，我們叫「一氣之化」，你的氣跟他的氣是感應的，互相感應，互相帶動，那就不必益多，也不會變成災人！

所以莊子告訴我們一個叫心齋的功夫，我們的心來做齋戒吧！不是光吃齋，吃齋受戒，我們齋戒才能去禮拜啊！這代表我們的虔誠，代表我們的乾淨，所以我們要齋戒，剛剛講天下之大戒二，現在又要講心齋，所以莊子講齋也講戒，叫齋戒，

宗教上講齋戒，但是齋是在心裡面做的齋，那麼莊子怎樣講心齋的功夫。我們來看看，在心靈上做齋戒，他說：「無聽之以耳，而聽之以心；無聽之以心，而聽之以氣。」然後他說：「聽止於耳，心止於符，氣也者，虛而待物者也。」他要求顏回做這功夫，你做這功夫你可避開災人之身分，或者轉成益多的危機，不然就困難重重，不是災人，就是益多，變成別人的啦啦隊，所以你做這功夫，你就能達人心，達人氣，注意他講「心跟氣」，你就可以達了，怎樣才可以達？問題在於此，如何達？你告訴我未達，這是醫生在診斷你的病是未達，但是我們要請問醫生如何達，孔子給他答案就是怎樣達？「未達」是病，「如何達」才是藥方。開了這一張藥方拿到中藥鋪去，回家煎藥吃就會好。

◎心齋是心中無股價，手中有股票

他說第一個不要用你的耳朵聽，耳朵聽最容易道聽塗說，這是台灣股票市場的主力，明牌滿天飛，莊子首先告訴你，你要心中無股價，心中無股價叫心齋，這太精采！因為心中無股價就是手中有股票，也不會擔心受怕。我相信王建煊是這個意思，結果陳水扁聽錯了，他說：「你說心中無股價，手中有股票，害我去買，結果跌價。」我想王建煊的意義是一個心中無股價的人，才可以手中有股票。這樣你不擇地而安之，不擇事而安之，不擇價而安之，這個價本來是市場起落不定，他怎麼能保證「價」每天都一定，那還叫市場嗎？那叫保險公司，世界哪裡有這種保險公司！那一定賠錢。所以要無聽之以耳，因為耳聽到外面的現象都靠不住，你看馬路消息每天都在轉，這佛教叫八識流轉，這耳朵接觸的聲音在流轉中，耳朵聽外面的

傳言，所以不要用耳朵聽，耳朵聽的是外面，外面是流轉，佛教叫萬象流轉，所以不要用耳朵聽，我們要用心聽，用耳朵聽先聽到外面公車的聲音，擾攘的人間世，但是我們現在講的是逍遙遊和齊物論的人間世，你不要用耳朵聽，你用心聽。聽到心裡來，「無聽之以耳，而聽之以心」，這樣的話你就由外而內，內是內心，外是外物，而外物是流轉中，在變化中，你聽它也不能安，聽了等於沒有聽，因為聽的都是在變化中，只有跟它跑，每天你用耳朵聽，你每天生命一定不安，每天跑，你現在想一個辦法，我不用耳聽，用心聽，你回到內心，你開始有自我，有自己的世界，不光是社會的排行榜，而是有自己的世界，所以不要用耳朵聽，而要用心聽；你開始由外而內，因為外太複雜，變化太多；內是比較寧靜，比較單純，比較專注；外的話，會讓我們分散，我們精神會散落；用心的話，你會專注，而且會凝聚，人的精神要凝聚，要聚於內不要散於外，要靜坐，靜坐就是凝聚，整個生命、整個精神就坐在這個地方。

　　第二段的功夫是不要用心聽，一用心聽你會記得，心會知啊！所以你不要用你的心去聽，要用你的氣去聽，這太難講了！這個心事實上是有心。現在是聽之以氣，是無心，連心都空掉，這叫空靈，你用「什麼都沒有」去聽，用「什麼都沒有」去聽的時候，什麼都沒有會讓它變成什麼都有，這是道家的終極智慧。

◎天下萬物生於有，有生於無

　　你不要看它「無」，但是一切「有」從它來，你的靈感、你的創意、你的點子、你的理念通過它來，所以不要用心聽，要用氣聽。本來原文是「聽止於耳」，但是顯然這是顛倒，我

們把它換過來，是「耳止於聽」，耳是感官，感官有感覺，所以它是止於聽覺，心呢？心是止於符——符應，它怎麼樣你就怎麼樣，就是符應，要兩相符合，你說九點半就九點半，就是符合。心會起執著，心會責求外面的現象要符合心知的標準。但什麼叫氣？第一關是耳，第二關是心，第三關是氣，所以下面講氣，什麼叫用氣聽呢？「氣也者，虛而待物者也」，氣就是虛，聽之以氣，而氣是「虛而待物」；活在人間世，我們總是活在物裡面，你不能說我跟物沒有關係，有社會物，有自然物；有自然的景觀，有社會的風氣，沒辦法！

　　我們活在台北的街頭，活在台灣的社會，台灣的生態環保叫自然物，台灣的交通、台灣的法律叫社會物，那麼這些東西很複雜，而且會形成我們的負擔，但是你不能說我不要它就算了，我從人間跳開就好，為什麼還要念〈人間世〉，本人拒絕人間，不可能！你逃到坪林還是人間，你在坪林茶園喝茶還是人間，你到蘭嶼隱居還是人間，現在不是說我要不要逃的問題，問題是你如何對待它的問題，你不能逃出來，它告訴你無所逃於天地之間，你逃不開這個地球，整個地球是一個命運，我們只有一個地球，你逃不開地球；第二個我們逃不開人類的政治，阿拉伯的危機就是全世界的危機，我們跟兩邊都沒有什麼問題，但是我們也在危機之中，因為它是全球性的，所以你不能逃，你不能說在心裡面把對世界的愛心關懷解開，就以為沒有結了？反正不愛世界就不會煩惱，很難！

　　你看到電視新聞你還是會傷感，有人飢餓、有人戰亂，你還是會傷心，所以你不能說那我們逃掉吧！做一個人在心裡面不能解開，做一個人在人間不能逃開，你又不能解開，又不能逃開，只好待物，問題是怎樣「待」，才不會有那麼多的煩惱？

怎麼待才不會待成災人跟益多？你知道嗎？我聽到釣魚台的
消息，我第一個反應怎樣想你知道嗎？我只想半夜游泳去把燈
塔炸掉，你看五十歲的人還想十五歲的念頭，這話我不敢對青
年朋友說，萬一老師沒有做成，那我們去做，那就嚴重了！但
是我們有時候會變成災人，你去把它炸掉，會變成台灣的困
難，就像竹聯幫去美國殺人，你會造成整個台灣政治的壓力，
全世界對你的觀感不好，所以這個地方怎樣「待」很重要。

◎不把別人判死

人生的悲劇要不就自己犧牲著，要不就變成別人的啦啦
隊，所以待物啊！要有修養去待物，心齋之後的修養，用什麼
來待物？用虛、用氣，氣就是虛，那虛有什麼好？當我虛了以
後，我把自己無了以後，本來自己的身體，我們的感官是一個
限制，吾生也有涯。第一個，感官是一個限制，譬如我們的聽
力有限，我們會聽錯，遙遠的地方我們聽不到；我們的眼力也
一樣，我們會看錯，而且看不到遠方的真相；第二個，我們的
心會執著，這邊也許會聽錯，這邊的執著很可怕，在道家的思
考，一個人會用心把別人判死，他在心裡面就拒絕你，認為你
太差，你想平反都不行；做兒子最大的悲哀就是爸爸媽媽把他
判死，覺得他這個人無可救藥；學生最大的傷感就是老師把他
判死，老師拒絕你──我不要你這個學生了，我心裡面沒有你
這學生。這很可怕！心有時候是上帝，有時候是魔鬼，愛一個
人時是上帝，討厭一個人時是魔鬼，人的心會變成魔鬼，你會
恨別人，不給對方機會，永遠把他判死，所以這心是一個危機。

現在他要我們無心，這個無心會把危機解除，我無心以後
我的心就可以達人心，我的心跟他的心為什麼不能達？因為我

的心跟他的心是心心相對，不是心心相應，他來一個心心相對，這一「對」就不能達，因為你永遠在他的外面，你無心以後，才可以在他裡面；你有心的話，就在他的外面；他發表一套宣言，你也發表一套宣言；我有宗教信仰，他說我也有宗教信仰，所以兩個心就這樣，叫未達人心；我忘了我的宗教信仰，我就可以融入對方的宗教信仰，這叫達人心；達人心以後就不會災人了，就不會不同教派互相成為災人。媽媽要拜土地公，你不要說她迷信，因為她是媽媽，媽媽要拜天公我就拜，「我是哲學教授不拜天公。」亂講！媽媽拜，我就非拜不可，因為你是她的兒子，所以她拜什麼我就拜，我毫無堅持，我無心就達人心，我跟媽媽的心就體貼了，假如我很有心，那我跟她的心就貼不在一起，你就會變成災人，因為你的心，站在外面把她比下去了。

　　莊子從無聽之以心，來規定聽之以氣，所以聽之以氣就是無心，無心的人就跟別人有感應，我們跟別人無感應，那就是你拒人於千里之外，你故意跟他冷漠疏離，你在他的外面，那你們兩個人的氣就不能感應；所以我虛了以後，我無心之後，我的氣就可以感應了，這是達人氣，達人氣就不會益多了。這是如何待物的問題，而不是要逃避或解開，我把它解開，把心有千千結解開；我逃開，我不要世界了，我不要感情，感情讓我煩惱，世界讓我複雜，什麼都不要了。不行！你還是要在人間裡面，你還是要在感情裡面。但是你要用什麼來對待呢？

◎以「無」生「有」

　　用虛，養生主也講無我，講「無厚入有間」。人間世界像一頭牛，人要過人生就像解牛，那頭牛體有很多筋骨交結的地

方，你很難通過，但是你非通過不可，那你怎麼辦？讓你這把刀，你的心，沒有厚度，而牛體的結構總會有空隙，可以組合就可以拆解，你這把刀沒有厚度，就可以解開牛的結，裡面有骨節，那你怎麼解呢？你是無厚，牠是有間。有間是有空隙，人間世界，人間的關係世界看起來像一頭牛的結構，筋骨交結的地方，骨肉交結的地方，好像很難通過，難通過是因為有我，才通不過；你有心、有氣，很難通過，我現在沒有了，我這把刀沒有厚度，任何地方都可以通過，你一通過，牛就解開了，解開就是「虛而待物者也」！你就可以安了，但是要讓你自己變成沒有厚度，讓你生命的刀沒有厚度，讓你精神的刀沒有厚度，所以人際關係有很多結，工商業社會有很多的結，但是你是可以通過的，這叫虛而待物者也！

虛而待物，這個「物」，不是光自然物，還有人物，你一虛的話，就可以達，達就是「同體流行」，「一氣之化」，大家又體貼，大家又感應；大家體貼，大家感應，這叫「善緣」；夫妻體貼，夫妻感應，這叫善緣；同事體貼，同事有感應，這叫善緣；朋友也是；兩黨的政治也是；海峽兩岸也是；兩岸體貼，兩岸感應；那釣魚台的問題馬上消失，你看日本還敢不敢？就是因為中國人分兩邊嘛！達是貼合同體，不在外面，沒有壓力，沒有負擔，隨時可以安，任何事情都可以安，這叫達；所以儘管人活在人間世界，但沒有人間世界的煩惱，沒有人間世界的苦痛，沒有人間世界的複雜，沒有人間的負擔。

問題是你要心齋，從用耳朵聽，進到用心聽；從用心聽進到連心都放開，用無心聽；無心就是氣，就是虛。氣的虛就是虛無，虛無就是沒有自己；沒有自己的立場，沒有自己的心，因為我們的心有時候會執著某些東西，會去批判別人，去討厭

別人，去抗拒別人，現在我把這個心無掉了，先生沒有主觀的心，馬上看到太太，太太沒有主觀的心，馬上欣賞先生；先生有自己的心，就看太太不順眼，太太有自己的心，就通不到先生那兒；所以心通不過，氣也感不應，沒有辦法感應，氣的感應要靠心的通過，所以要無心，以虛來待物。心一虛，而氣得到釋放。

　　「待」物等於「生」物，看起來好像我對他，事實上不是，你跟他在一起，兩個人一起生，什麼叫好夫妻？一起生，什麼叫好朋友？一起生。所謂一起生就是一起逍遙遊，一起齊物論，兩個人是如花美眷（底下那四個字不要念，那四個字叫「似水流年」），有如神仙眷屬，這樣的話叫待物，那個「待」，好像是「你對我好不好，我對你好不好」，不是「對」待的意思喔！是「生他」的意思喔！最好的人際關係是生他，爸爸生兒子，老師生學生，這個最容易了解，但是有沒有想到長官生部屬，朋友生朋友，先生生太太，太太生先生，因為你給他一個新生命不是生他嗎？所以「虛而待物」是「虛而生物」的意思，而且生的意思是救的意思，我們生他等於是救他，宗教要救人，也要生人。哲學講到最高是又要生人，也要救人，先生以無的姿態去救太太，太太以無的姿態去救先生，互相看到對方，互相欣賞對方，那樣就達人心、達人氣，所以人間世界看起來是人跟人構成的關係世界，好像充滿了衝突，也許是一種對抗，也可能是破裂，但是經過我們的修行——心的修行，你就沒有負擔、沒有壓力，避開對抗，避開破裂，反而能夠達，心也達，氣也達，心的達叫體貼，氣的達叫感應；大家沒有自己，大家生對方，我沒有自己把你生出來，你沒有自己把我生出來，這樣叫活生生的社會，活生生的人間世，謝謝各位。

德充符──天生的桎梏

一、 解題：

「德充於內，應物於外，內外玄合，信若符命，而遺其形骸也。」（郭象）

二、 王駘：虛而往，實而歸

（一）以其知得其心，

以其心得其常心

（二）人莫鑑於流水，而鑑於止水。

唯止能止眾止

正生以正眾生

三、 申徒嘉：見執政而不違

（一）遊於羿之彀（ㄍㄡˋ）中，中央者中地也，然而不中者，命也。

（二）知不可奈何，而安之若命，唯有德者能之。

四、叔山無趾：猶有尊足者存

（一）夫天無不覆，地無不載，吾以夫子為天地，安知夫子之猶若是也！

（二）胡不直使彼以死生為一條，以可不可為一貫者，解其桎梏，其可乎？

（三）天刑之，安可解？

五、哀駘它：以惡駭天下

（一）所愛其母者，非愛其形也，愛使其形也。

（二）才全而德不形

1、死生存亡、賢與不肖、寒暑：命之行也

　　窮達貧富、毀譽、饑渴：事之變

2、使之和豫通，而不失於兌。

　　與物為春，是接而生時乎心者也。

3、內保之而外不蕩也。德者，成和之修也。

六、闉（一ㄣ）跂支離無脤（ㄕㄣˋ）、甕瓷大癭（一ㄥˇ）

（一）德有所長，形有所忘

　　有人之形，無人之情

（二）知為孽，約為膠，德為接，工為商。聖人不謀，惡用知；

　　　不斲，惡用膠；無喪，惡用德；不貨，惡用商；四者，天鬻也，

　　　既受食於天，又惡用人。

七、惠施與莊子的對話

　　惠子：人而無情，何以謂之人？

　　莊子：道與之貌，天與之形，惡得不謂之人？

　　惠子：既謂之人，惡得無情？

　　莊子：非吾所謂情也，吾所謂無情者，言人之不以好惡內傷

　　　　　其身，常因自然而不益生也。

◎做人是「命」，做中國人是「義」

各位女士、先生：

今天要講的是《莊子》內篇〈德充符〉。上一次我們講的是〈人間世〉，人間世界有兩個大戒，兩個大戒就是指兩個關卡；我們要過關，而不被卡住。今天在〈德充符〉裡還要接續這個論題。德充符的符是符應之意，有時也可稱符合。古時的兵符被剖成二半；「將在外，君令有所不受」，若君王有所指令，但路途遙遠，要如何知道指令的確是來自君王，只能以君王持有的一半兵符及將領持有的一半兵符對看，符合方能確認。就如同我們常講契合，契合即是契約，兩邊各有一半，雙方的約定要契合，你的約跟我的約放在一起，雙方蓋章，這樣就叫契合、符應。

人生的兩個大問題，其一就是「我」自己的問題，另一個是我跟別人的問題。每個人都有心也有形，每個人都是人物，只要是人就有人心，「一受其成形」，人心就落在每個人的物中。但這個世界不只是一個「我」，而是有很多「我」，於是除了「我」的問題，還有我跟社會的、跟世界的問題，跟天下人的問題。人生就是「我」的心落在「我」的物；大家都是人物，但每個人都不同，這就是命，這麼多不同的人要在一起生活，這叫緣。在人世間，我對自己是否滿意，我如何對自己，這是我自己的問題，但我們往往給自己很多難題，跟自己過不去，給自己壓力，不喜歡自己，老是喜歡別人。

再談第二個問題，是我跟別人在一起的問題，天下很多人在一起，會互相比較；「我」實在是活得還不錯，但一比較之下就覺得自己很差，這叫相形失色。所以，人生永遠有兩大問

題。在〈人間世〉,「我自己」的問題,莊子稱之為「命」也;我跟天下人的問題,莊子稱之為「義」也。「命」是不可解,而「義」是無所逃。「無所逃」就是我們活在天地之間,我們活在天下,一定要面對人間的義,如臣之事君是義;做為一個人,一定是父母的兒女,一定愛父母,故子之愛親是命,命是父子關係。我們除了為人子女之外,我們在人間世是社會的一分子,總說是人家的臣下,所以,義是君臣關係。「君」在今日的解釋可以是國家,海峽兩岸或台灣社會。我們沒有人可以逃離台灣社會跟海峽兩岸,這是「義」,這是我們逃不掉的。即使到了夏威夷、紐西蘭,我們還是會想到海峽兩岸的問題,到了南極,我們還是中國人,這叫無所逃,怎麼逃都逃不掉,我們活在中國人的天下。

所以說,人生兩大問題,其一我是人;其二我是中國人。我們是以人的身分活在這個世界上,不是花草樹木、山河大地、鳥獸蟲魚;人活在世上,要有人的身段,要有美感,站在人間世界要挺立,要有尊嚴;因為人是萬物之靈。有時候,我們會說我們的學生或子女,站沒站相,坐沒坐相,進而要求坐要坐得正,站要站得穩,這關係到第一個問題:「我」是一個人。第二個問題是:「我」是天下人,「我」是以人的身分活在台灣的社會、台灣的土地;而我們要把人活出來,把台灣活出來,活得有尊嚴。

◎不僅是專「家」,且是「教」化

我上一週到日本,回來這幾天,夜晚夢裡彷彿還在日本,這是我從來不曾有過的;今年春假我從昆明回來,就沒有這種壓力,香港多次往返也沒有這種觸動,韓國去了兩次,也沒有

這種感覺。日本、香港、昆明、韓國，我都只停留一週。我並不是喜歡日本，而是承受著某種壓力；一樣是東方文化，一樣是儒家文化，一樣是老莊，一樣是禪宗，日本人一樣研究朱子學、陽明學、清朝實學，溯自幕府時代到還政於天皇，日本儒家老是跟著中國走，但為什麼日本做得比中國好？日本教授問我：「王教授，你對日本的觀感如何？」他們習慣於優越，他們喜歡世界第一。我平淡地回了一句：「很好啊！」我的意思是我玩得很好，我才不願在日本說你們比我們強；但是，在回國的路程上，我頗覺感傷，為什麼人家比我們做得好？這又是無所逃於天地之間。

　　這次在日本開會是開日本全國道家年會，我被邀請去做主題演講。一是人對人演講，二是中國人對日本人演講。我講得讓他們似懂非懂，我的意思是要讓他們了解中國學問不是那麼容易就懂的，這樣他們才會心存敬意，而我在國內演講，就要讓台下的聽眾聽懂，這是中國人對日本人的立場問題。但是我們要承認一點，人家確實做得比我們好，我們都在講道家，他們講道教，我們講儒家，他們講儒教。「家」是學者的事情，「教」是每個人的事情，日本超過我們是因為他們是「教」，這是我在日本最大的發現。在日本，儒家不是思想而是生活，每一家的先生、太太、兒女都講教養，而我們的儒家都是在大學、研究所裡講的。「家」沒有變成「教」，就好像在講理論而沒有去實踐、去應用，這樣一來，生命力發不出來；要尋找台灣的生命力，怎麼尋找呢？儒家、道家的思想是發動者，但是經過「教」，才能跟整個社會、家庭結合，跟每個公司、工廠結合，如此才會把原來的思想、哲學、智慧，通過「教」而成為力量，這就叫教化。故宗教的教是教化的意思。

◎心很大，物很小

　　這一趟日本行，讓我感觸良多，一到日本，我就相當強烈地自覺到我是中國人；在台灣，我不覺得，在台灣都是自己的同胞，沒什麼好比的，我不覺得自己比別人差，我也不想把別人比下去；大家都是中國人，也都是人，在人間來人間去，實在是沒什麼分別，我們只要用關懷的眼神看身邊的人就好；我們可以很安心，這是我們的鄉土、我們的國土。

　　但是我們一離開國門，到另外一個國度；我們就不只是一個人，而是一個中國人；不論對方說什麼都要透過翻譯，所以，此次停留日本期間，一直有個學生陪在身邊，我演講時用中文，而學生立即翻為日語，這是人跟人之間的交會問題。所以，人的兩個問題：一個是我們天生是人家的兒女，我們一生愛我們的父母，這個是命，大家不要想解開，不要去算，不要去解，這是命啊！一生愛爸爸、媽媽，愛我們的祖宗，這沒話講。不管父母有沒有留家產給我們，有沒有把我們生得漂亮、體面，有才情氣魄，反正他們就是我們的父母，這是與生俱來就決定的，我們來到這個世界的時候，已經命定我們的父母是誰，而且我們一生永遠愛他們。這個就是「子之愛親，命也，不可解於心」，這是解不開的。

　　另外一個問題是「我」是人，且跟很多人在一起，跟天下人在一起，這叫人間，人間就是人跟人之間。所以，我們永遠被提醒我們人是萬物之靈，這是人的尊嚴，人的價值感。第一個問題：人是有心人；第二個問題：我們是人物。由心來說，我們有好大的心，我們的愛心無窮，願望無窮，我們的心大到可以把全世界放在心裡；我們眼睛閉起來想地球，全地球就在

我們的思想、心靈裡顯現。所以，我們的心大到可以包容整個宇宙。但是，我們不要忘記，我們只是「我」，人「心」很大，但人的「物」很小。我們要知道人是有「物」的人，所以人應該要謙虛。人有「物」的話，就會有物欲。人的「物」是代表人的有限性。

無限的心落在有限的物，這叫「吾生也有涯」。有涯即是指物，所以我們了解到，做為一個人物，我們要謙卑。各色人等，各行各業，各方面的人才，「八方風雨會中州」，這個世界是個人文薈萃之地，每個人才從每個家庭出來，從每個學校出來，從社會的每個角落出來；這當然很可欣賞，但也很複雜，競爭也很激烈，這就是人間。

◎德充於內而符應於外

為什麼要講德充符？以我自己來講，要求德充於內，不要往「物」發展，否則會氣人、傷人。我們的心愈大，人際關係愈好，這叫德充於內。我們都由兩部分組成，一個是心，一個是形；心是德，形是氣，我們要往德的方面發展，不要往物、往氣方面發展，故德充於內，這是我自己的問題，所以，人生就是如何讓自己的心一直出來，不要讓自己的氣一直出來。這是人生修養的問題，修養就是讓心出來，不要讓氣出來。氣要盡量涵藏，這包括才氣，在道家來說，氣也盡量要內斂，因為我們的才氣太強的話，會壓迫別人。你考一百分，人家考五十分，那你就得罪那個考五十分的同學。我們永遠要這樣想，千萬不要認為自己比別人好是天縱英明，然後有優越感，看不起別人。剛好相反，我們要深覺對別人抱歉。

　　在道家來講，才氣不能太突顯，因為這個叫命，命是大家不同。你聰明是代表你天生命好而已，你並沒有比別人高貴，我雖然只考五十分，但我比較有愛心，你考一百分但你很驕傲，你算什麼！所以，人間要用德來比賽，而不是才情氣魄。物形是指外貌的美醜，相命是看形相，論外表，誰長得好看，誰就命好。但這是天生決定，用不著比。才氣也是天生的，有的人頭腦很好，數學看一下就會，有的人算了幾次還不會。我們就不要在這方面比，我們應該在德行方面來比，就叫德充於內。我們讓我們的德性顯發出來，開發我們的心靈，讓我們的心更大，包容別人，讓我們的才氣內斂涵藏。才氣就像一把刀，會發出劍氣。一個很有才氣的人，就好像把劍拔出來亮相，把別人的才氣、形象比下去，這樣的人會有像劍一樣的銳氣，發出劍氣壓迫別人。所以每一個人要把自己的鋒銳收起來，把自己的才氣、形象的精采亮麗，盡量地收斂，這樣才不會壓迫別人，這是「我」自己的問題。

　　第二個問題是我跟許多人在一起，每個人都有心也有物，所以，彼此面對要互相諒解。他生氣，你會嘆口氣，人生難免會有這種狀況，老師發脾氣，父母也會發脾氣，最好的朋友也會生你的氣，先生、太太間會互相生氣；嘆一口氣，人生就是這個樣子，我們畢竟不是天使，我們是人物，我們的物裡面包括氣，故人物叫人氣，既然是氣，總是會露出來，我們需要互相包容及同情，人生在世，我們一定要對我們的朋友及家人要有同情，以佛家語來說即為慈悲。人是心與物合一的，心要去同情、諒解及包容；我們方才提到人生的修養是要把氣收斂，把心的寬容修養出來，這個心就是德充於內，大家心裡有很多德的話，就是德充於內，跟別人的物相處，即稱為符應於外。

這不只是悲憫、同情，我們還可進一步去欣賞，譬如我們看到嬰孩可愛，是看到他的天真、他的眼神、他的可愛。我們覺得某人很溫暖，給我們安全感，這一切都是透過他的物給出的印象。故符應於外的意思是契合，我們常說氣味相投，情投意合，或曰氣質上可以感應。故我們儘量「德」充於內，再顯現於外，這樣在與人相處時，不僅不出問題，而且會有美感；這叫德充符的符；我們總是要跟別人相處，我們不是只有我們一個人活在世界上，是很多人活在這個世界。「應」的話，要相契、相應。應是符應，契是契合。但是怎麼樣才能讓人與人之間在氣質上、氣味上相投？

人的成長歷程，在道家看來，是往外漂流沈落的過程，長大成人的代價、是失落了童年的天真。何以會失落，互相抗爭競賽，彼此打壓拚鬥的關係。所以德充於內，意謂不流落於外，而保有天生本真。越是天真的人，越可以符應於外，孩童扮家家酒，可以兩小無猜，一體無間，沒有猜疑，沒有嫌棄，沒有勢利眼，沒有英雄氣，人與人相處，就可以契合符應了。

◎活在神射手的靶心裡

〈德充符〉裡提到些故事，我們就通過莊子所講的故事來理解莊子怎麼教我們活在人世間，活在人間的關卡。我們如何存全自己，且跟每個人很和諧的活在一起。首先莊子提到申徒嘉，申徒嘉是個兀者，兀者是少了一隻腳的人。整個德充符的主角人物，都是肢體殘缺的人；莊子為什麼要這樣寫？他為什麼不寫英俊、瀟灑像林青霞、秦漢的人？儘管他們還沒走上婚姻禮堂，但似乎大家都接受他們，因他們外觀形象好。為什麼莊子都寫形體殘缺的人？可能是要破解一個觀念，即人生不是

比形象，比才情，不是比誰長得青春、美麗？誰長得英俊、瀟灑？若是比青春、比英俊，則人生很可悲，因為人生最好的階段是十五歲到二十五歲，人生真正青春、美麗、英俊、瀟灑，只有十年；前面是童稚期，廿五歲以後，人生就像盛開的花朵逐漸枯萎，如同曇花，最美的過去就沒了，但是人生還要活到八十、九十。

　　所以莊子要以故事告訴我們，人生的生命價值不在「形」而在「心」、在「德」，所以故事的男主角都是肢體殘缺。申徒嘉是兀者，跟鄭國子產是同學，他們的老師叫伯昏無人。「伯」是指年紀大，「昏」是指沒分別，「無人」是他在人間不突顯自己，沒有比誰高比誰強；故名「伯昏無人」。有一次，子產跟申徒嘉說：「以後可不可以這樣子？我坐的時候，你不要坐，好不好？我走的時候，你不要跟著走，好不好？怎麼老是跟我同進同出呢？」子產是政治家，官居相位，他這樣說，代表鄭子產看不起人，所以，申徒嘉就很感傷，說：「原本人家都瞧不起我，到了老師的門下，我才知道我不必慚愧，因為老師從來不用我的殘缺來看我，他一直把我當作是很健全的人；沒想到你、我雖是同學，你怎麼用老師不看我的那一套來看我呢？那你還算是老師的門下嗎？」子產聽了很慚愧，趕快跟他道歉，整個故事是這樣子。

　　我想強調的是申徒嘉所講的話，他說「人生每個人都活在羿之彀中。」現在試著解釋申徒嘉為何少一隻腳？莊子沒有明說。羿是神射手，彀是靶心，我們每個人都活在靶心裡，面對神射手的射擊，我們活在必中之地；「中央者中地也」，人在靶心裡，面對許多神射手，一定會被射到，我們一定會受傷，這是人生的處境。或者炒房地產、飆股票輸給人家，或者創業的

機運輸給人家，或者我們身世的背景輸給人家。所以，人活在世界上，各方面的線路帶出來的比較，就讓我們承受很大的傷害，我們很難忘掉名跟利，人家比我們有名，我們就被射中，因為名氣輸人、排行榜也輸人；人家比我們有才情，我們就輸給他；人家比我們長相好，我們也輸給他；這些都是挫折，造成許多傷心人，這些都是在人間的必中之地被射中，他似乎在解釋人生的處境，這是知「不可奈何」，總是會被射中，真是無可奈何。

　　人生應該怎麼辦呢？通過伯昏無人，申徒嘉知道要安之若命，把人生的無可奈何，當做是天生的命，所以我相信申徒嘉那隻腳是被砍掉，在戰亂中被砍掉，還是在冤案裡被砍掉，還是警匪槍戰間剛好被流彈射中。治安人員沒有錯，走在街頭會被流彈射中受傷，這叫中地，到底受傷的人做錯什麼事情呢？以我個人來講，像 KTV 及 MTV 這種場合我絕對不去，夜攤喝酒的地方我也不去。現代的都市到處喝酒，而且有的人身上剛好帶著兩把槍，手上一把，腰還有一把，連警察都被射死。當然，真實的社會現象不是那麼嚴重，我只是舉例說明「中地」。人生有時會被這個社會誤傷，世界是那麼錯綜複雜，別人發生車禍，剛好撞到我們守規矩的車子。有人不守規矩，總是有人會被撞，這就叫中央者中地也。我們要求治安要做好，交通要維繫好，是有道理的，不然台灣社會會變成申徒嘉所說的「羿之彀中」，開車出車禍，流彈傷人，強盜搶劫人，惡徒勒索人，連小朋友都不放過，這算什麼社會？我們真的活在神射手的靶心裡，一定會被射中，故申徒嘉要說只好接受這種不幸，安之若命，就好像他天生少一條腿。

◎子產多了一條腿

　　申徒嘉，好不容易忘掉形體的殘缺，沒想到子產的一番話，提醒了他的殘缺，讓申徒嘉感傷不已，同樣是伯昏無人的弟子，申徒嘉能忘掉形體的不全，而子產是個政治家，他就不願意跟申徒嘉同進同出，同起同坐，因而提醒申徒嘉是個殘缺的人，故申徒嘉說：「然而不中者，命也！」好像子產多了一條腿，算他命大。申徒嘉的語氣含有批判的意味，他讓人家覺得少一條腿是正常，他反問子產為何多一條腿，是付出怎麼樣的代價才會多了一條腿？這樣的反問是相當犀利。這就是為什麼我們要符應於外。因為符應於外的話，一者不會讓自己受傷，少了條腿，二者不會反過來說別人多了一條腿。

　　道家的反省就是先告訴我們人間世界是會傷人的，因為每個人都在射箭，射箭即惡性競爭，故人愈多的地方，我們愈容易受傷，否則為何自古以來那麼多人選擇隱居，從十字街頭逃回來，逃回鄉土田園。因中央者中地也，是萬箭齊射，是大家受傷的地方，那個人沒被射中，算他運氣。社會上每個人都會受傷，會受傷就是沒有德充於內；每個人把自己的德形於外，形於外就是跟別人比，恃才氣盛，人身像劍氣一樣，把劍氣散發出來，劍氣瀰漫，劍氣會讓人家承受被殺傷的恐懼，極具殺傷力。每個人都形於外，比如有的人把家裡的財產都掛在身上，金光閃閃，讓其他人覺得他們自己很寒酸；如身上掛了三條鑽石項鍊，每個指頭各戴兩個金戒指，他就是要戴給大家看，而我們剛好沒有。

　　我手上戴的錶是中山科學院送的，我覺得很好，很漂亮，一個貳佰伍；人家的貳拾萬叫滿天星，這些就叫形於外。凡是

把自己最好的最精彩的表現在外面，如家裡很有錢，爸爸很有名，才能超過別人等……，這等於在射箭；你一射箭，身邊的人全部受傷。不說別的，太太在做家事，先生在客廳唱歌，就得罪了太太，太太會認為我那麼忙，你卻那麼有情調；唯一的辦法就是陪她。假定是我的話，我會到書房趕快讀書跟寫文章，因為我也在工作，太太心情會比較好點。所以一個人的歡喜或得意，就像射箭般也會傷到別人，當你在高唱一曲，你是否會留意到旁人正在傷感？此時的你就如同神射手，而你的朋友就在靶心，想逃都逃不掉，你的家人都逃不掉。所以，家庭是必中之地，夫妻處不好，父子處不好，每個人都在父子、夫妻的關係中受傷；這個社會，同事間互相射箭互相殺傷，政治團體，甚至國會也是，所以莊子要說中央者中地也；為什麼要讓人間社會成為戰區呢？

伯昏無人就不會看到申徒嘉少一條腿，而鄭子產偏就讓申徒嘉感覺他是少一條腿，是殘缺的人。而申徒嘉不免要問，你鄭子產何以會多一條腿？莊子可謂對人生的思考很深入、很細微，他為千古以來所有受苦受難的人講話。到處是中地，這人間世沒有一個人不受傷，安之若命吧！就當做媽媽生我時少了一條腿，把在人間世所受的傷，像媽媽當初生我本來就如此而安吧！故德形於外，形於外就是在射箭，就是發出劍氣，會讓我們的朋友、家人受傷，會讓他們覺得自己不完整，或者感覺少一條腿，或者覺得少一根筋，或者被譏為沒有數學細胞；令很多健全的人突然覺得自己很殘缺，因為他們都被比下去；誰不是父母的兒女？原本都是完整的人，但是無形中很多人被比下去，讓他們自覺殘缺。

　　沒有現代頭腦，故沒有從事房地產炒作；沒有商業頭腦，所以沒有買股票投機，所以這些人就變成輸家，輸家就等於少一條腿，總覺得輸給那些股票大戶，他們什麼都有，而我們都沒有。如何改變這種狀況呢？就是要德充於內，德充於內就是不要形於外，因為形於外就是射箭，一定會有人受傷。符應於外就不會有人受傷，沒有挫折，沒有人少一條腿。這是種象徵語言，他用少一條腿來解說。

　　◎天生的枷鎖無須解開

　　我們再看叔山無趾的故事。叔山可能是指他出生的地方，他沒有腳趾，莊予沒說明他是天生如此，還是被砍斷的。他踵見仲尼；因為沒腳趾，他以腳踵走路去見仲尼，人有腳趾的話，可以腳步輕盈，快速前進；孔子看見叔山無趾的窘狀，就說了：「你看，你一定是自己不小心，不然怎麼會這樣子？你現在來不是太晚了嗎？」孔子充滿了悲憫，孔子是聖人，他彷彿在告訴叔山無趾，若你早一點來看我，或許就不會這個樣子。叔山無趾無奈的回答：「我以前不識時務，不曉得人間這麼複雜，輕易地讓自己衝出去，所以腳趾因而失去。但是我今天來，是用比我的腳趾還尊貴的心來看你，你怎麼還透過腳趾來看我呢？」他顯然對孔子很不滿，他不遠千里以腳踵走路來見孔子，是因為他覺得孔子是有修養有智慧的人，他自己也是懂得人間艱苦的人。所以，他希望二人能用心來對看，沒料到孔子卻仍以腳趾的殘缺來衡量他，他心中不平而抗議。他把孔子看做天地，因天地可以收容每個人，沒想到孔子的門沒有為他而開，反而擋在門口問他為何失去腳趾？

　　孔子聽到了他的怨怒，趕忙道歉，實際上孔子沒有壞意，只是同情，但是對一個被砍掉腳趾的人，他覺得今天的探望是以德的身分來，當該用「心」來看，怎麼孔子仍在看他的腳趾，他因而難過，所以提出嚴重抗議。孔子說他自己失言，因孔子原先不知道他是個有道之士，孔子以為他只是一個人間受傷的人，所以給出一種悲憫；但實際上叔山無趾儘管腳趾被砍斷，他從事道家修行，已經忘掉他的腳趾，他只想找一個很有修養的人，去作心靈的對話。沒想到他修養了幾年去看孔子，孔子還看到他殘缺的腳，怎麼不叫他傷感？孔子感慨的告訴眾弟子：「叔山無趾一個受傷的人都在補他的德，何況我們呢？」

　　叔山無趾拂袖而去，轉而去看老聃：「孔子這個人不行，我去拜訪他，結果他還在看我的腳趾。」老聃就說：「那好啊，那我們是不是來救孔子呢？孔子似乎還有『可不可』的分別，還有『死生』的界線，我們是不是去教孔子，讓他把『可不可』及『死生』的執著放開呢？」整個情勢突然變了，本來叔山無趾是要去投靠孔子，因為他以為孔子像天地，可以包容他，沒想到一見面，孔子就問他：「你怎麼失去了腳趾？」他覺得沒趣味，找老聃，提出他的疑問：「孔子修行還沒到家，為何名氣那麼大？」老聃說好，那我們一起來救他吧！叔山無趾回了一句話：「恐怕不行吧！天刑之，安可解？」孔子是儒家，因為我們在人間就是在「可」跟「不可」中奮鬥，儒家要救人就是把人從「死」救到「生」，道家則是把死、生看破，把可、不可看開，就不必有人間的奮鬥；儒家則是在人間奮鬥，故孔子要周遊列國，要教化人間；在道家來看，孔子這叫天刑之，彷彿他天生背負救人的十字架，儒家要救人是儒家的刑，是天加在儒家的使命，所以無趾說是老天加給孔子的桎梏、枷鎖。

◎外王是天刑

我從日本回來的另一個感觸是，日本的知識分子不大背負天下的十字架，他們只是認真的工作，包括大學教授也是如此；不像台灣的教授，每個人都懷抱天下的責任，是相當特別的文化傳統。所以「天刑之，安可解」，這句話可以用在所有中國讀書人的身上，因為每個人都志在天下，以天下為己任；亙古以來，所有中國讀書人一定想治國平天下，一定背負社會的關心、人間的責任；我覺得這一點讓我最感安慰。而日本就把這些交給制度、交給政治、交給法律；中國讀書人還是把天下的責任放在自己的心上肩膀上，我個人覺得這一點是台灣生命力很重要的源頭，這點不可輕估，但願讀書人不要光講一些批評的話或不滿的話。當然，批評的話、不滿的話，也意味著政治社會沒有把知識分子的力量消化，消化不完善，他就會在外面對政府不滿。譬如當年那些走上街頭的人，現在都在國會，這是好的解決方法，要不然他每天在街頭走來走去，我們會受不了；讓他在國會講話，可變成建設力量；民進黨的國會議員有時候講話很有道理，跳上桌子是不大好看，可是一些法案該不該通過，他們的分析有時候比國民黨的立法委員看得更精細、更深入，因為他們都是法學專家、法學博士，所以不要讓他們走上街頭，讓他們來國會，這樣對大家都有好處，因為中國知識分子都關心社會、關心天下，這就是叔山無趾所謂的「天刑之，安可解」。

話鋒一轉，本來叔山無趾是要依靠孔子，可是他發現孔子未能忘掉他是個少掉腳趾的人，於是轉而投向老子，老聃說：「對！我們去救他。」沒想到他最後卻說：「不必救了，人家

本來就是這樣的人。」莊子行文很精采，奇峯突起，經過幾個
轉折、迂迴，又回來了；實際上他對孔子是很賞識的，孔子天
生就是要救人的，所以他的「刑」等於沒有，故安可解，安可
解是怎麼解得開？另外一個意思是不必解；這個刑若是天生的
怎麼解得開？譬如子之愛親是解不開，不可解於心，不可解是
解不開，安可解是不可解，但是也不必解了。譬如老師關心學
生是「天刑之，安可解」。當老師的很自然的關心學生，當父
母就很自然的疼愛子女，這是安可解，也解不開，天生為人父
母，當然天生就要背負兒女的十字架，當父母的一句話都沒
有，所以這是不是一個刑呢？一個桎梏？一個十字架？是啊！
但是，天下父母都願意啊！都心甘情願，所以背負十字架的沈
重感覺就沒有了。所以看起來像刑，實質上不是刑，叫不必解。
這整篇的寓言，轉折裡含有很深的義理在帶動，一方面對人間
同情，講人生的苦難，又對那些救人的人給予無比的尊重跟評
價。這些是透過叔山無趾及孔子的對話透顯出來。

◎德不形於外才可以保有天真

　　再看哀駘它，哀駘它是衛國一惡人，「它」是駝背之意，
惡人是長得很醜的意思。但所有的先生去跟他相處都不想離開
他；所有的女子看到他都想嫁給他，甚至請求於父母：「與其
為人妻，不如當他的姜。」而且這樣的人要用「十」作單位來
計算。神妙的是，從來沒有聽他說什麼大道理，他每天只是和
而不唱，不管對方怎麼「唱」，他都跟對方「和」，也沒聽他倡
導什麼大道理。魯哀公聽到他的大名，覺得好奇而去看他，喔！
果然長得很難看，名不虛傳；這叫「以惡駭天下」，他的醜會
讓天下人嚇壞了；但是為什麼他會同時吸引天下的男女呢？魯

哀公說跟他作朋友，一年以後，我突然間就很想請他當宰相，
結果他沒答應，也沒說好，也沒說不好；我自己覺得很不好意
思，是不是請他當宰相對他不起；我說乾脆你來當君王好了，
結果那個人就走了。那個人到底是怎麼樣的人，怎麼會有這樣
的魅力，驚人的吸引力？魯哀公請教孔子：「他到底是怎麼樣
的人？」孔子給出一個道理說：「這個人才全而德不形。」所
謂〈德充符〉，主要的理論就是「才全而德不形」。「才」是「草
木始生」，說的是人的天生本真。

　　一般人都是才不全，因為我們的童心、天真、浪漫、想像
力都沒有了，為什麼孩子才會扮家家酒，大人就扮不起來；假
定我們有扮家家酒的心情去投票的話，走入政黨政治，就會讓
台灣的整個政治場景改觀。人間的問題是否就是因為我們失落
了浪漫的情懷、天真的心境？使得這個世界每個人都像是在射
箭，而每個人都被射中。孔子解釋什麼叫才全。人生的問題：
死生、存亡、寒暑、賢不肖，這是命之行；窮達、饑渴、毀譽、
貧富，這是事之變；一個是氣命的流行，一個是人事的變遷。
做為一個人，我們就要面對兩大問題，賢、不肖是看天生才情
的高低；寒、暑我把它當做命，因為有的人就生在魚米之鄉的
江南，有的人生在北方的荒漠。我聽說有人回陝西、山西探親，
兩個星期不能洗澡。所以寒、暑也歸為命之行，氣命的流行中。

　　人的窮達，人生得意與否，關鍵在人家是否賞識我們。「窮」
就是人家沒有看到你，「達」則是被看到了，即得意不得意。
貧富跟個人在世界上的遭遇，人家是否賞識我給我機會有關
係，是毀或是譽，這都是不定的。一個人愈有名，跟他有關的
流言就愈多，故莊子說名就是刑；所以成名的人就是受刑的
人。毀譽、飢渴，是人世的變遷，而死生、存亡等則是氣命的

流行，像這些東西都是人生的考驗，每天都在我們生命的周遭出現，人生每個人都要去面對這些問題。而賢不肖、毀譽、窮達是最大的問題，這是每天都存在的，我們要如何自處才能才全呢？就是不要讓這些事情來干擾我們的心。心叫靈府，不要讓賢不肖、死生、窮達、毀譽干擾我們的靈府。這些東西每天都在我們生命的周遭，人世在變遷，氣命在流行，我們所能做的就是不要讓這些變遷流行來干擾我們的心。每天我們還是要去面對經濟是否景氣、股票漲不漲的問題，雖然很多人不買股票，但是我們全部落在台灣的經濟圈，台灣不好，我們就不好，所以不買股票的人也要面對股票漲跌的問題，但不要讓這些干擾我們的心。心不受干擾時，心就可以保持「虛」的狀態。否則的話，心就會充斥著賢不肖、毀譽、死生、窮達、貧富。心被塞滿，心就會承受很多的壓力，面對很多的衝突。只要是在社會上做人，就會有這些問題存在。

◎生命的季節永遠是春天

但是我們要做的是不要讓這些變成心理的負擔，如此一來，心就會比較虛靜，心虛則能和，「和豫通」，通乃流通之意，即忘掉做為一個人的煩惱，忘掉人跟人之間的衝突，或許是由競賽或許是由排名引起；一旦忘掉，我們的心就可以回到原先沖虛的狀態。這個「虛」看起來什麼都沒有，但每個「有」又是從它而來，所以有時候我們稱之為虛靈。我們方才講心靈，心之所以靈乃因為它是虛的。心虛就可以和，儘管每天都有問題存在，但每天都可以很平靜地、很愉悅地面對，且跟別人可以處得來，那是因為我們可以保持天真的心境、童年的爛漫，儘管我們要面對做人的艱苦，面對人間的困頓，但是仍能保有

童年時扮家家酒那樣的心情，很平靜且充滿愉悅，跟別人可以
流通，這就是孔子所解釋的才全。人間免不了有這個問題，面
對人世的複雜變遷，氣命的流行限定，做人真是艱苦又複雜，
但是我們不要把艱苦及複雜帶到我們的心，成為心裡的壓力。
人會老是因為我們心老，故莊子說：「哀莫大於心死。」心若
能保持虛靈，虛靈則可以平靜而和諧。心平靜則不論何時都會
有笑容，有份歡喜洋溢著。這樣一來，每個人都會很喜歡跟你
在一起，因為他們都能感受到你的喜悅，也會覺得生命可以流
通歡暢。人生千萬不要讓苦顯現在我們的眼神、我們的表情，
我們一定要想法子把苦化掉，否則的話，我們自己受不了，且
「才」也保不住，所有浪漫、喜悅、天真就消失了，每天顯現
得很悲苦，連我們的家人朋友都受不了；沒有人可以在苦中活
下去，我們要想辦法苦中作樂。

　　孔子有言：「樂以忘憂。」人生誰不憂？但我們要在憂中
把樂積極表現出來。誰沒有責任？誰不艱苦？我們有責任、有
艱苦，但是不要因而覺得別人對不起我們，每天都把悲傷、痛
苦展現給別人看，彷彿在實行一種制裁，但實際上是自己受傷
也把別人逼走了。所以如何讓自己「和豫通」，不要讓那些艱
苦、困頓進入我們的心中，如此心才不會背負那麼多的壓力，
那麼多的苦痛，我們才能保持和諧、喜悅的心，大家自然就能
跟我們流通。孔子的說法是「與物為春」（這裡提到的孔子是
莊子寓言裡的孔子），與物相處每天都是春天，在生命的季節
裡沒有冬天，春天是充滿了生機、情趣跟活力，我們如何做到
跟物在一起都是春天呢？「是接而生時乎心者也」，「接」是與
物接，「生時乎心」是每一個時刻從我們的心生出春天來，所
以我說吾心即有陽光，縱使在寒冷的季節只要我們的心有陽光

的話，人間就會變得很溫暖。為什麼要讓我們的生命結冰呢？讓它下雪降霜？我們追求的是才全，這是人生的修養，也是我們做人的責任。在人間活下去，要面對種種問題，是那麼地艱苦，但是我們希望我們的心能夠不亂，不讓艱苦、困頓進入我們的心，如此心才能虛靜、虛靈，跟別人在一起每天都是春天，每個時刻心都充滿了生機情趣，有幽默感；人生愈苦愈講幽默的話，孩子讀書很苦、大人經營事業很艱苦，身已經夠苦，心怎麼可以再苦進去呢？所以一定要互相勉勵，大家快樂一點。爸爸可以跟兒子說：「我們快樂一點，考試很快就過去。」面對不景氣，我們也要有信心將它熬過去。人家不一定賞識我們，那無所謂，人生誰不面對這個問題？我們要快樂一點。至少我們要投自己一票，給一個快樂的心境，千萬不要連心都賠進去。

◎不凸顯自己反而吸引更多的人

　　第二個問題是德不形，德不形就是前面才全所講心不要動，「水停之盛」。水要平靜叫水停，故心很平靜叫水停之盛。「內保之而外不蕩也」，我們保有內心的平靜，不會被外面的名利帶動，這叫德不形。心如止水，要像水平面一樣那麼平靜，不會被外在諸如「做人的艱苦、人間的複雜」所搖盪；看看新聞心就不平靜，走到街頭心也不平靜，要到什麼時候我們才能擁有平靜？這樣的情形就叫德不形，也就是不把自己的美好形之於外，不要讓自己的光采露出來，如此才不會傷人。「德不形者，物不能離也。」這是在解釋為什麼哀駘它有驚人的吸引力，因為他是個德不形的人，德不形的人每個人都不能離開他，為什麼呢？因為每個人在人間爭逐奔競，好像什麼都沒

有，一到哀駘它身邊，就會發現自己什麼都有。一個在學校是壞學生，在社會是個失意者；不論在哪個場合都是落魄挫敗的人，但是在哀駘它身邊的話，他都不用名利、才氣來看人，所以德不形的人沒有比較心，不會把別人比下去，所以每個人都喜歡跟他在一起，因為每一個人都會覺得自己完整無缺。跟其他人在一起會覺得自己殘缺，跟哀駘它在一起會覺得自己很完整，故「德不形者，物不能離也。」符應於外，則物不能離，我們喜歡跟德不形的人在一起，因為跟他在一起我們才能找到自己。「德充於內，不形諸於外」，才能跟外面符應契合，對方喜歡跟我們在一起，因為對方跟我們在一起，他會覺得自己很完整。

　　這個社會上一定有某些甘草人物，某些領導人物，很多人跟著他，都喜歡跟他在一起，因為在那裡他受到肯定，受到賞識。德不形就是不把別人比下去，即不射箭的人會讓每一個人覺得他是才全。才全是在人間的驚濤駭浪中、人事滄桑中，仍能保全天真的心境。千萬不要因為輸給人家，在社會上不得意，就讓自己的心失去平靜，失掉了天真；這樣一來人活在人間世界，兩個關卡就把我們打敗了，我們要想法子過關，而且過關以後仍要保有天真，不失童心，且帶給身邊的人一種愉悅及美好，這叫德充符。

　　人間世告訴我們關卡在哪裡，德充符告訴我們如何過關過得好。我的「才」就是我的天真，可以存全，在人間世是人比人的，但是我不去比較，因我讓自己德不形，所以反而吸引了很多人願意跟我走在一起。我天生的真可以保全，我跟別人相處可以變成很投緣、很相契、很符應，這樣一來，本來「我」的命不好，但是我可以保全自己的真就沒有不好；本來人際關

係複雜，是壓力，但我們把它轉換為互相欣賞，大家做知心朋友。這樣生命的季節，永遠是春天。所以，道家並不是消極，它只是希望我們面對自己做人的問題，面對活在人間的問題，如何去轉化，把不好變好，「才」是可以保全，「德」不要形於外，不要壓迫別人，如此我們可以成為別人最好的朋友。德充符就是要告訴我們如何讓自己是個真人，讓每個日子都是春天。

大宗師——真人的修行

一、解題

　　宗大道以為師

　　體現天道的生命人格之大

二、有真人而後有真知

（一）知天之所為，知人之所為者，至矣

（二）知天之所為者，天而生也

（三）知人之所為者，以其知之所知，以養其知之所不知

（四）終其天年，而不中道夭者，是知之盛也

（五）雖然，有患，夫知有所待而後當，其所待者，特未定也。

（六）庸詎知吾所謂天之非人乎？所謂人之非天乎？

（七）且有真人而後有真知。

三、何謂真人？真人修行之道

（一）去心知之執

　　　不逆寡，不雄成，不謀事

　　　過而弗悔，當而不自得也。

（二）解情識之結

　　　其寢不夢，其覺無憂，其食不甘，其息深深。

（三）破生死之惑

　　　不知悅生，不知惡死；其出不訢，其入不距。

　　　淒然似秋，暖然似春，喜怒通四時，與物有宜。

（四）以刑為體：承受

　　　以禮為翼：通過

以知為時：化解

以德為循：實現

四、　人相忘於道術，魚相忘於江湖

（一）子貢：（子桑戶死）臨尸而歌，禮乎？

孟子反、子琴張：是惡知禮意？

（二）孔子：彼遊方之外者也，而丘遊方之內者也。

子貢：夫子何方之依？

孔子：丘，天之戮民也，雖然，吾與女共之。

（三）子貢：敢問其方？

孔子：魚相造乎水，人相造乎道。

相造乎水者，穿池而養給；相造乎道者，無事而生定。

故曰：魚相忘乎江湖，人相忘乎道術。

五、　死生一體，造化何拘

（一）子輿有病，子祀往問之

曰：嗟乎，夫造物者又將以予為此拘拘也。

浸假而化予之左臂以為雞，予因以求時夜；浸假而化予之右臂以為彈，予因以求鴞炙；浸假而化予之尻以為輪，以神為馬，予因而乘之，豈更駕哉？

（二）俄而子來有病，喘喘然將死，其妻子環而泣之，子犁往問之，

曰：叱避，無怛化

倚其戶，與之語曰：偉哉造化，又將奚以女為？將奚以女適？以女為鼠肝乎？以女為蟲臂乎？

（三）子桑若歌若哭，鼓琴曰

父邪母邪，天乎人乎？父母豈欲吾貧哉？天地豈私貧我哉？

求其為之者而不得也，然而至此極者，命也夫！

今天我們講《莊子》系列第六講〈大宗師〉。大宗師是「宗大道以為師」之意，宗是宗主，師是老師，即以大道為老師，這叫「宗大道以為師」。另一解釋是既以它為師，就會去體現天道，我們去體現天道的人格之大叫大宗師。為什麼有兩個解釋？因為莊子在此篇中講真人，講如何做真人？真人的人格是「大」，「大」是從何出來的？因為他以宗（宗就是宗主，可以做為宗主的是天道）、以天道為師，才成就他的生命人格之大，這樣的真人人格就叫「大宗師」。

◎生命展現開闊的精神空間

《莊子》第一篇〈逍遙遊〉，講每一個主體生命之超拔提升，將人的有限性消掉，生命就會展現開闊的精神空間，因為我們生命的小，是小心眼、小氣，你就會覺得我們的存在空間很小，每天跟別人抗爭，幾乎沒有可去的地方，故要我們逍，即消掉小氣、小心眼。消掉小氣、小心眼叫「逍」，會覺得世界很大叫「遙」。放鬆自已，不和人家比，跟任何人都可做朋友，世界變得好大、好美，人間到處可遊，上學、工作都是遊戲，這叫逍遙遊，哪一天看看我們能不能讓廚房變得很大，讓工作室變得很大，這叫逍遙遊，我常勸開車的朋友，我們不能改變台北市的交通，但是我們可以改變自己、交通依舊又擠又亂，但千萬別把心情賠進去，一邊開車一邊罵人、一邊生悶氣，罵台北市、罵台北市政府，最後罵國民黨政府，台北市是我們的鄉土、我們國家的首善之區，它的好是我們大家的好，它的不好是我們大家的不好。也許在心裡不要那麼生氣，你就會覺得開闊一點。

　　台北市那麼進步，但交通建設趕不上，現在正在搶救、補救，我們將自己的心情調整，就會發現原來很窄的路就會變得大一點，看起來好像癱瘓，你仍然可以在車裡逍遙而遊。這是我的朋友告訴我的，在擠車等車時，聽聽《老子》、《莊子》的錄音帶很有用的，逍遙遊是每一個人生命的超拔提升，我們不是把人生當做平面來比，誰漂亮、誰英俊、誰瀟灑，比聰明、比排名、比權勢，沒有什麼意思，大家來比人格的修養境界，本來大家都小，現在大了，大了還不夠，還要化，叫由小而大、由大而化，原來生命是可以轉化的，是可以提升到更高的境界成長就是由小而大，不光是由小而大還有超拔提升，就是進入化境。

　　一個書讀得好的人，是逍遙遊的讀書人，一個事業上很有表現的人，就是逍遙遊的工作人，一個家庭美好的人，就是逍遙遊的夫妻，就是逍遙遊的父子，我們不要等到台北街頭上軌道，自己就先好起來，這是莊子的第一個要點。

　　第二個要點就是在台灣的二千萬中國人，在超拔提升，我們希望大陸的十一億三千萬的中國人，也像我們一樣，希望花蓮、台東地區，都跟台北一樣，這樣「物我的同體肯定」，叫〈齊物論〉。逍遙遊是從人往天的境界昇越，齊物論是從天往下看，看所有的人是平等。倘若由我來看他，由他來看我，互相都看不到對方。現在不是，我們自己提升到天的層次，往下看的話，就可以說眾生平等，在宗教的領域，我們叫各大教平等，這叫齊物論。物論是代表一個哲學理論，一個宗教的教義，就是讓萬物活得有尊嚴，我們為什麼要念哲學？為什麼要有宗教信仰？就是覺得人活著品質要提升，你就會有情操、情懷，不會只有情結、情累。人都愛人，但是我們的愛都會累的，都

會心有千千結，我們有了哲學素養、宗教信仰，愛就會變成情操、情懷，會顯現愛的好，不會墮為愛的不好。

　　所以我們自己往上提升，還沒完，我們還希望自己從天上往下看，譬如說哥哥跟弟弟比較，弟弟跟哥哥比較，雙方吵不完，可否哥哥或弟弟二個人都提升到父母親的位置來看對方，想想父母親如果活著的話，他們會怎麼樣看我們？因為我們二個都是他們的寶貝、心肝，所以從父母親看這對兄弟完全平等，我們但願擁有天上的眼睛、天上的心靈，你通過天上的眼睛、天上的心靈往人間看，你會覺得萬物平等，平時你站在人間的話大家都在比較，如果你提升到天的位置，往下看的話，原來眾生平等，各大教平等，大家同體平等，這叫物我的同體肯定，一個是生命的超拔提升，一個是物我的同體肯定，同體是父母生下來的，眾生都是天生的，天是我們的同體，從天看的話，萬物跟我們都是平等，這樣我們又可以讓生命提升，又可以對人間有一份悲憫的心，當我們自己擺脫苦難以後，請回來帶那些苦難中的人，這叫齊物論。所以由人到天是逍遙遊，由天到人則是齊物論。

◎天人的契合為一

　　今天我們講〈大宗師〉是莊子思想的第三綱維，天人的契合為一，就是把逍遙遊和齊物論這二個方面，一個是上迴向，一個是下迴向，由人而天，由天而人，畫成一個圓。大宗師就是要畫成一個圓，一個是由人往天上走，一個是由天往人間落，人要到天的層次，但我們不停留在天的層次，我們上天還要回到人，每一步的人間步調都是向天，而每一步調，都是為了回過頭來支持人間，這樣剛好畫個圓，使天人契合為一。

今天我們重點講第三個，中間有養生主、人間世、德充符。養生主就是告訴我們要養心，且要在人間世養，在人間世養很難，逃到深山古剎比較容易，面壁十年，比較容易，要在台北街頭修養比較難。養生之主要養心，在人間世養是一種考驗，這樣的養生會顯現德充於內，符應於外，既然養的話，德就會越來越充實，這是道家的修養，充實的德會符應於外，這叫德不形，你的德內斂涵藏，不會形之於外去壓迫別人，我們每天都有修養，修養得理直氣壯，你把德顯現出來的話，會給人壓力，所以道家的德充符，是讓他的德充於內，而不要衝到外面來，這叫德充於內，符應於外。那個德，不會太凸顯。

譬如把德當作名、優越，越有道德的人越有優越感，這樣的話越壓迫人，道家講不德，就是有德者自己不覺得有德，把德化掉，隱者是隱姓埋名，為什麼要隱姓埋名？因為姓名就是精采，我昨天在永和市行走，突然有一個人把車門打開叫聲：「王教授！」我說：「是啊！」他說：「你的知名度好高！」我想一想，我還沒有被綁票的身價，這個知名度到底好還是不好？既不是台塑的王，也不是國泰的蔡，姓名本身代表一種精采，隱者是要把精采隱掉。儒家說讓我們做一個好人，道家說讓我們把那個好人收起，就像一把劍，把劍拔出來就會發光，劍氣瀰漫，現在我們把劍收在劍鞘裡，就是隱者，把精采隱藏的人，才是真正有精采的人，所以德充符是有道德、人格修養的人，但要內斂涵藏，把精采度收藏起來，不要讓他顯露出來。

就像錢財露白，你一露白，大家都想要，道家不是說人家想要，你露白，就是給人家壓迫，所以德充符，就是德充於內，不要形之於外，你不形之於外，才會符應於外，不把自己的精采露出來的人，那個人比較有朋友，在〈德充符〉裡，莊子告

訴我們，很多殘障、沒沒無聞的人最有魅力，大家比較喜歡到他家去，因為，在人間老是被比下去，到他家，不比了！他家的客廳就好像一個開闊無垠的天地，到他家，生命得到安頓，上班輸給人家，擠車輸給人家，但是，殘障人物不顯自己的精采，每一個人去都覺得自己好幸運喔！就像小學生，覺得今天特別好，因為今天不考試，今天不發考卷，今天不宣佈誰第幾名，很多後面的同學，就會覺得今天好幸福，學校像天堂，因為今天沒排名，假如有排名，他就覺得學校像地獄，因為剛好每次他都是最後一名，每增加一名打一下，他是第五十名打五十下，還得了嗎？

　　所以把德把排名完全隱藏，這樣就符應於外，則人跟人相應，會相處得很好，因為沒有排名，沒有比較。什麼是好的聚會，什麼是好的主人，讓來的人都得到肯定與重視，我勸每一個中小學老師，在上課時，讓每一個小朋友覺得你關心他，最好跟他講話，這很重要！很多人不了解，在上學日子裡一定要讓小朋友覺得，你今天都看到他了，都跟他打招呼了，千萬不要只跟那個考第一、二、三名的小朋友講話，只跟那個財富權勢排第一、二、三名的家長講話，那你就會傷很多學生的心，所以德充符是我們的修養。養生主是在人間世養我們的心，怎麼樣跟政治家相處，怎麼樣做皇帝的老師？怎樣當外交使節？都講了很多大道理，都代表最累也最難，所以做一個政治人物最需要修養，台灣最需要修養的地方是立法院，它是一級戰區。

　　但是，〈人間世〉告訴你，修養要在市場、商場、工地修養，修養的德，要隱藏起來，千萬不要把德釋放出來，釋放出來的話，德會變成毒，德會壓迫人。你說全公司我最認真，這話多傷人？今天是值日生，只有我掃地，你傷了其他四十九個

同學，你當然有德，而且德充於內，因為你掃地了，你今天最認真，但不要顯現於外，炫耀於外。把自己的德忘記，你就跟每一個人相處得很融洽，所以越不凸顯自己優點的人，他會擁有最多的好感，永遠不忘記把自己超過人家的地方凸顯出來的人，到最後會沒有朋友，人家為什麼陪你，為什麼他每天當啦啦隊，你天生就是男主角，你就是女主角？

◎究天人之際，通古今之變

今天我們講〈大宗師〉，大宗師就是把逍遙遊、齊物論，一個上迴向，一個下迴向，把這兩個「向」合起來，變成一個圓，這樣天人變成一體，天人契合為一。宗大道以為師，體現天道的生命人格之大。我們希望每一次講《莊子》，都把各篇大意關連起來說。〈大宗師〉最主要講天人關係，就是司馬遷所謂的「究天人之際」，是最高的學問，「通古今之變」是講最長久的學問，長久的歷史是幾千年，所以說通古今。一個人可以通古今就不得了，是通人，因他通古今之變。另外「成一家之言」，思想家、文學家，儒家、道家、佛家、諸子百家，各大宗教，在中國的說法都是一家，成一家之言，在並世裡面，將這一家的理論、思想凸顯出來，但那只是在一個時代，代表性的一家，那叫顯學。影響整個時代的思想家，這叫成一家之言。但那只是一個時代的，希望進一步，要通古今之變，且古今不是光通幾千年，人還要通到天那邊，叫究天人之際。

哲學就是天人之間的學問，宗教也是究天人之際，人往天的路上走，究天人之際是哲學，通古今之變是史學，成一家之言是文學，這叫文史哲不分家。文學一定要成一家，莊子是一大家，孟子一大家，韓非子一大家，他們都是天下第一流的，

好好念他們的文章，念《老子》、《論語》、《莊子》、《孟子》，
意味無窮，這是成一家之言，但這一家在中國流傳萬世，叫通
古今之變，儒家都幾千年了，二千多年來，每一個讀書人都在
讀這本書，這是很感動人的事，這叫通古今之變。在某一世代
裡，我們代表這個時代發言，時代的代言人，就是成一家之言，
這一家可以通貫幾千年，就叫通古今之變，問題是憑什麼通古
今，古今不是都變了嗎？今人古人都不同，憑什麼可以通？因
為所講的都是天，古人今人，都從天而來，大宗師就是講天人
關係。

◎知天知人才是至人

　　且看莊子怎麼說？「知天之所為，知人之所為者，至矣。
知天之所為者，天而生也；知人之所為者，以其知之所知，以
養其知之所不知。終其天年，而不中道夭者，是知之盛也。」
因為要通貫天人，已經不是古今的問題，不是光一家的問題，
從一家進到古今，再從古今進到天人。講天人關係，第一個要
知天，第二個要知人，知天知人才可以究天人。知人還好，因
為人是看得到的，但是天是看不到的，你可以觀察人，但是你
很難觀察天，譬如山水畫，你可以畫山水、田園、人物，但是
你不可以畫神、天，你畫的是天空，不是我們所說的天，所以
天幾乎變成不可知，我們知道天跟人均非靜態的，人是活著的
人，而天也是在生萬物的天，天理總是在流行的，孔子說：「四
時行焉，百物生焉，天何言哉！」老天的語言在哪裡表現？在
四季的運行，在百物的成長，為什麼四季會運行，為什麼百物
會成長，是否代表天在動？天在生我們，在帶動這個世界，才
有四季運行，晝夜交替，萬物生動，萬象更新，大地春回，天

在為，我們或許看不到它，但是我們可以去了解，「為」就是
天做出來的，做些什麼我們可以知道的，我們很少看到李總
統，但是我們都知道他做了很多事，我們都知天，但不能直接
看到它，所以我們要知天之所為，所為即天之生動，在生萬物
在帶動萬物，這叫知天之所為。我們要知人，人又不是木頭人、
靜止的，所以要知人之所為，為即人生，即人的生動，父母生
兒女，老師生學生，政治家生百姓，朋友生朋友，朋友對你好
互相生對方，這叫人之所為，人之所為在生在動，所以要知天
之所為，知人之所為者，可謂至矣！這是最高的人，是人間的
高人，第一句說你要知天、又要知人，你才是最高的人，現在
馬上要問第二個問題，所以第一流文學家、思想家的文章很有
條理的，先告訴你什麼是最高的人，就是同時知天又知人，接
下來便天人分開說明。

◎知天要從天生的人來知

什麼叫知天？知天之所為者，天是無形的，要知天之所為
從哪裡去看？就是生萬物、帶動萬物，媽媽生小孩，還帶動他
講話走路，你看我們要花多少時間，每天跟他說叫爸爸、媽媽，
他就跟著叫，哪一天小孩子能叫爸爸、媽媽時，爸爸、媽媽都
飛上天了，馬上就齊物論，跑過來抱抱他。從天生來講，天的
「為」就是生，所以所有的宗教信仰都是對生禮拜，我們禮拜
的，不是權威，是生我們的人，禮拜是頂禮、膜拜、燒香祈禱，
為了禮敬生我們的「天」，所以叫天而生也，你如何知天？從
天的生來知道。天生萬物，萬物中人最靈，所以天是靈的，從
天生萬物最靈的人去了解他。平時做老師不一定看得到家長，
看到學生就知道家長如何。從兒子身上看到他的父母，甚至他

的家庭教養，我們從兒子就知道他的父母，看到人就知道天，因為人是萬物之靈，要知天，就從天的「生」來知天，天為什麼要生，因為愛才生，天一定代表愛，天下父母心，就是愛兒女才生兒女，所以要從人去知天，知天的問題就變成知人，我們要知天，要從天所生的最靈的人來知天，天是無形的，所以要直接知天是很難的，但天總是在流行，生萬物、帶萬物，知天之所為者，去看天怎麼生萬物的。天生萬物中，要通過什麼而知天呢？天生萬物中最靈的就是人，所以我們從人來知天，就可以知道天，所以就將知天的問題轉為知人。

　　如何知人？知哪一個人？我知道絕不是天涯淪落人，通過怎麼樣的人來知天？莊子說通過真人，因為你很可能通過假人，通過不是人的人去知天，是沒有天理的，因為他連小孩子都綁架，還有什麼天理？日本人瞧不起台灣，中南美洲瞧不起台灣，因為全世界沒有一個地方會有人綁架小孩，什麼時候中國人墮落到這個地步，父母是最愛小孩的，所以愛變成弱點，他那麼愛小孩，所以我就可以勒索父母，綁票他們愛的兒子，糟蹋人間的愛，在台北，人格已經降到很低的層次，你說可以從綁票的人，來知天嗎？

　　怎麼樣知天？通過人，怎麼樣的人？知人之所為者，以其知之所知，以養其知之所不知。人上面是天，人下面是物，人是萬物之一，但人比物高，因人有心靈，天是純粹的心，天叫靈，靈一定明，故叫神明神靈。台灣街頭流行明牌，明牌有洩露天機的嫌疑，所以正神陽神不大給明牌，因為明牌應該是公平的。老天給明牌應該給每一個人，所以天一定是靈，人在萬物之上，在天之下，人的一半是天，一半是物，人的心是天，人的物是物。要從人身上去知道天，但是人身上有兩部分，到

底從人身上的「心」知天，還是從人身上的「物」知天？如從
人身上的物去知天，天就是萬物，天馬上就掉下來，所以我們
要通過心去知天。因為人之下是物，人的物那邊，我們跟萬物
是一樣，是官能欲求，是勢利眼，人有時會看不起人，人很現
實，當物出來時，用財富看，就要比一比財富，看誰的荷包比
較滿，這樣的排名不是品質、是數量，這就是唯物主義、功利
主義，滿現實的，所以通過物不能知天。

　　那通過什麼可以知天，通過心靈，因為心中有愛，當心出
來時，叫心靈，當心中有愛時最接近天，天就是愛，天就是靈，
有愛心、責任感、容忍的人、尊重別人才叫真人，每天罵人、
傷害別人是假人，要知天要通過真人才能知天，通過假人不
行，因為那是仿造品、是贗品，就像假鈔不能用，要用真鈔。
對人也是一樣，從來不講真話只講假話的人就不能做朋友，所
以說相知有幾人？從人的哪一部分去知天？是人的心這一部
分，因為人的物這部分和物在一起，心的部分和天在一起，要
知天要從人的心來知。

◎知人要從有修養的人來知

　　現在再來解知與不知，莊子說「以其知之所知，以養其知
之所不知」，人要修養，因為你要知人，要知人要通過有修養
的人去知人，人要養生主，如果沒有修養，則儒家、道家都是
空的，儒家要有儒家的修養，道家要有道家的修養，宗教信仰
也要修養，要靈修、靜坐、苦行，像佛教要苦行，最前面要面
壁，面壁才不會被人間的紛擾拉走，一定要有修養，才能走入
宗教的殿堂，這修養叫功夫。要通過人的修養去知人，沒有哪
一個人天生是模範生，考第一名的。老師父母給的，叫教養，

要養才能把人養大，把人格養出來，怎麼養？即「以其知之所知，以養其知之所不知」，人心有知的作用，但知有兩個層次，一是知，叫分別心，二是不知，即無分別心。人的修養即由「知」進到「不知」。譬如父母生兒女，有生男生女的分別，一定是分別得很明顯，所以才有新女性主義，因為性別的歧視。

　　似乎通古今之變中，男生都不給女生平等的機會，所以現在才有新女性，剛才我說各位先生，台下的女士都很有風度，沒有人抗議，事實上我所說的先生是尊稱，包括女士。假定我說各位先生各位女士，就有性別之分。生兒子和生女兒的慶祝方式也不同，生女的黯然神傷，生男的神采飛揚，顯然有差別，這叫知。知大知小，就是大小的分別，知男知女，就是男女的分別，這個知就是分別心，譬如種族的歧視，先看他爸爸是誰？這個知就產生偏見。偏見產生歧視，歧視產生壓迫，所以那個知是讓人間不平等的最重要原因，本來知是知非，知善知惡，知美知醜，不是很自然嗎？知是非，不是懂是非嗎？知道美醜不是可以追尋美嗎？

　　但是，有些東西是天生的，你把他分別的話，不公平，美是一七五公分，那我怎麼辦？我才一六〇公分，向我爸媽抗議嗎？這就是我的命，我怎麼樣才能合乎標準？大家不用體重身高來做標準，否則我趕不上別人，取消先天的長相來看這個人，取消他的爸爸是誰來看這個人，所以算命看先天的相是不公平的，應該看後天的相，透過他的修養來算他的命，看我出生的時辰又不是我選的，為什麼要我對一生負責任，所以儘可能不要算先天八字，儘可能算他後天的修養德行，這叫功德，功德可以扭轉人生命運的，叫做改命，受教育就是功德，好好做人是功德，好好讀書也是功德，好好修養更是功德，功德太

重要了，不能以先天面相定一生，那樣台大婦產科醫生就可以決定這個人一生的命運，當你一生下來，照一張相，則你的一生就定在面相，看你的五官將來一定念台大，那大家都不要念書了，反正命都定了。從後天修行看，好好用功，將來還是可以考台大，考到好學校，將來才有機會出人頭地，所以一定要通過「養」來說。

養是後天的修養，後天的修養是公平的，先天的條件是不公平的。人的知就是一種執著，譬如有人出生鄉土，他就討厭大都市，鄉下到台北地區的小孩，就和台北地區小孩宣戰，因為他站在鄉土立場，如果我們還有省籍區分的話就很麻煩，我這次到大陸，大陸的朋友告訴我，我們遣送回去死幾十個大陸漁民，排在海岸線上，電視、報紙一登，他們告訴我，還好沒有大肆渲染，不然台胞的安全成問題，因為大陸會造成一個印象，台灣人在迫害大陸同胞，你怎麼可以讓幾十個人悶死？他們說起這些話極度憤慨，我說等一等，可能不是台灣官方的關係，那個船老大是福建省同胞，我們要問鐵釘那麼長、木板那麼硬是誰釘上去的，是台灣官方的意思？還是船老大的意思？這要先弄清楚，台灣要求調查，但大陸拒絕，我們國會要派代表團，監察院都要去，就是希望它透明化，假定責任在台灣，台灣負責，但那邊的朋友不歡迎，不能去，我特別提出辯白，這個很可怕，台灣每個月有幾萬人在大陸，那還得了？所以那個知不是很好的意思，那個知是執著是分別的意思，分你是台灣人，他是外省人，是內地還是海外，分白色、黑色人種，分勞動階級、資產階級，這是全世界的災難，馬列主義所以風行全球，就是利用階級對立，所以這個知不好，知把人間分得支離破碎。但知天是要知一個天，大家都一樣的才叫天，知會使

人間破裂，人間之所以有那麼多的黨團、派別、階級，就是因為「知」。

◎修養是從心的「知」養到「不知」

所以人生的修養就是從「知」養到「不知」，養到不知就是大家一樣沒有分別，天看所有的人是沒有分別的，要通過怎樣的人去知天，第一你不能通過物而要通過心。心有兩邊，一是跟人家分別的心，很計較、很勢利的心，這樣的心會讓人間破裂，當夫妻、父子、母女都知道這個道理時，我們才是一家人。當台海兩岸都知道這個道理時，我們才能統一。通過分別心的話，台灣當然拒絕跟大陸統一。（因為水平差那麼多）

有分別心的叫人間，天上是沒有分別的，把人間分別忘記才叫天國，要通過接近天上的人來看天，通過天所生的人可知天，宗教就是從人間的分別走向天上的沒有分別，這才叫悲憫，宗教就是讓大家得救，讓大家沒有分別，我們在人間受苦受難，是因為人間有分別，變成可憐人，沒有用的人，宗教就是使每一個人都變成有用的人，這叫無用之用是為大用。所以是「以其知之所知，以養其知之所不知」，這樣的話，人就是天，因為我把生命中的天修養出來，也可以讓生命中的物暴露出來，人就是這麼銅臭氣、江湖氣、草莽氣、勢利眼，救人就是把人從分別心、勢利眼中超拔出來……，知天要通過真人，而不是假人，真人是心出來的，假人是物出來的，真人是修養出來的，通過原來心的「知」養到心的「不知」，終於從人間走向天上。

人的心路歷程，從人間走到天上就是無分別心，那時從人的身上可以看到天，宗教信仰與哲學素養就是從人的身上走向

天的旅程，天只是給我們一個終極指標與理想，但從人到天的歷程是要人去走出來的。這樣效果在哪裡？現在又知天又知人，天在人身上，怎麼樣的人身上有天，有修養的人，生命人格的效應為何？可以終其天年，天生應有的年限，叫天年，人生百年叫天年，終其天年，是安享天年，而不中途夭折，「知之盛」即知的最高峯，就是可知天知人，至人可以終其天年。在人間長生不老的價值，不一定高過在天上的沒有分別心，假定人間不好，長生不老有什麼意思，我們希望長生，須這個地方很好，如果人間擠迫、惡劣，還想早點離開，假如人間不好，為什麼要講長生不老，要長生不老，最重要要讓世界變得很好，道家的定義要將人間變好即逍遙遊，還要齊物論，大家平等，才有可以好好活下去的世界，所以這樣的「知之盛」，我們可以安享天年，才不會中途產生災變，此處把養生的意思帶出來了。

◎「不知」的真人可以知天

「知有所待而後當」，所待即修養。修養是一生都要的，每天都要修養，知要有所修養而後當理，所以變成每一個時刻的修養，才有每一個時刻的真實，每一個時候都修養的人，才是每一個時刻的真人，每一個時刻都是真人的人，才是每一個時候他的身上都有天的人。修養最難，因為人心中有什麼不好的念頭，都要把他修掉，不能在一餐的時間將心忘掉，在顛沛流離時更要修養，所以人的保證就在修養，因為我們另有一半會讓人沈墮的物啊！不修養，物就出來了，修養時心會出來，且不是有分別的心而是無分別的心，分別的心不免看人低，修

養後才會平等對待別人，所以這叫知有所待而後當。所待是有待每一時刻的修養，人生的美好才有每一時刻的保證。

所以修養要隨時進行，不能說我修養完了，讀書會畢業，考試會考完，做人是要做一生的，修養是要修一生。只要我們隨時修養，你怎麼知道我們所說的天不是人，而我所說的人不是天？假定我們每一個時刻都有修養，把人的心修出來，變成真人，那時人就是天，天就是人，人就成了天人了，為什麼說孔子是天，即是這個道理，因為孔子已經修到那個境界了。釋迦牟尼佛就是修到那個境界，耶穌就是修到那個境界，所以他是人的身分，也是天的身分，他已經修養到天了，那個時候你就可以說你怎麼知道我所說的人不是天？而我所說的天不是人呢？人已經是天了，全部是心，而且全部是無分別心，這樣我們就是天上的心，他是不是把天人之間的分別打消了？天人之間的分別可以打消，是因為人在每一時刻的修養，一生的心路歷程，就是一生的修養路，這樣天就是人，人就是天，這樣不是畫一個圓嗎？

◎宗教就是解答生死困惑

所謂「天之非人乎？人之非天乎？」最後加一句，「且有真人而後有真知」，這是畫龍點睛之筆，能夠一生修養的人，從知養到不知的人，這樣的人叫真人，你不要人間排名的人，心無分別，保有天真那樣的人，這樣的人叫真人，有真人才有真知。知是知天，千萬不要以為真知是知識，人到這個時候我們才可以說我們知天，所以在中國道家思想裡面，道家傳統裡面，最高的人格我們叫他真人，神仙人物都叫真人，因為他把他自己修到天的層次，修到無分別心，修到無執著，沒有分別，

沒有功利，沒有權勢，沒有排名，在他的眼中全天下都是一樣，這樣的人叫真人，真人就有真知，為什麼有真知，因為那個時候你的心就是天上的心，你心裡所想的就是天上所想的，在佛家叫菩薩道，菩薩就是用佛的心來救世界，普渡眾生。

　　底下我們講：「何謂真人？」怎麼樣才可說我做到真人那個層次？第一個是去心知之執，第二個解情識之結，第三個破死生之惑，怎麼樣叫真人，剛剛講無分別心叫不知，現在要把不知表現在這三方面，我們的知就是心知之執，我們的知就是有分別，成敗、得失、利害、禍福，這是相對的，這個都是知，真人是不知的，怎麼樣不知？知包括心知之執，你的心一定會希望英雄事業，也就希望雄才大略，在名利的世界，唯恐自己變成比較弱勢的人，好像自己輸掉了，自己被比下去了，我們一定要去掉這個心知之執，心裡面執著什麼叫一流好漢，什麼才叫一品人物，第一品流人物要賺最多錢，第一品流好漢就叫老大，出面擺平一切，要得最多選票，心裡有這種想法的話就很難做真人，每天就想辦法去交接各地方的人物，各個地方叫佈椿，叫椿腳，每一個部落都要有椿腳，將來選舉才有高票，這樣就很難成真人，因為你在人間跟人家比較，所以第一個就要去心知之執，不要有成敗、得失、利害、禍福的分別，所以首要在去掉你的分別心，什麼叫第一流的，什麼是第一等的，一定要超過別人的，一定不能輸的，這個一定要去掉，不然很難做真人，我要做真老師，我一定不在乎一個月的待遇有多少？不然的話很難當真老師，因為會英雄氣短，人家一天打幾通電話，就收入超過我們教書一個月的薪水，那個時候你都覺得很難教下去了，所以你一定要不在乎這個，你才會好好當老師，才會敬業，才會對學生盡心。

　　第二個叫解情識之結，為什麼晚上睡不著，為什麼白天的時候我們總是有憂愁？這叫情識，因為你有成敗、得失、禍福，這樣的分別，帶給你來壓迫，你會有委屈感，感到心都涼，手都軟了，為自己感到不值得，這樣叫情識，情識則你會感到憂愁、煩惱、傷感，甚至痛苦，我們最受不了的，是心裡面的痛苦，心裡面的憂愁，甚至恐懼，你為什麼擔心受怕，就因為你害怕失敗，害怕輸給人家，所以情識是從心知來的，情結、情識就是你的心知有執才會結，心裡面抓住很多東西叫糾結成一團，情識就是感情很不安定，患得患失，得失的分別，失也患，得最患，在考試時第一名的人最害怕，因為他最容易失去，而考最後一名的人他不擔心，因為他不擔心別人會來搶，所以情識就是那個「患」，老擔心、老焦慮、老憂愁，每天擔那麼多心，怎麼能夠當真人？真人是逍遙遊，所以第二個要解情識之結，你晚上才睡得著，白天才沒有憂愁，人生每一個時間都很自在自得。

　　所以莊子說一般的俗人是用喉嚨呼吸的，話一下子衝出來，真人呼吸以踵，真人用腳跟呼吸，所以練功夫的人不大穿鞋子，因為我們的身上要跟大地的靈氣連接起來，你看練功夫的人都赤腳走天涯，今天我們的功夫都不大行，都穿皮鞋，所以我們腳板跟大地有了差距，真人之息以踵，腳踵緊貼於地上，大地是我們的根，真人立足於大地，而不是在虛無飄緲間，這樣的人就叫真人，無憂無慮自在自得，什麼叫去心知之執，放得開，什麼都忘掉，什麼都放掉，沒有分別。既然沒有分別了，所以底下就可以說，我沒有煩惱了，沒有憂愁，沒有好擔心了，你漸漸走向真人的層次。我最大的突破就是我不在乎我的待遇，從小學教起，初、高中的每一年級我都教過，總覺得

做一個老師好可憐，現在我都放開了，我不通過我的待遇來衡量，我去掉心知之執，做一個老師就不會傷感，覺得這麼辛苦，付出那麼多，作業都改到半夜，人家下班就下班，我們學生晚上來，暑假每天來，暑假比平時還忙，每一個人都知道你放暑假，學生打電話來說，我來看你好嗎？你能說不好嗎？你說不好，你就不是老師，所以說我不會抵抗學生，只要學生說：「老師，我要跟你說話。」我一定會答應，他一定有困難，至少他想念老師，就是希望和老師談學問、談心，你怎麼可以拒絕，女兒問爸爸有沒有時間？當然有，馬上把他抱過來，爸爸有的是時間，爸爸的心是永遠為女兒開放的，除了女兒之外，我的心還要往朋友、學生那裡去，雖然是明天要交稿，還是說好。

第三個是破死生之惑，會使我們擔心，感受精神壓力，而這樣的分別與壓力最厲害是死生，生是全部的有，死是全部的沒有，利害得失都是程度的，現在是有利一點，過了現在是有害一點，利害關係可以改變轉過來，但死生是不可以逆轉的，所以人最看不破的是死生，這叫生死大關，這叫勘破生死大關，這一關看開就突破了，人間最難通過是生死大關，利之最大是生，害之最大是死，利害、得失、成敗、禍福最終極的發展，一個生、一個死，一個全部有、一個全部沒有，所以宗教就是解答生死的困惑，宗教要給出來生、要給出天國，不然死後要到哪裡去？這是另一個重大的問題，不能光在這個世界上爭名爭利，那未來呢？

道家死生的「惑」，叫迷惑、困惑，儒家解答死的問題──用生來解答，人的害怕就是我們會死，儒家說我們生生不息，我一直生就不會死，我們的「死」，就是我們沒有力氣了，假如我一直在「生」就會有力氣，所以我們退休後，一定要關心

社會福利事業，一定要付出，這樣我們生的能源動力才會綿綿不絕，所以退休是一種危機，好像社會不要我了，我沒有用了，衰老很快，我要永遠有用，我關心社會，我是顧問，我把過來人的經驗告訴年輕一代，我繼續關心社會福利，關心整個社會的發展，這個儒家叫生生。生生的第二個解釋是父母生兒女，一直生下去怎麼會有死？你說我明明死了，沒有明明死了，一個人化成幾十個人，世世代代活下去，化身千萬，我父母親生我們九個孩子，現在九個至少變成廿幾個，本來是我爸爸媽媽，現在變成幾十個，中國人認為人不會死，代代相傳，我們都活在我們的後代，所以儒家以生生面對死的問題，不斷的讓生出來，一代傳一代，中國人二十五史，一史傳一史，中國人是世界最長久的民族，因為我們懂得生生的道理，生生之謂易，《易經》的道在生生，天地之大德曰生，對生頂禮膜拜，所以生生不息，我們就不會有死的問題，老莊認為不死之道在不生，這個比較特別，他認為不生就不死。

◎勘破生死，人生就無煩憂

我昨天在國父紀念館演講，講完之後，有兩個女生提出問題，問我在《當代人心靈的歸鄉》書中，道家所謂不生就不死，是什麼意思？我聽到這個問題好感動，好想擁抱她們，兩個好年輕的女孩，我的女兒都沒有問我這麼高妙的問題，我問她們是哪一個高中的，她們說不是高中，是國中，我更高興，幾乎跟她們拜拜，國中生來聽我演講，而且問到人生最重大的問題，顯然她們在看我的書。兩個人氣質非常好，好純真，那兩個叫真人，從她們身上我看到了天在哪裡，而且告訴我是福和

國中，剛好是我的鄰居，昨天那場演講，只為了有這兩個人的回應，我就感到無比的安慰。

她們問的問題，就是為什麼不生就不死，因為死是從生帶來的，你心裡執著一個生，死也同時成立，你買股票就承受股票會跌的恐懼感，像我一張股票都沒有，所以股票的起落都在我的生命之外，不會形成這麼大的壓力，從一萬多點跌到二千多點，心如止水，像道家的真人一樣，那是因為我在股票市場之外，所以要置生死於度外，這句話就是這個意思。

生死如何置之度外？不執著生，死就不會來，你不買股票，股票就不會把你套牢，我不執著生，死亡永遠不會壓迫我，我不追求成功，失敗永遠不會來，我不想做官，就不會有罷官的恐懼，因為我沒有官，我就不會被罷官，我沒有競選，所以我就不會落選，所以道家說你不執著生，不以生為生，死亡永遠不會闖進心頭，因為死亡的可怕不是死亡的本身，死亡的可怕是死亡的陰影，你一直想著人會死這個問題。莊子就說過一句話，你怎麼知道死後不是回家，這像我們去高雄旅行，五天以後我們回台北，你會傷感嗎？不會嘛！回家多好！

所以莊子妻死，他鼓盆而歌，朋友問他，人家幫你生兒育女，你不哭就算了，你還好意思唱歌？莊子回答，她現在也許正回到大自然的老家，正在高臥，正在安眠，人生就是一段旅途，舟車勞頓，回到家你正好可以休息，結果你還在這裡痛哭，這不是有點荒謬？所以說人害怕死亡就像一個迷失在外的小孩，找不到回家的路一樣，所以老莊要勘破生死的大關，勘破生死就是真人，天是沒有生死的，人才有，你如果連生死都能勘破，這個世界上就沒有什麼事可以讓我們煩惱、憂心，可以把我們牽住、套牢，再也沒有了，我們變成完全自由的人。

◎體現天道的人是為大宗師

最後他講，真人是「以刑為體」，真人要承受我這個人，做為一個人我身高、體重不是完美的，做為一個人我不是完全自由的，我也會餓、會累、會想睡覺、要吃食物，人生怎麼辦？承受！只好三餐，只好睡眠，所以以「刑」為體就是指身體的拘限，我的身體是不自由的，會生老病死，但是你要承受他，因為做為一個人，一定要有形體去參與人間。

第二個，不只做一個人不自由，還要通過複雜的人間世界，這叫做「以禮為翼」，用禮來做為人間的輔翼，可讓我們走過人間世，人要有禮貌，到處都可去，你對人家微笑，到處都行得通，這叫以禮為翼。人生在世，第一個是承受人物，第二個通過人間。

第三個「以知為時」，要化解做人做事的執著和滯陷，此知是不知的「知」，知天的知，也就是無心虛靜，因應順任，就可以與時偕行。

第四個「以德為循」，化解了做人做事的執著，最後可以實現做人的價值，叫以德為循，我就把我的真人實現出來，我自在自得，自生自長，人生到處都是逍遙，到處都是美好，這是莊子的真人世界。

真人就是大宗師，是以天為宗以天為師，這樣就是有真人而後有真知，這個真人是生命人格之大，這樣的真人，「大」就在體現天道，以天為宗、以天為師，你去體現天道，使自己人格的修養，完成真人的人格之大，這叫大宗師，所以大宗師是天人合一，真人的身上體現天道，宗教最後就是希望我們從人走向天，我們希望自己的人格修養越來越接近天，這樣有一

天我們會變成真人，真人的身上就是天了，這就是宗教最後的
理境。

應帝王──無冕的帝王

一、 解題：道家式之人皆可為堯舜

（一）應物無心，乃帝王之德

（二）應物無心，有如帝王之自在自得，無冕王

二、 明王治天下之道

（一）鳥高飛以避矰弋之害，鼷鼠深穴乎神丘之下，以避薰鑿之
　　　患，而曾二蟲之無知？聖人之治，治外乎？（狂輿答肩吾評
　　　曰中始）

（二）何問之不豫也？
　　　汝遊心於淡，合氣於漠，順物自然，而無容私焉，而天下
　　　治矣！（無名人答天根）

（三）

　　1、陽子居：嚮疾彊梁，物徹疏明，學道不倦，如是者可比
　　　　明王乎？

　　2、老聃：是於聖人也，胥易技係，勞形怵心者也，且也虎
　　　　豹之文來田，猨狙之便，執斄之狗來藉，如是者可比明
　　　　王乎？陽子居蹴然曰：敢問明王之治？

　　3、老聃曰：明王之治，功蓋天下而似不自己，化貸萬物而
　　　　民弗恃，有莫舉名，使物自喜，立乎不測，而遊於無有
　　　　者也。

三、 神巫季咸：未始出吾宗

（一）濕灰：示之以地文─杜德機

（二）杜權：示之以天壤─善德機

（三）不齊：示之以太沖莫勝—衡氣機

（四）淵有九名，此處三焉：示之以未始出吾宗—

　　　　止水、流水、迴旋的水

四、　至人用心若鏡

（一）無為名尸　　　　匯歸處

　　　無為謀府　　　　儲藏所

　　　無為事任　　　　指揮中心

　　　無為知主　　　　司令部

（二）體盡無窮而遊無朕

　　　盡其所受乎天，而無見得，亦虛而已

（三）至人之用心若鏡，不將不迎，應而不藏，故能勝物而不傷。

五、　渾沌的鑿破

（一）南海之帝為鯈（ㄕㄨㄟ），北海之帝為忽，中央之帝為渾沌。

（二）鯈與忽時相與遇於渾沌之地，渾沌待之甚善。

（三）鯈與忽謀報渾沌之德，曰：人皆有七竅，以視聽食息，此

　　　獨無有。

（四）嘗試鑿之，日鑿一竅，七日而渾沌死。

六、　總結

　　　逍遙遊　　┌　齊「物論」　┐

　　　大宗師—　│　養「生主」　│—人間世

　　　應帝王　　└　「德充」符　┘

◎人皆可為堯舜的道家版

各位先生、各位女士：

〈應帝王〉是內篇最後一篇，應帝王被認為是莊子政治思想裡的帝王之學。政治思想，在老子而言是「無為而治」，「無為而無不為」，這就是講到道家政治的思想或外王的思想。我們如何來解釋應帝王的意義呢？主要的意思，「應」就是因應無心，因應無心乃帝王之德；「應」即是應物，人是活在人間世界，要跟物相處，所以要應物，人活著總是要應物，但是要怎麼應物呢，要用因應的態度，不要有心，要無心。無心則可以順任，順任就可以跟世界、人間相處在一起，這樣就是帝王之德，這樣就叫應帝王，因帝王是要領導天下，領導人間。

怎麼樣才能把天下領導好，以治國平天下呢？那就是要跟天下人在一起，要順應天下人，這樣的話，就是最好的帝王。最好的老師都是跟學生在一起，最好的老師都是順任學生，帶著學生成長，而最好的父母是跟兒女在一起，順任兒女，帶著兒女成長；這樣的德行就叫帝王之德，他是帝王家，他要領導天下，引領天下人，所以說應物無心乃帝王之德。我們進一步解釋，因為我們每個人不可能當皇帝，不一定從政，故對我們來說，每一個人也在應物，我們跟人相處，跟人間在一起，所以我們也要應物無心，只要我們應物無心，我們就跟帝王一樣。

什麼是與帝王一樣？即我們就是帝王，是無冕王，這個帝王是世界上最自由的人，我們可以把自己放下來，可以無心順應的話，那時候我們就是皇帝，因我們沒有皇冠，是無冕王。因為我們的生活跟皇帝一樣的自由，把帝王當做是人間最自由

的人；故一個人可以無心應物，本身就是帝王，這就叫帝力何有於我哉？那時候帝力對我來說的話，好像不存在一樣，「天高皇帝遠」，我把自己放下來，我無心，那個時候我最自由，因我放下來了，不跟人家爭，不跟人家計較，突然間會覺得原來的束縛都沒有了，原來的禁忌沒有了，原來的顧慮沒有了，原來的壓力沒有了，突然間覺得好自在、好自由，那就是皇帝。所以我們只要應物無心的話，我們就是無冕王、就是皇帝了。

◎遊心於淡，合氣於漠

今天剛好碰到阿拉伯世界跟西方世界的對抗，阿拉伯世界當然要維護自己的主權，西方國家要維護其世界的霸權，這個是帝王之爭，所以這是個決戰之前的緊張時刻，所以我們來講《莊子》的〈應帝王〉，似乎在這個時機上很恰當；因為帝王要打天下，一定要有軍事武力，要強霸天下，但是莊子講的不是，不是去打天下，去強霸天下，而是我把自己解消，我把自己放下來，我只是無心，我去因應萬物，去順任萬物，這樣的話，反而能成就帝王之德。

這完全跟中東情勢兩造對抗完全不同的理解跟態度，所以我們才要去理解道家老莊的一些思想理念，真正的帝王是無心應物，這在《道德經》來講就是：「聖人不仁，以百姓為芻狗。」聖人不仁，聖人是無心的，聖人放開百姓，讓百姓自在自得，這才是真正的聖人，真正的聖人是沒有自己的，聖人沒有自己，而讓百姓「有」出來；讓百姓「有」出來，這豈不是帝王之德嗎？治國平天下嗎？所以怎麼樣讓帝王之德，通過道家無為而無不為這樣的思想型態來做個解釋，這個叫應帝王。

◎淡漠無心，心游氣合

　　莊子引用一個寓言式的話來說「應帝王」，「遊心於淡，合氣於漠」，一般我們都說淡漠、平淡。淡漠就代表不那麼熱衷，不那麼執著，淡淡地，有時候我們講漠然，意思就是放下來。現在我們要講兩方面，一個是心，一個是氣；講外王一定會碰到氣，因為我們人存在是有這個氣，而氣是要通過心來引導，這是儒家式的，因孟子養氣是這樣養的，是用心來引導氣，這叫養氣。心是理義，心來引導氣，氣會跟著心長大，因為心是無限大，所以氣也會跟心一樣大，那時候的氣叫浩然正氣，因為你的心是對的，你的氣就得到那個對的滋養，越是對的你的氣就會愈壯大，這叫理直氣壯。人，在覺得自己的心不對的時候，氣會衰退。所以海珊認為他還是對的，所以他稱之為聖戰，不然的話，阿拉伯就沒有那個士氣，軍心士氣都提不住，他一定是為阿拉伯的榮耀而戰，這樣氣才能跟著對的心而成長、而壯大，這叫理直氣壯或叫氣壯山河。

　　但是我們現在要講游心即無心，游心於淡，游跟淡都是指莊子所說之無心。「游心於淡，合氣於漠」，心淡無心，氣漠無為，因為我們的氣會發為行動，人的氣具有生命力，一種活力，所以在儒家來說，人生的問題大概是我們的「氣」出問題，所以儒家就希望我們克制我們的自然生命、形軀生命，這叫克己復禮為仁，要去人欲，人的氣是有欲望的，要克制我們的物欲，所以儒家的修養是讓我們的心出來，他認為氣出了問題。道家覺得人有問題不是氣出問題，而是我們的心出問題，因為心太執著了，太狂熱了，所以事實上是我們的心出問題，譬如說我們雄心太強的話，會引起我們氣的毛病，或者消化不良或者睡不著、心律不整這些問題，因為心太執著、太放不開了，就連帶氣也受牽動，所以莊子說心要無心，無心的話氣就放平、很

順。打坐為何又稱靜坐，靜坐就是心要靜，心一定要放開，因應無心乃帝王之德，不能因應無心的話，心就會有很多執著、很多的罣礙、很多的焦慮、很多的壓力，這樣的話，氣是不會順的。所以要無心，無心才可以合氣。「合氣於漠」，漠就是無為，所以無心無為才是帝王之德。

莊子說他乘著一隻很大的無形的鳥，飛到一個什麼都沒有的地方，什麼都沒有的地方就是指無心，心裡面什麼都沒有，他的心什麼都沒有，所以他的心是無形的大鳥，雖然無形但是又很大，心無不包容，心是虛的、無的，所以就很大，什麼都可以進來。因為無了，心裡面把權勢名利都忘掉，所以心變成很大，什麼都可以進來，而心是無形的。事實上那隻很浩大但是無形的鳥，就是我們的心，飛到什麼都沒有的鄉土，沒有房地產、沒有股票、沒有功名利祿、沒有成敗得失，飛到無何有的鄉土，那個地方一片開闊，不會覺得像走到台北街頭那麼擠、那麼累、那麼受到壓迫，好像整個世界開闊無垠，這樣的話對他說來這就是所謂的因應無心乃帝王之德。你無心的話你的氣就合了，合亦有和的意思，叫和合，這樣意思在老子來講是「專氣致柔」，無心，氣就專一，假定心加入的話，氣就被心帶動。儒家式的修養要有心，道家式的修養要無心，無心的話，氣才會很自在，很和諧，這樣的話叫專氣致柔，和諧在老子言就是柔和。

儒家講的修養就是要克制我們的氣，有時候我們的氣會莽撞暴裂，有心的話通過心來帶動我們的氣，這是儒家式的，所以孟子說養氣，讓氣跟著心走，不要讓氣自己跑，因氣會變成脫韁的野馬，四處狂奔，氣就散掉了，所以氣通過心來凝聚，叫養氣，要變成浩然正氣，要用心來養。所以光氣不行，因為

氣會流竄，所以要把它養到心那邊去。但是道家的想法是心要放下來，要順任要無心，要應物，要順任物，這樣的話氣才會專一，而且會柔和。

◎兩心相知，兩氣交感

道家在〈人間世〉講「達人心」、「達人氣」。「達人心」是我的心跟你的心，心心相印，「達人氣」就是我們的心可以相印的話，我們的氣就可以交感。譬如兩個朋友很相知，且不用交談就彼此能夠知道，自然有感應，有感應就叫達人氣，生命有自然的感應，心靈虛靜而觀照。所以談到人怎麼應物，一個是心對心、心跟心能夠相知，另一個是氣對氣能夠感應，這叫達人心、達人氣兩方面。

心要相知，氣要相應；但是心要相知是通過無心來說，無心才相知，無心的話氣就會專一，這樣就會相應。所以莊子講「淡」、講「漠」，一定要加個無，才會「合」，才會「游」。我們的心要游，我們的氣要合。但是要無才行，要「無心」心才會游，即逍遙遊，無了以後才能逍遙遊，「淡」、「漠」都是無，「無」了以後才會柔和。在〈人間世〉特別講未達人心，未達人氣，是講孔子批評顏回，代表顏回的修養還沒到達「達人心、達人氣」的地步，所以他勸顏回還要修養，還要做功夫，哪一天能達人心、達人氣才能去規勸衛國君王，顏回本來要去勸衛國君王，但是他跟衛國君王心不能達、氣不能達的話，他的勸等於得罪，因為他要去說君王的不對，那就叫災人，災人是帶去災難的人，他帶去災難，人家一定會想辦法反災之。他去罵人家，人家可以反擊，這叫反彈。所以，父子、朋友、家人之間甚至老師、學生之間任何的批評，不管出發點有多善

意，善意是儒家的意思，道家告訴我們光善意是不行的，要把我們自己完全放下來，我們要游心於淡，合氣於漠，我們把自己放下來的話，我們的心才會跟對方的心貼在一起，我們的氣才會跟對方的氣交感在一起，這樣的話，對方才不會覺得我們有敵意。

很多人交淺言深，老實說夫妻都不能說的，一說就傷感情，爸爸不能說兒子，老師不能說學生，同學之間彼此不能說，為什麼不能說？因為沒有取得對方的信任，為什麼不能說？因為我們沒有把自己放下來。我們無心的話，我們的心才能跟對方貼在一起，無為的話，氣才能跟對方感應在一起。貼合在一起，感應在一起就是達人心、達人氣。

我們活在人世間，總是要跟人在一起，不管是親人還是友人，人一方面是心，一方面是氣，我們要跟對方的心貼合在一起，跟對方的氣有所感應，這才是真正的應帝王，那時候不用花很大的力氣，我們隨便一說，對方就聽，因為我們就是對方，對方就是我們，當然對方就願意聽。不然的話，我們必須花很大力氣，講了很多，講了很久，一勸再勸，還苦勸，但是似乎我們說得愈多，對方離得愈遠，而且我們愈說的話，對方愈討厭我們，為什麼？因為我們站在他的外面，我們以對的姿態出現，我們在下指導棋，我們認為他不對，他不應該，他錯了，這樣一來，他馬上感受到我們的敵意，我們是一個外在的力量在壓迫他，他為什麼要聽我們的？

所以道家式的與人相處、與物相處，一定要把心放下來。儒家說我對，所以我善意的規勸。道家說不要光說我們對，問題是我們要忘掉我們是對的。把孩子找過來、把學生找過來，跟他們說說話，「假定我是你的話，我們要怎麼做比較好？我

們來想一想，書要怎麼讀才讀得好。」不要先罵，「你看看你不及格，你是壞學生」，這一下他馬上覺得老師跟父母在他的外面，我們一定要跟他坐在一起，我們的心就是他的心，「我們是不是希望功課好一點？我們會不會覺得很苦呢？要怎樣才能讓功課好呢？怎麼樣讓生活不苦呢？」變成我們跟他一起走路，一起面對問題，這樣的話叫達人心、達人氣。怎麼樣達？把自己放下來。

所以孔子要顏回忘掉他是對的。顏回以為自己是醫生，醫學院畢業，因他是孔門畢業的，孔門是要救人間的，這叫醫門多疾，即醫門裡一定有很多有病的人，所以他覺得他是從孔門醫學院畢業的，他要去救衛國的暴亂，結果孔子告訴他，你這樣的話是未達人心，未達人氣，你這一去就變成災人的姿態，都說衛國君王不對，衛國大臣不對，衛國全部不對，那你就是跟衛國為難、為敵。所以多國代表到伊拉克是不能談判的，一去的話，一定是說：「你是錯的，你不應該派兵進駐科威特。」再來會說：「你一定打不贏，多國部隊太強了，你沒有贏的機會。」我相信大概這樣說。第一個你大錯，第二個你鐵輸，這下子海珊一定拚了。談判的人物是該很了解莊子〈人間世〉的，去是要跟對方站在一起，而不是去把對方罵垮，所以海珊根本聽不進去，連布希總統的信他也拒絕接受，因為信上還是說海珊錯了，要他不可輕估美國的決心，且要他為自己將要覆滅的命運負起責任，這樣子海珊怎麼受得了？

孔子教顏回的話，莊子用道家的義理說，是以寓言式表現。我希望這樣的應帝王，諸位好好去想。帝王就是要治國平天下，對我們每個人來說的話，就是要好好跟人相處，跟人間相處。要如何才能好好相處呢？即心跟心要相應，氣跟氣要交

感，問題是如何才能做到？要把心放下，才能跟對方的心貼合在一起；要把氣放下來，才能跟對方的氣感應在一起。

◎小國的尊嚴在傲慢

我們平時最大的問題就是我們沒有放下，用了我們的心，優越感就跑出來，動了我們的氣，英雄氣就跑出來，也許我們是對的，但對方就討厭我們的英雄氣跟優越感，為什我們都對而他就錯呢？我想孩子、學生、朋友最大的反感就是我們永遠是對的，他們是錯的，我們永遠在下指導棋，擺出優越感的姿態，擺出英雄氣的氣勢，這一點讓他們受不了。所以我們一定要淡、要無心，要漠、要無為，無心無為放下來，所以心才可以游，氣才可以合，這樣的話不是很輕鬆自在嗎？把自己放下來，對自己不造成壓力，別人也不會感受到壓力。大家都是皇帝，因為大家都很自由很自在，每一個都是無冕王，儘管在民主時代，仍有很多人當皇帝，當爸爸的回家就要當皇帝，當媽媽的要做皇后，還垂簾聽政，孩子都錯了，先生都錯了；另外一個就說孩子都錯了，太太都錯了，只有先生（我）一個人對，這樣的話不是帝王之德，那個時候的皇帝是很辛苦的皇帝，當皇帝要當一個很自在的皇帝，每個人叫無冕王，我們沒有皇冠，沒有人加冕，但是我們像皇帝，「帝力何有於我哉？」爸爸是皇帝，太太是皇帝，媽媽是皇帝，兒子、女兒是皇帝，親戚、朋友大家都是皇帝，因為大家都很自在，因為大家都達人心、達人氣，大家都把心放下來，大家的心都可以游，可以逍遙遊，大家把氣放下來，氣都可以柔和，這樣的話不是普天下都得救了嗎？道家叫道法自然。

　　不然的話，人間充滿善意、責任感、使命感，但是別人都反感，因為我們都對，別人都錯，所以一定要把自己的對放下來，把自己的氣勢放下來，那個時候就是我們跟對方坐在一起。所以我常說陪孩子讀書嘛！陪他走一段嘛！那時我們就是他，我們跟他貼合在一起，我們不要在他的外面，我們在他的外面的話，就是在下指導棋，而且我們會說你不對我對，這一點在道家的思考來看，人間沒有辦法和諧。所以說西方世界不了解海珊，不了解阿拉伯世界，且各大宗教裡面回教是最激烈的，是沙漠中的英雄，他們有歷史的輝煌，他們希望把歷史的輝煌找回來，現在就是一個契機，要找回歷史的輝煌最重要就是要對抗西方國家，西方國家主宰世界二百年，我們要了解這樣的感受。所以要去跟海珊談判一定要尊重他是英雄，我們就是稱他老大也沒關係。故老子言：「大國宜為下。」在兩國談判之間，大國宜為下，小國它的尊嚴就是傲慢，大國不必傲慢，因它本來就是大國，所以大國要首先擺出低姿態，反而去尊重小國，小國就不會氣勢高漲要跟大國拚。美國以大國姿態出現，多國部隊群集沙烏地阿拉伯，在他們的感受就是西方世界在壓迫他們。

　　回過頭看海峽兩岸，我們希望大陸也有這個想法，他們應該尊重台灣，不要老是恐嚇台灣，這會傷台灣同胞的感情，大陸有什麼不放心的呢？光福建省對台灣，我們就沒話說，大陸是不是該表現大國宜為下的氣度，才能爭取台灣同胞的人心跟人氣。人心、人氣要達才能統一，沒有達怎麼統一呢？台灣同胞沒有安全感，大陸一定要把自己放下來，要忘掉他自己是老大，他反而應該尊重台北，他一尊重台北，才能達人心、達人氣，大家站在一起來想中國人將來要怎麼樣？兩岸怎麼樣最

好？都是中國人，這樣的話心就可以貼合，氣就可以感應，這個才是無冕王，這才是應物無心，乃帝王之德，兩岸統一不是帝王之德嗎？怎麼樣統一呢？應物無心。我們不要比賽，不要飛彈跟台灣比賽，戰機跟台灣比賽，還有潛水艇跟台灣比，這個顯然就不是達人心、達人氣。

通過這樣的比喻，讓諸位了解，人生活在這個世界上，我們都是要跟人相處，要在人間做人。怎樣跟人相處，怎麼樣在人間做人，要能夠好好的跟人相處、好好的做人，標準訂在哪裡？就是跟對方的心貼合在一起，跟對方的氣感應在一起，一個貼合、一個感應，要如何做到呢？把自己的心放下來，我們的心就可以游了，就跟對方貼合了，把自己的氣放下來，我們的氣就跟對方感應了，就可以跟對方有個和諧、柔和，這樣的話，大家都沒有壓力，都沒有對抗，每個人都是皇帝。大家沒有壓力，不要競爭，不要對抗，大家把自己放下來的話，豈不是帝力於我何有哉？

◎虛靜明照使物自喜

我這次大陸行，由北京到西安，西安的中國同胞都說西安是天高皇帝遠，跟北京城是不同的，北京城是首善之區。西安雖然交通比較亂，但給人的感覺比較悠閒，所以他們自己說天高皇帝遠，也就是帝力何有於我哉？這樣就是帝王之德，帝王之德就是每一個人都是很自由的，都是很自在的，都是很悠閒的，都是沒有壓力的，這叫帝王之德，所以道家的理想是每個人都是皇帝，每個人都沒有壓力，這個社會上沒有對抗，沒有傷害，大家都在走自己的路，大家都過自己的生活，不要承受別人的壓力、別人的批評，這就是陶淵明的桃花源、中國人的

理想國、中國人的理想世界、中國人的天國，所以一定要通過這兩方面放下來。

〈應帝王〉提出第二個問題，何謂明王呢？要講應帝王一定要有一個很好的皇帝，何謂明王呢？道家講明，無心才明，即虛靜明照，很清明的政治領導人物叫明王，為什麼會很清明，因為無心故清明，明就可以照，明照天下，明王就是明照天下的人，如何才是明王呢？也就是無己、無功、無名的人，〈逍遙遊〉就講到：「至人無己，神人無功，聖人無名。」這樣的明王就是功蓋天下，天下事都是他做的，但是他不覺得是他自己做的；他在領導天下，但是天下的功勞不是從他出來的。天下的媽媽，家事都是她們做的，但是好像不是她們做的，不要每天提醒先生跟兒女注意，請問今天的家事誰做的？今天的三餐都是誰忙的？每天在那邊歎氣，為誰辛苦，為誰忙，先生跟兒女吃了以後，一邊吃一邊不消化。老師也是，老師的青春就像粉筆灰一路掉下來，這樣的話，學生在教室聽課就覺得如坐針氈，原來學生的成長是老師付出衰老的代價。

我們每一個人都在做很多事情，叫功蓋天下，「而似不自己」，好像不是從自己出來，這叫無己。我們剛在講把自己的心放下來，把自己的氣放下來，沒有優越感，沒有英雄氣，儘管我們做了很多事情，但是我們把它忘記，好像不是我們做的一樣，去化成萬物，而不認為是自己的功勞，叫無功，且不會把自己的名號一直凸顯出來，叫無名，把自己都無了，叫無己、無功、無名。名也不是我，功也不是我，都不是從我做出來，這時候就會「使物自喜」。無己、無功、無名，我沒有自己，不是我，我沒有功，我也沒有名，這樣的話叫「使物自喜」。

◎兩道小菜，滿漢大餐

　　若家庭的每位媽媽都不喊苦嫌累的話，那一餐飯就會吃得很溫馨、歡喜。不要一餐飯吃得很壯烈，媽媽哭，爸爸哭，兒女也哭，粒粒皆辛苦，這個太嚴重了，怎麼讓它變成一個很和諧、很溫馨，一家人的心貼合在一起，一家人的氣感應在一起，那樣的晚餐，那一定要媽媽沒有自己，媽媽沒有功勞，媽媽沒有名，一家人很自在的、很悠閒的、很美好的一起吃晚飯，這叫「使物自喜」。自喜很難的，上課要能讓每個學生都很喜悅、很自在，就是老師要無己、無功、無名，不要每天點名、每天罵人，每天都在提醒學生老師為你們犧牲，學生會受不了，所以老師要把自己放下來，每個學生都會覺得很自在、很歡喜，這叫「使物自喜」。

　　什麼叫明王，這樣才叫明王。明王就是帝王之德，明即德，王是帝王，帝王之德在哪裡？即把自己無掉，把自己放下來，使百姓每個人都很自在、很歡喜，叫「使物自喜」。歡喜是美感，生活要好還要有美感，要有品味，大家在那邊回味無窮，而不是像趕時間。而不是每個人吃飯都要懺悔，大家一起跟媽媽感恩，這實在沒有意思，但是媽媽本身要放下自己，這很難，真的很難，媽媽把自己放下來，全家都放下來。

　　有時候吾家夫人做完晚餐，她就喊一家大小（即我們父子三人）來吃飯，我們不能姍姍來遲，我們慢半拍她會不高興，於是三個人齊奔廚房，而她自己還在做家事，我們說：「可否請你放下來，我們一起吃。她說：「你們先吃，我還在忙。」她不曉得她說她在忙的話，我們就吃不下。那個時候她應該放下來，家事為什麼要全部做完才放下，結果她都一個人吃飯，

我們三個人則一邊吃一邊懺悔，這哪裡有自在呢？這沒有自在嘛！所以她要放下來，我們三個人才會自在歡喜，她應該要放下來，暫時不要做，四個人一起吃飯，大家自在歡喜，這樣的話，她本身是明王，而我們是無冕王，一家四口都是皇帝，那個才是真正的滿漢大餐。

滿漢大餐是道家式的，只要兩、三道的小菜，一家人坐在一起，心貼合在一起，氣可以感應在一起，大家放下來，大家自在歡喜，這叫滿漢大餐，這叫總統套房。總統套房在哪裡？總統套房就是要應帝王，應帝王就是要無心，家就可以變成總統套房。不然的話，我們的家就是太嚴肅了，太悲壯，大家都會緊張，都有壓力，所以怎麼讓家居生活，使每個人自在歡喜，讓一家大小吃個自在歡喜的晚餐，大家不要放棄責任，做爸爸、做媽媽的，做先生、做太太的，我們都可以有帝王之德，帝王之德的結果就是讓一家大小都是帝王。我們家那兩個不光是小祖宗，還是小皇帝，大家都帝力何有於我哉，因家裡沒有皇帝，媽媽不做皇帝，爸爸不做皇帝，兒子不做皇帝，女兒不做皇帝，沒有人做皇帝，所以四個人都是皇帝，這叫應帝王。大家無心，大家都活在一個帝力何有於我哉的家裡面、學校裡面、社會裡面、世界裡面。這是莊子的智慧，海珊不當皇帝，布希也不當老大，美國不要主導全世界，這樣的話，海珊就不會跟他對抗，大家放下來，大家無心，全世界都是無冕王。這個是通過何謂明王來解。我覺得這樣來解釋，可以了解到道家的精神。

◎季咸神準，列子醉心

帝王不是要講人生的死生、存亡、禍福、壽夭嗎？〈應帝王〉裡有一個神巫季咸的寓言故事，他用算命來告訴我們，人

生怎麼樣才能夠讓自己的一生趨吉避凶，永保安康。鄭國人有個神巫季咸，他是神跟人的媒介，他可以把神的意思傳達下來，他能夠預知人的死生存亡，禍福壽夭，且可以斷定哪一年、哪一月、哪一旬、哪一日會死，而且都對，所以說若神。他在路上走，一個個告訴人家，你明天、你後天、你大後天，而且都對，所以鄭國人看到他嚇壞了，趕快逃走，都不敢跟他面對面，因為他一看到人就會跟人家說你哪一天，這是最沒有趣味的人，所以叫烏鴉嘴。

　　此中有個人物叫列子，列子是道家人物，他不怕死，他看破生死，他不僅不怕季咸，他還很崇拜季咸，因季咸每次都預測對了。故列子回去跟他的老師壺子說：「老師，我本來以為你天下第一，現在恐怕不是了，有個人比你厲害喔！」老師就問是誰呀？他答說是季咸。老師就問季咸怎麼樣？列子回說他算命神準，他斷定得很準確，鐵口直斷、鐵板神算。老師就問是他算得神準，還是你們膚淺。這話很有意思，因為算命叫相命，相命是從我們的相看到我們的命，故是季咸神準還是我們膚淺？什麼叫膚淺？就是我們的心事都表現在我們的表情上，所有的心事都寫在臉上，所以算命的為什麼算那麼準？因為臉上就寫著我今天不快樂，我這陣子很失意，甚至於我不想活了，我沒有明天，所以他就一直從我們的臉上念下來，就像新聞記者報字幕一樣，一路看字幕，一路念下來，他說你是很苦的，你最近不大好，……因為我們都寫出來了，所以不是他神準，而是我們膚淺。

◎「地文」杜德死定了

　　因為我們老是要跟別人對抗，叫與世亢，亢即抗，大家都要跟這個世界對抗，所以心裡面所有的心思都寫在臉上，因為

一直要抗爭，所以一個人抗爭，臉上的表情會變，氣質會不好。所以說是他算得準，還是我們很膚淺？壺子就說：「好，你既然說他那麼厲害，你找他來幫我算命看看。」第二天列子就帶季咸來，季咸幫壺子相命，看一看就走出去了，列子趕快追出來，「請問怎麼樣啊？」季咸說：「死定了，不會超過十天，準備後事吧！」列子聽了以後，一路哭進來，他自己不怕死，但是說老師會死，他就一路哭進來。老師就解釋：「我剛剛給他看的是像大地一樣的神情，是地文，這個叫杜德機。」季咸進來幫我相的這一機，這個機是個機緣，當下的機緣，我是表現像大地一樣的地文，像大地一樣的神情，杜德是我把我的生機、生氣關閉，我把我自己的生命、命脈、自己的活力，我把它關閉了，我剛剛給他看的是我把我自己的生命活力關閉了，他當然說我死定了。我給他看的是像大地的神情，大地是不動的，好像一片死寂，我是把自己的德關閉。在道家來說，德就是我們的真實生命，我把我的生命關閉，把活力關閉起來，他一看我的話，就看到死氣沈沈，這叫濕灰。濕透的灰再也不會復燃了。

◎「天壤」善德有救了

第三天季咸來看看又出去了，列子就衝出去，追問怎麼樣？季咸回答：「算你老師運氣好，有救了。」列子聽了很高興，又衝進去說：「老師，他說您有救了。」老師說：對啊，因為我剛剛給他看的是天壤。天的話就會動，地文是靜的，天壤是生動，天地一氣之象是生動，天就有氣象、有生機，所以天就生動，我剛給他看的是天壤，這叫杜權，即關閉中有權變，即我開始透露一個生機，開一個管道讓生氣出來，叫杜權，關閉中有權變，這叫善德機，我這一機表現出來就是我的生機、

生德。善是道家的自然，道家講善是講自然，自然無心的德，我表現出來，他當然說我有救了，因為這一機我把自己的生命顯現出來，德就是我們的生命，善就是很天真的生命流露出來，所以他當然說我有救了。再找他來。

◎「衡氣」不齊難定

來到第四天，季咸進來看一看，又出去了，列子又追出去「如何？」列子彷彿被牽入到迷魂陣一樣，變化萬千，因為兩個最厲害的人物在對話。季咸回答：「不行，今天你的老師相貌不整齊，這很難斷定，請他整齊後，我再來看。」可見季咸相命是真的有根據的，他不是隨便算。列子無可奈何地進去：「老師，人家說你的相貌不整齊，今天他不能斷你好不好，等你相貌整齊以後再說。」老師就解釋：「我今天給他看的叫太冲莫勝。」勝即朕，冲即虛，莫勝即沒有朕兆，何謂不整齊呢？我猜壺子的眉毛一邊向上，一邊向下，一邊神采飛揚，一邊黯然神傷，所以這個怎麼算呢？一邊歡喜，一邊悲傷，既歡喜又悲傷，不整齊，故不能斷，要根據哪一邊斷呢？剛好各占一半，這叫衡氣機。衡氣機就是兩邊平衡，兩邊剛好各百分之五十，取得平衡，所以季咸當然無法論斷。

◎「未始出」——看不到，逃掉！

老師要季咸再來，這是第五天了，季咸剛邁過門檻，兩腳還沒有站定，馬上轉頭逃走了。季咸到底看到什麼？只有一個解釋，他嚇壞了，壺子不放過他，下令追之，列子是全世界跑得最快的人，列子能御風而行，他像一陣風出去了又回來，他報告壺子：「老師，季咸不見了，在大地消失了。」只有列子

有資格講這個話，因為沒有人可以逃過列子的追趕，列子沒能追到他，代表這個人在人間消失，從此在江湖除名，因為他的招牌砸掉了。一生幫人家算命，到最後自己逃走，那還能叫神巫嗎？從此退出江湖，所以季咸還是個英雄好漢，他絕對不是個江湖混混。

現在我們要問他到底看到什麼？老師說：「我剛剛給他看的是『未始出吾宗』，宗為宗主；我剛剛給他看的是我從來沒有離開的『真正的我』，每個人都有真正的我，這叫宗，未始出就是我沒有從真正的我走出來，因為真正的我走出來，對方才看得到。」人生在世，我們都是給別人看的，我在我爸爸面前，我就是給出兒子的樣子給爸爸看，在我兒子的面前，我給出來的姿態是爸爸，在我老師的面前，我是學生，在我學生的面前，我是老師，這就叫做應機，應機當老師，應機當學生，應機當爸爸，應機當兒子，叫做當機，不要念第四聲當機，就糟糕了，電腦操作，當機就是完全停擺。當機是當那個機，當那個機，你就要給你自己一個身分走出來，不管當爸爸，當兒子，當老師，當學生，都是我，但在某一人際關係，某一特定場合，我們自然以那一個姿態出現，像今天我是以一個演講者姿態出現，平時就不會這樣，平時到我家去喝茶、聊天、做朋友，哪裡可以這樣演講，看客人來了，演講開始，客人全部都走光，人家來聊天，什麼演講開始，這代表你這個人沒有當機，你以為每一次看到別人都是演講，這就沒有當機，要當機才是靈活。

◎淵水三態，當機示相

你知道嗎？有一個老師搭公車，他要下車，他拉鈴，突然間他喊一聲「下課」，哇！大家都緊張的要命，差一點全部站

起來，司機都幾乎站起來。當學生都當慣了，聽說下課，差一點都站起來了。是下車，他不記得在公車上，以為他在教室呢！你看人生會有這樣子呢！還下課，很危險，那司機一站起來怎麼辦？大家都當學生當怕了，你說下課，很有權威，尤其是老師喊下課，很有權威，好多人都要站起來，可見他還沒有離開教室的機，公車上不是下課是下車，但是他還停留在過去的那個機。

所以人生都有一個真正的我，就像那個深淵。未始出吾宗，就像一個淵，這個淵有水，但是這個水可以是靜止的水，水不動；這個水也可以是變動的水，它在流動；這個水也可以是又動又靜的水，它盤桓，它在繞圈子，又動又靜，原地打轉，所以同樣都是深淵，但是它有三種形態，靜止的水，流動的水，盤旋的水，不是有三個麼？但都是淵，淵可以三種姿態出現，都是吾宗，都是我，但是我可以以這三種姿態——靜的、動的、又動又靜——出現。靜的所以死定了，動的所以得救，又動又靜所以不整齊，原來人的自我就像深淵一樣深不可測啊！每一個人的生命都是無窮的，深不可測，我們出現在別人面前的我，是我們走出來給別人看的，就好像你遞名片，這個場合人太多，名片給他，他就知道你是誰，所以遞名片就是我走出我自己。

我現在以我這個人的姿態出現，讓你了解我是誰，我前兩天在高雄演講，看到一個小女生跟我打招呼，我點點頭就走了，後來救國團張老師就跟我說，那位是美國心理學博士，現在在空軍官校當教授，我趕快回去找出名片來跟她交換，向她道歉，她實在看起來像小女生。所以一開始她假如給我名片的話，我就不會有那種尷尬。因為我以為大多是大學女生去當張

老師，所以我們平常是站出來給別人看。我有一個比喻，人生每一個人都畫臉譜，帶面具，我畫爸爸的臉譜當爸爸，畫兒子的臉譜當兒子，畫老師的臉譜當老師，畫學生的臉譜當學生，所以我們以某一個姿態出來是善德機、衡氣機，還是杜德機？這叫做當機示相，示相就是要把這個相給出來，這叫做示相，然後我們罵別人不識相，我們真人不露相，這叫未始出吾宗，真人不露相是最好的解釋，什麼叫未始出吾宗？就是真人不露相，深藏不露，人家看不到啊！平時看得到的是在這個機，這個機裡面你給人家看什麼，人家才看得到什麼，所以壺子說我剛剛給他看的是什麼，主動權在老師，他決定要給算命的人看什麼，這完全改觀，平時是算命的人在決定你什麼，現在我決定他怎麼算，譬如我去算命，我顯傷感相、垂頭喪氣給他看，他就算你沒什麼希望，過不了兩秒，我突地神采飛揚，他嚇壞了，怎麼馬上變了，你這個人大吉大利，那剛剛不是大凶嗎？因為你給出得意的神情或失意的神情，是你決定的，所以我們都在示相，示相就是在畫臉譜、帶面具，我們在扮相，那扮相很好看，有個黃香蓮演南俠展昭真好，好多年前我很崇拜她，扮相很好，我們就忘記她是女兒身而是俠客，英氣風發的俠客，扮相平時我們叫示相，罵別人叫不識相，但真人是不露相，壺子最後讓季咸看的是真人不露相，他深藏不露，季咸進去一看，什麼都看不到，因為他不露，我不給你看，你怎麼樣？他坐在那個地方就不給你看，季咸幫人家相命，看人家的相才說人家的命好不好，看不到對方又如何算，一生幫人家算命，到最後對方的相都看不到，你說他要不要逃？當然逃，從此江湖除名，人間沒有這一號人物，看不到人了，不能再相了，相不出命，因為人家沒有相給你看，對方不示相，不把那個相展示

出來，你就看不到相，對方不示相，季咸不識相，因為真人不露相。

◎真人不露相，季咸不識相

　　真正的真人，人家是算不到他的命，平時你可以看到我，相到我，是我故意讓你看、讓你算，故意讓朋友猜中，你就好像跟小朋友玩捉迷藏；爸爸跑去藏，他就開始算「一、二、三……七、八、九、十」，喊「好了沒有？」，我們喊「好了」，你告訴他我在這裡，先示相你在這邊，他找不到你，下次不來了。你要想辦法讓他找到，叫捉迷藏，藏藏藏，你讓人家捉住叫捉迷藏，你藏得很好，讓人家捉不住，這就不好玩了。所以打棒球，對方打不到，人家都不要跟我們比賽，台灣隊投手都是三振對方十五、六個，美國隊就生氣，爸爸、媽媽就很傷心，跟台灣隊比賽尊嚴大受傷損，所以不大歡迎台灣隊去比賽，為什麼呢？因為我們的棒球就是讓人打不到球，那就不叫棒球，叫打沒有球，棒球是打得到才叫棒球，棒球是用球棒去打的，結果一揮都是空的，因為你投變化球。

　　最後神算季咸跑掉了，那麼老師壺子為什麼要下令追之呢？因為他要救季咸，追回來要跟他講道理，就不會嚇壞了。而且他不讓對方看到是什麼意思，那個時候他變成一面鏡子，因為我不把相給出來，給人家看，就是我沒有相，我不露相，那時候老師壺子就像一面鏡子，季咸去幫他算命，一算就算到他自己，因對方是鏡子，他一生都在幫人家算命，從來沒有看到自己，這下老師不示相，反而變成一面鏡子的姿態出來，季咸一看就看到自己，看到怎樣的自己呢？天涯淪落人的自己，看到自己一臉衰敗，一臉風霜，一生流浪天涯幫人家算命，但

從來就沒有看自己，現在是壺子讓季咸看到自己，他自己受不了，他才發現他自己是如此這般的德性啊！是這樣一個落魄相，所以就此逃開了。故事就此結束了。

但最後有個後續性的尾聲，就是列子此後離開老師，他自己很慚愧，怎麼會認為老師第二，季咸第一呢？所以就回家鄉去，三年閉門不出，每天幫太太做菜、做飯，而且養豬如養人一樣，打破人跟豬的界限，自己覺得跟豬一樣的過活，不會覺得人很高貴；食豕如食人，任何事情他沒有特別喜歡的，也不去雕琢什麼，讓自己漸漸變成很自然的人，一生不參與人間的活動，永遠修心養性，把自己放下來，無心、無為，自己閉門不出，閉門思過，好好修養自己。

◎心如明鏡，應而不藏

每個人的生命都是無限的，真人是未始出吾宗，就像深淵一樣，但深淵可以給出三種水的姿態，就像本來真人不露相，但是可以給出三種不同面相。所以我們平時給人家看是為了方便，不是我們只有這樣子，也許我是一個商人，但是我還是一個好爸爸、好先生，到商業場所我是個商人，回到家就不是，跟朋友聊天就不是了，人生是無限的，我當商人，跟朋友聊天也當商人，就很差了，就沒有當機，所以人要無限的可能，無限的靈活，人生旅程隨時才會有新的面貌出來，要靈動，不要僵化，不要把商場或是黑社會那一套帶到茶藝館，很多人以商人的姿態、或江湖的氣勢走進茶藝館，在茶藝館比誰的茶壺最貴、誰的茶葉是天下第一的，茶藝館就是要游心、和氣，沒有優越感，沒有英雄氣，這樣喝茶才會朗現茶道。

什麼叫茶道？就是兩心貼合在一起，朋友的話，氣質可以

感應，就叫茶道。茶道，就是打通人我之間的道路，結果你還要把江湖的那一套帶進來，把商場的那一套帶進來，又銅臭氣、又江湖氣，這哪裡有茶道？而且喝茶也不是展現我的茶藝，天下我茶泡得最好，都要忘記吧！大家品茶，奉上一杯茶，都是情意，但這裡面不能有才藝的競賽，不能有財力的角逐，把一切放下來，這才是由藝進於道，可惜很多人都不是，把他原來江湖的、商場上的那一套帶到茶藝館，甚至把商場那一套、把總經理那個味道帶回家裡面，下班了，回家就是爸爸，怎麼還當總經理？就是當機示相，在回到家這個機，你是爸爸、你是先生，要把上班那個總經理那個身分地位忘記，不然的話，就做不好先生，做不好爸爸，我們人際關係發生困難，就是我們沒有放開另外一個場合的身分，把另外一個身分帶到這個場合就是不對勁，不貼合，不感應，所以我才說要放下來，因為我有無限的可能，每一個當機都是最好的姿態，你不能老是不露相，要露相，不露相是要教育季咸的、教育列子的，你們太膚淺了，人家把你算準了、神準，你看他幫我算，最後自己逃掉，所以還是要當機示相，不同的機，不同的相，不同場合不同味道，不要用一個面孔、老Ｋ面孔，全部一樣，在股票市場這個面孔，回到家也是這個面孔，誰受得了，所以要當機，這代表我們的生命無限的可能。

　　人生應帝王，帝王的話就是要跟人相處，要在人間做人，我們要把我們自己無限的可能，在每一個偶然的場合以最好的姿態出現，這樣才是在人間好好的做人，好好的過活，當壺子最後「未始出吾宗」的時候，他事實上是以一個鏡子的姿態出現。現在我們講明王的「明」是怎麼來的？它為什麼可以明呢？然後講壺子為什麼他未始出吾宗，讓季咸看不到他而讓季咸逃

掉呢？那樣的明怎麼來的？我們來看這一段，「至人之用心若鏡，不將不逆，應而不藏，故能勝物而不傷。」我們來看這關鍵性的語句，這是莊子很精彩的一段話，明王與未始出吾宗都是用心若鏡，事實上壺子讓對方看不到他，卻看到他自己，此有鏡子的功能，所以至人是道家修養境界最高的人，至人的心像一面鏡子，鏡子沒有自己，無己、無功、無名，所以鏡子把一切放下來，沒有自己才是鏡子。

假定鏡子有自己的話，它就不是鏡子，它有自己的底片，貼上自己的照片，就照不到別人，所以對鏡子來說，不將不迎，它沒有要抗拒的，它沒有討厭誰，它也沒有特別歡迎誰，不將不迎，沒有說我鏡子喜歡哪些人，我才照他，哪些人我不喜歡，我就不照他，因為它是鏡子無心；有心的話，它會特別喜歡哪些人，鏡子是無心的，沒有好惡，什麼人來它都照。

應而不藏，應就是因應，應就是因應你、順應你、回應你，你什麼表情它就照出什麼表情，它只是回應你，照你，它不會把你藏在裡面，叫應而不藏。這有什麼好處呢？因為你把他藏在裡面，你下次就不能照別人了，這像照相機的底片，你一按的話，影相進去，你就不能照別人，鏡子從來不把它所照之人的身影，藏在自己的心底，所以它才會永遠那麼清明，這代表我們的心經常會藏有很多東西，藏了很多從小到大，一生坎坷、辛酸、困苦、悲歡離合，都藏在我們的心底，積累成塵垢污染，因為你藏太多而看不到別人，所以鏡子是不讓萬物藏在它裡面，它才永遠那麼清明的去照天下的人。我們都是藏太多的東西，受不了了，最後變成不關心，反正眼不見為淨，但不能眼不見，人生一定要我看你，你看我，沒有人看的話，我們是活不下去的。

　　所以道家的說法，我們的心像鏡子，他是什麼，你就應什麼，但是他走了，你就要把他忘記，馬上忘記，為什麼要把他忘記呢？因為你要把你的時間留給另外一個人，這樣才公平。例如說，有個同學得罪我，剛好另外一個同學來，你就罵他一頓，有個人得罪你，你就藏在心裡，有氣無處發，而另一個來到我面前，正好被我罵一頓，很多媽媽這樣子罵兒子，很多老師這樣子打學生的，好冤枉！因為你藏了，在家裡不愉快，到學校去就罵學生，在學校不愉快，回到家就罵兒子，就是你藏，你不藏的話，你的心才能永遠清明去照每一個人，而且每個時候都是新的。

◎照妖鏡現原形

　　新屋落成，我們喜歡在吾家門前掛一面鏡子，為什麼呢？因為沒有東西能藏在鏡子裡，它馬上反射回去，所以邪魔外道被鏡子反射回去，進不到我們家裡面，沒有人能闖進鏡子，所以叫照妖鏡，中國人叫照妖鏡很有意思，什麼叫照妖鏡？妖怪要進來，一照到鏡子，看到自己那麼醜，自己嚇壞了，就逃掉了，妖怪本來要嚇我們，現在讓他現出原形，他自己都受不了，所以鏡子的功能一方面不讓一些不好的進去，所以它的心不會不好，永遠歡喜、永遠悠閒、永遠愉悅、永遠自在，我們為什麼不快樂、不歡喜？因為我們藏著很多過去的不愉快，鏡子不藏，所以永遠清新。

　　另外，鏡子可以把一切反射回去，可以把人家的好照出來，當然妖怪來就是照妖鏡，好人來就是照好鏡，人在鏡子面前，不必做假，轉以真的姿態出現，妖惡就不見了，所以有很多人願意跟你做朋友，因為你都看到他，所以最有人緣的人就是心像鏡子的人，那樣就是帝王家，四海都來歸，大家都跟他

做朋友就是帝王。所以因應無心就是帝王之德，天下的人都在鏡子面前讓你看，你去看別人，別人不一定答應。假定你是鏡子的話，全部的人都走到鏡子面前讓你看，每個人都跑到你面前擁戴你，跟你喊萬歲，這不是君臨天下嗎？人就好像閱兵一樣，這叫做「至人之用心若鏡，不將不迎」，沒有什麼他抗拒的，也沒有什麼他歡迎的，他只是把對方照回去，不把對方留藏在心底，因留藏在心底會傷感，會忘不了，每天唱流行歌曲「忘不了，忘不了……」，忘不了就心有千千結，鏡子都沒有結，永遠清新，永遠照人，明鏡高懸，永遠照現人間的真象，不好的把它照回去，好的把它照出來，這即是鏡子。

故「能勝物而不傷」，勝物就是盡物，就是把對方照得很清楚。盡，讓對方所有都在你的鏡子面前出現，這是我們最大的溫暖，我們瞭解朋友，瞭解同事、父子、家人、兄弟姊妹，還有學生、老師，你要讓他盡，他才沒有遺憾，因為他所有的，你都知道，這叫相知，如何相知？只有鏡子才能看到對方全部，什麼都看到，這叫盡物而不傷，雙方都不會受傷。因為它只是照你，並沒有壓迫你，不會要你升官發財、得到第一、顯姓揚名、光大門楣，它沒有給你這些，大家都不受傷，人際關係的緊張就是它有心、有為，壓迫你，要你有重大的成就，這樣子是會傷的，而鏡子沒有，它只是照你而已，它對你沒有期許，沒有責求，沒有壓力，沒有傷害，所以全世界的人都喜歡照鏡子，在鏡子面前沒有壓力，這就是從明王到深淵到鏡子，用一句話來說，這才是帝王之德。

◎保有渾沌，應物無心

帝王之德就是看到全天下之人，皇帝最重要的使命就是看到全天下之人，老師看到每一個學生，父母看到每一個子女，

朋友看到每一個朋友，怎麼才會看到？就是鏡子，所以鏡子是帝王之德，鏡子是應而不藏，所以鏡子是盡，就是讓他整體出現了，整體被看到了，我們被看到的感覺很好吧！被賞識、被欣賞、被讚美，這是一生最難得的成就感，而鏡子都做到，沒有隱藏，沒有遺漏，它都看到了。

應帝王最後一個寓言故事，它說，有兩個帝，一個是南海之帝叫儵，一個是北海之帝叫忽，另一個中央之帝叫渾沌，南海之帝與北海之帝，到中央之帝那地方去度假，南海之帝、北海之帝叫儵、忽，是什麼意思？就是很短暫的，代表人間的權勢，皇帝在位是很短暫、功名富貴是很短暫的，你不要看他那麼高貴，那麼權傾天下，但都是很短暫的。這兩人到中央之帝來度假，為什麼到中央之帝名曰渾沌這裡來度假呢？渾沌就像夏威夷，什麼都沒有的鄉土叫渾沌，你到某些地方，有錢跟沒錢沒有分別，我到雲南昆明去，就有這種感覺，到大陸去，你買不到什麼，所以大陸不要那麼多錢，台北、東京才要那麼多錢，在這種地方錢才有用，你到蘭嶼，新台幣拿在手上數都沒有用，只有海洋、山頭，只有獨木舟、沙灘，美元支票有什麼用？渾沌是什麼分別都沒有，所以到那地方才是真正的度假，去東京度假，反而更累回來，到什麼都沒有的地方，荒島如巴里島，才是真正度假。

◎開竅殺了渾沌

南海之帝、北海之帝日理萬機，所以到中央之帝去度假，那邊只有海洋海灘，大家不要穿西裝，只穿一條褲子，曬太陽，這樣子最自然的，什麼都沒有分別的地方，兩人到渾沌才能得到完全的休息，兩人到中央之帝得到休養生息，所以就感念渾

沌，感謝中央之帝對他們沒有什麼招待，沒有安排什麼活動，得到充分休息，所以就想回饋，應該報答，送什麼禮物呢？電視、電冰箱都沒有用，兩人一想，我倆都有五官，五官有七竅，而渾沌都沒有，所以我們應該幫他開竅，因有五官才能食息、看美景，才能聽音樂，才能品味，所以幫他開竅，一天開一竅，七天開七竅，結果渾沌死了，渾沌本就沒有七竅所以才叫渾沌，他有七竅，就跟人一樣只活在儵忽之間。

本來渾沌就是真人不露相，結果幫他開竅露相也破相了，就變成北海之帝、南海之帝，本來是愛護渾沌，結果把渾沌殺死了，所以帝王之德就是要保有渾沌，不要幫人開竅，幫人開竅好像是好意，到最後把人家殺死了，所以我們很感慨，〈逍遙遊〉是講大鵬怒飛，到了內篇最後一篇渾沌死了，莊子給我們的期許是像大鵬鳥一樣在天上飛，而人間世界不免渾沌開竅，不免去追求高度文明，而讓農村鄉土、讓每一個人的真性情，在人間消失。

由此可見，真正的帝王是不開竅的，是把自己放下來，是無心、無為，叫渾沌，沒有分別，沒有造作，那才是人間的理想。道家最後就是要應帝王，因應無心乃帝王之德，應物無心，我們每個人都是帝王、無冕王，都是自由自在的人，都是最閒散的人，也是最幸福的人，我們自己不當皇帝，每個人都是皇帝，孫中山先生的品格，就在這裡。但願我們家裡都是總統套房，但願每一餐都是滿漢全席，大家都放下來，沒有壓力，都很自在，家家總統套房、餐餐滿漢全席。

莊子七講，到此告一段落，大家陪莊子走一段哲人文豪的心路之旅，可以大鵬怒飛，也可以做個無冕的帝王。

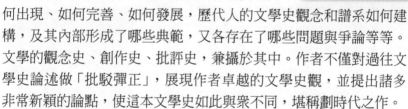

中國文學史（下）

作者：龔鵬程
出版日期：2010/8/30
ISBN：978-986-6178-06-1
參考售價：500元／18開精裝

　　本書詳細說明了文學這門藝術在歷史上如
何出現、如何完善、如何發展，歷代人的文學史觀念和譜系如何建
構，及其內部形成了哪些典範，又各存在了哪些問題與爭論等等。
文學的觀念史、創作史、批評史，兼攝於其中。作者不僅對過往文
學史論述做「批駁彈正」，展現作者卓越的文學史觀，並提出諸多
非常新穎的論點，使這本文學史如此與眾不同，堪稱劃時代之作。

　　龔鵬程，現任北京大學教授、美國歐亞大學校長等職。

真實與想像──神話傳說探微　胡萬川文集①

作者：胡萬川
出版日期：2010/10/5
ISBN：978-986-6178-09-2（平裝）
ISBN：978-986-6178-08-5（精裝）
參考售價：450元／18開平裝
　　　　　650元／18開精裝

本書所論皆神話、傳說重大議題，分析深入且具啓發性。對長久以來習以爲常之認知，提出挑戰性的看法，並有突破性的見解。如鯀、禹本來是創世神話角色，不是歷史人物，嫦娥奔月則是死亡起源神話的變異，且奔月和射日各不相干，嫦娥和羿爲夫妻之說只是後人的想像。又如降龍伏虎羅漢，原非印度佛教所有，乃中土之產物，其意涵可與周處除三害及王維詩「安禪制毒龍」相見證，更可與英雄「屠龍」傳說相啓發，其緣由始末在書中首見發揮。

　　胡萬川，推動台灣民間文學工作與研究的重要學者。

民間文學的理論與實際　胡萬川文集②

作者：胡萬川

出版日期：2010/10/5

ISBN：978-986-6178-11-5(平裝)

ISBN：978-986-6178-10-8(精裝)

參考售價：400元 / 18開平裝；
　　　　　600元 / 18開精裝

　　本書對「民間文學」重要議題，如民間文學特性、民間文學成爲學科之過程、以及田野調查規範，從理論到實際，本書有啓發性、引導性之探討。故事、歌謠等民間文學內容，雖然自古即已存在，但「民間文學」作爲一個學科的概念，乃十九世紀歐洲浪漫民族主義思潮之產物，本書對此有詳細之解說。又如眞假民間文學之辯（Folklore and Fakelore）一類觀念，以前未見介紹之文章，本書亦有深入之探討。而對台灣代表性的傳說，本書更有深入的分析。

臺灣師大圖書館鎮館之寶——
翁方綱《翁批杜詩》稿本校釋

校釋者：賴貴三
出版日期：2011/3
ISBN：978-986-6178-21-4
參考售價：1200元 / 25開精裝

本書以國立臺灣師範大學圖書館鎮館三寶之一的翁方綱（1733-1818）手批、徐松（1781-1848）補批《杜詩》稿本，以及晚清夏勤邦過錄抄本《杜詩附記》爲主，並以仇兆鰲（1638-1713）《杜詩詳註》爲斠讎底本，詳爲比對，辨章考鏡。首編緒論，探討翁氏傳略、重要稿本、治學進路與此稿源流；次編分冊校釋，以溯源存眞；末編結論，歸納翁氏批注特色、書法風格與學術價值，觀善集成，貞定其學。附錄二種與參考文獻，以備稽考。

　　賴貴三，現任國立臺灣師範大學國文學系教授。

詞學文體與史觀新論

作者：劉少雄
出版日期：2010/08/10
ISBN：978-986-6923-98-2
參考售價：450元 / 25開平裝

本書一方面依據文體論的觀點，透過對北宋名家和清詞的實際分析，呈現詞體之美的特質；另一方面則研究周濟、胡適、鄭騫諸家如何因應時代需要爲詞史賦予不同的內容及意義，並藉《草堂詩餘》一集之研究，分析明清詞學的演變勢態。如是結合文體和史觀的研究，旨在彰顯詞之文體特質及其美典形成的具體歷程。

　　劉少雄，現任臺灣大學中國文學系教授。

紅樓夢解紅樓夢——後四十回非高鶚續著

作者：王乃驥
出版日期：2010/12/30
ISBN：978-986-6178-17-7（平裝）
ISBN：978-986-6178-16-0（精裝）
參考售價：600元／25開平裝；
　　　　　800元／25開精裝

　　本書命題《紅樓夢解紅樓夢》旨在為紅學建立一新典範，作者「以紅解紅」，按書索驥，探索曹雪芹在紅樓夢書內之精心伏筆，引為內證，擊破紅學重大懸案，如「後四十回續書之疑」、「元妃虎兔相逢之謎」、「鳳姐一從二令三人木之隱」，宏觀微觀，獨家絕學，可謂紅學界異軍突起。作者指出，賈府藉清虛觀打醮看戲一幕即是線索。「清虛觀」戲中有戲，提點曹府之興、盛、衰三部曲，係演出於大清王朝、太虛幻境、大觀園裏，此即紅樓內證一例。

　　王乃驥，臺灣大學畢業，美國經濟學博士。著有《金瓶梅與紅樓夢》。

文學理論

作者：羅麗容
出版日期：2010/9/20
ISBN：978-986-6178-07-8
參考售價：400元／18開平裝

　　在所有的文學研究中，最有趣味且饒富意義的一部分，就是文學的基礎與根源、範圍與精神、原理與宗旨、類型與發展等基本問題的訓練。而這種功夫並不容易達成，甚至可以說困難重重，但是報酬率之高，超過其他文

學入門法，尤其是對高等教育中，以文學爲學習目的之初入門者而言，它是一種健康而必要的思想訓練，一旦通過這種謹愼研求的訓練門檻，學習者就會被激發出更進一步的研究熱情與欲望。就此而言，文學理論的學習是在訓練思想的學問中佔有一席之地的，因此本書的討論也以此觀點切入，深信可引導初學者入此範疇中，不至有入寶山而空手回之嘆。

羅麗容，現任東吳大學中國文學系所教授。

尚實與務虛：
六朝志怪書寫範式與意蘊

作者：林淑貞
出版日期：2010/9/5
ISBN：978-986-6923-99-9
參考售價：700元／25開平裝

本書旨在探賾六朝志怪之書寫範式與意蘊所豁顯出來的人文心靈，冀能透顯、衍發六朝志怪之集體意識與書寫表徵。

全書分從六個面向進行探論：一、從虛實相納視角探討人類與天界、怪異界、冥界之常異遇合所佈示的虛實、眞假的潛隱意涵；二、從飲饌書寫探討當時人企求長生不死之圖像與思維；三、從地誌書寫探論地誌博物與人天相融相攝的互爲主體性之內涵；四、從療疾思維探討民俗療法與當時醫學發展之對蹠發展的軌轍；五、從災異書寫探討徵兆、驗證、解釋之關係，以達鑒古知今的預識與譴告之作用與效能；六、從六朝志怪與唐人小說對人神／仙婚戀的攀援與介入探討延異、顚覆與互文之關涉。

林淑貞，現任中興大學中文系教授。

新詩啟蒙

作者：趙衛民
出版日期：2011/2/28
ISBN：978-986-6178-20-7
參考售價：300元／25開平裝

本書網住二十世紀新詩的流變，歷數徐志摩、聞一多、戴望舒、何其芳、馮至、穆旦、余光中、周夢蝶、鄭愁予、洛夫、瘂弦、商禽、楊牧、白荻等名家名作；觀摩波多萊爾、魏爾崙、韓波、惠特曼、艾略特等西方詩作；探索創作技巧及詩學理論的發展。爲中國新詩模造形貌，允爲最佳新詩入門。

莊子的道──逍遙散人

作者：趙衛民
出版日期：2011/3/7
ISBN 978-986-6178-22-1
參考售價：300元／25開平裝

本書從莊子的時代及反省入手，由老莊的差異引路，探索莊子無的智慧。展開莊子人道、物道、技藝之道、語言之道、天地之道、聖人之道的各層思想，全面詮釋莊子的義理，還原莊子的道的原始風貌。旁通西方尼采、胡塞爾、海德格、德希達四大家以會通比較，依義理的必然推理展開，結構嚴謹，呈現莊子思想系統的具體架構，解釋並鏡映當代西方哲學的風采與幽深。莊子文如羽化，天機如風，千古以來，知音難覓，本書堪爲指引。

趙衛民，現任淡江大學中文系所教授。

竹林學的形成與域外流播

主編者：江建俊

出版日期：2010/04/10

ISBN：978-986-6923-89-0

參考售價：600元／25開平裝

「竹林學」一詞是指古今中外學者對竹林
七賢之學術思想、詩賦雜文及生命情態、處世
智慧之探討。因已蔚爲大宗，別具特色，足以
成爲一門獨立的學術系譜。而「七賢」也成了超俗拔群之智者、嘯
傲山林者、淡泊名利者、清心寡欲者、優雅清閒者、傲世不拘者、
任放誕達者的意象符碼。此論文集內容包括日、韓、越南等鄰邦接
受竹林的層面，及法、英、荷、美學者對嵇、阮等學術的探討成果
之評介。

主編者：江建俊，國立成功大學中文系教授。作者：松浦崇、
佐竹保子、李慶、沈禹英、姜必任、程章燦、劉苑如、李美燕、王
美秀、江建俊、林佳燕、蔡麗玲、葉常泓、劉家幸、顧敏耀。

高雄遊憩名山傳說研究
——以大崗山、半屏山、打狗山為對象

作者：彭衍綸

出版日期：2011/1/31

ISBN：978-986-6178-18-4

參考售價：1200元／25開精裝

本書為臺灣地區首部以自地地方風物傳說為研究主題的專著。南臺灣的高雄地區有著三座民眾習以作為遊覽休憩場所的知名山丘，分別是大崗山、半屏山、打狗山。本書意在以此三座高雄遊憩名山傳說為研究對象，一方面聯繫三山相關的地方風物和傳說，考察傳說的演變；一方面藉由三山傳說的聯結，一探高雄遊憩名山傳說的特色、意蘊及價值，考察臺灣民間傳說發展。

彭衍綸，現任國立東華大學中國語文學系助理教授。

廿世紀初中國俗曲唱述人物

作者：林仁昱
出版日期：2011/1/31
ISBN：978-986-6178-19-1
參考售價：800元 / 25開精裝

廿世紀初的中國社會，處在新舊文化衝突與融合的震盪中，作為市井娛樂的俗曲（時調），正跳出傳統框架，大量吸納新環境裡的新題材。本書依據典藏於台北、上海、北京、東京等地的曲本，對這個時期以唱述政治人物、社會新聞主角、新潮人物、市井小民、逸樂與犯罪人物、喜感人物為主題（或主要內容）的曲目進行探究，以明瞭其依人唱事的形式、作用與意義，掌握當時市井觀點與大眾心聲，呈顯該時空下的社會文化風貌。

林仁昱，現任國立中興大學中文系助理教授。

理學方法論

作者：劉昌佳
出版日期：2010/8/31
ISBN：978-986-6178-00-9
參考售價：600元 / 25開平裝

民國以來，中國哲學的建立，多是藉由透過西方哲學的理論或是方法論以解析或是建構中國固有的哲學思想。本書則是根據中國本有的哲學——宋代理學，分別就理學派、氣學派和心學派具有代表性的思想家，從其言說中提煉出共同的、建構其核心理論系統的方法論。

劉昌佳，現任國立高雄師範大學國文系助理教授。

成大中文寫作診斷書（成語篇）

主編者：王偉勇
出版日期：2009/9/30
ISBN：978-986-6923-78-4
參考售價：300元 / 25開平裝

本「成語篇」特提出124條成語，針對當前常見的成語使用現況提出糾謬、做出「診斷」：既指出用字、用法的錯誤，又標明正字，說明典故出處、解釋成語本意，並以文章形式呈現，示範正確用法。是今日中文學習風潮日盛，而大眾中文能力日益低落的情況下，提升自我程度的實用寶典。

撰稿人包括主編王偉勇教授在內，共十四位教授老師皆任教於成功大學中文系；郭娟玉，現任國立嘉義大學中國文學系助理教授；王璟，現任國立澎湖科技大學通識教育中心專案助理教授。

成大中文寫作診斷書（用語篇）

主編者：王偉勇
出版日期：2010/12/15
ISBN：978-986-6178-15-3
參考售價：300元／25開平裝

本「用語篇」共提出一百則常見用語，分為「一般用語」及「招牌用語」兩部分，針對現今新聞媒體、廣告招牌，乃至於一般用語常見的錯誤予以糾正。全書通過生動又專業的筆觸，娓娓道出正確字形、字義與讀音的歷史淵源，並指出書寫常犯的錯誤，加深學習的效果。本書援引古籍材料的同時，又適時結合當前熱門生活話題，舉例印證，期使讀者在潛移默化中，提升正確運用詞語的能力。

撰稿人郭娟玉，現任國立嘉義大學中國文學系助理教授。王璟，現任國立澎湖科技大學通識教育中心專案助理教授。

成大傳奇

主編者：王偉勇
出版日期：2010/11/5
ISBN：978-986-6178-12-2
參考售價：400元／25開平裝

本書分兩部分，上半部「成大十系傳奇」，依次為：中文、外文、歷史、化工、工資、環工、醫學、護理、建築、生科系等；由各系所學生參與撰寫，中文系教師審閱編訂。內容歷述系所沿革、

建築景觀、學習環境、師資課程、校友榮譽、文化傳承，以及特殊傳統等。下半部「你所不知的成大傳奇」，以活潑生動的故事筆法或詳盡確實的訪談紀錄，娓娓道出屬於成大的宿舍、社團、師長、靈異事件、校園景致等傳奇故事，讓你身歷其境，充滿想像空間。

　　本書由成功大學中國文學系王偉勇教授主編，蘇偉貞副教授、蘇敏逸助理教授、賴麗娟助理教授撰寫單篇傳奇，並由九位教師共同審閱、兩位博士後研究員校對完成。

寫出精彩的人生——
生命傳記與心靈書寫

撰寫者：林美琴
出版日期：2010/12/15
ISBN：978-986-6178-14-6
參考售價：300元 / 25開平裝

　　從捕捉靈感、字句產出到篇章書寫循序漸進，讓下筆寫作自在無礙，順利涵養寫作力。在書寫中與自己貼切相遇，體驗文字與心靈共舞的樂趣，寫出精彩的人生。

　　林美琴，臺灣師範大學國文系學士，美國南加州大學東亞語言與文化研究所碩士。曾任教職、國家臺灣文學館助理研究員。現專事閱讀與寫作教學研究與推廣。

藝術欣賞與實務

主編者：王偉勇

出版日期：2011.3.31

ISBN：978-986-6178-26-9

參考售價：300元／25開平裝

鑒於藝術教育普及之必要，本書整合各家專長，由五位作者分別撰寫：環境藝術、中西畫論、西洋繪畫、表演藝術、音樂藝術；撰稿人皆為相關領域之專家，並任教於成功大學藝術研究所。全書通過精彩生動的問題設計，引領讀者一窺藝術堂奧。撇開繁複的長篇大論，以精要簡明、自然流暢的筆觸，為讀者提供專業解答，真正落實藝術通識教育，提升藝術涵養。

撰稿人高燦榮、劉梅琴、吳奕芳、朱芳慧，皆現任成功大學藝術研究所副教授；楊金峯，現任成功大學藝術研究所助理教授。

里仁叢書總目

下列價格西元2012年6月30日以前有效；超過此時限，請來信或電話詢問。

※①表內價格全係優待價（含稅），書後括號爲初版年度（西元紀年）。

※②所有訂單一律免郵資（海外地區除外）。

※③您可選擇郵局宅配貨到立即付款或先自行劃撥（匯款）。

※④郵政劃撥、支票、電匯等相關資訊請見本書訊p.32。

一、總論

①章太炎與近代中國學術研討會論文集　善同文教基金會編
18開平裝　特價500元(1999)

②碩堂文存三編　何廣棪著　25開平裝　特價200元(1995)

③碩堂文存五編　何廣棪著　25開平裝　特價360元(2004)

④春風煦學集　賴貴三等編　18開精裝　特價500元(2001)

⑤含章光化──戴璉璋先生七秩哲誕論文集　戴璉璋先生七秩哲誕論文集編輯小組編輯　18開精裝　特價700元(2002)

⑥廖蔚卿教授八十壽慶論文集　廖蔚卿教授八十壽慶論文集編輯委員會編輯　18開精裝　特價600元(2003)

⑦吳宏一教授六秩晉五壽慶暨榮休論文集　論文集編輯小組編輯　18開精裝　特價1280元(2008)

⑧魏晉南北朝文學與思想學術研討會論文集（第五輯）　成功大學中文系主編　18開精裝　特價1000元(2004)

⑨魏晉南北朝文學與思想學術研討會論文集（第六輯）　成功大學中文系主編　18開精裝　特價1300元（2010）

⑩遨遊在中古文化的場域──六朝唐宋學術研討會論文集　臺灣大學中文系、成功大學中文系「六朝唐宋學術研討會」編輯小組　18開精裝　特價800元(2004)

⑪唐代學術研討會論文集　謝海平主編　18開精裝　特價1000元(2008)

⑫2004臺灣書法論集　張炳煌・崔成宗合編　18開精裝　特價800元(2005)

⑬2004年文字學學術研討會論文集　王建生・朱歧祥合編　18開平裝　特價800元(2005)

⑭傳播與交融——第二屆中國小說戲曲國際學術研討會論文集　徐志平主編　18開精裝　特價1000元(2006)

⑮第三屆中國小說戲曲國際學術研討會論文集　蔡忠道主編　18開精裝　特價1000元(2008)

⑯當代的民間文化觀照　周益忠・吳明德執行　16開精裝　特價800元(2007)

⑰典範與創意學術研討會論文集　張高評主編　18開精裝　特價1000元(2007)

⑱人文與創意學術研討會論文集　張高評主編　18開精裝　特價800元(2008)

⑲傳統文化與經營管理研究論文集　張高評主編　18開精裝　特價800元(2009)

二、中國哲學・思想

①論語今注　潘重規著　25開平裝　特價360元(2000)

②老子校正　陳錫勇著　25開平裝　特價300元(1999)

③郭店楚簡老子論證　陳錫勇著　25開平裝　特價450元(2005)

④郭象玄學　莊耀郎著　25開平裝　特價350元(1998)

⑤王船山哲學　曾昭旭著　25開漆布精裝　特價600元(2008)

⑥清代義理學新貌　張麗珠著　25開平裝　特價360元(1999)

⑦清代新義理學——傳統與現代的交會　張麗珠著　25開平裝　特價300元(2003)

⑧清代的義理學轉型　張麗珠著　25開平裝　特價400元(2006)

⑨清初理學思想研究　楊菁著　25開平裝　特價500元；25開漆布精裝　特價700元(2008)

⑩聖賢典型的儒道義蘊試詮　吳冠宏著　25開平裝　特價300元(2000)

⑪魏晉玄義與聲論新探　吳冠宏著　25開平裝　特價450元(2006)

⑫竹林名士的智慧與詩情　江建俊主編　25開平裝　特價450元(2008)

⑬竹林學的形成與域外流播　江建俊主編　25開平裝　特價600元(2010)

⑭道家思想的哲學詮釋　陳德和著　25開平裝　特價380元(2005)

⑮莊子生命情調的哲學詮釋　王志楣著　25開平裝　特價450元(2009)

⑯莊子道　王邦雄著作系列①　25開平裝　特價350元(2010)

⑰莊子的道——逍遙散人　趙衛民著　25開平裝　特價300元(2011)

⑱中國哲學史　王邦雄・岑溢成・楊祖漢・高柏園合著　18開平裝　上下各特價300元(2005)

⑲中國哲學史三十講　張麗珠著　18開精裝　特價500元(2007)

⑳理學方法論　劉昌佳著　25開平裝　特價600元(2010)

㉑淮南鴻烈論文集　于大成著　25開精裝二大冊　特價1800元(2005)

㉒朱熹與四書章句集注　陳逢源著　25開平裝　特價600元(2006)

㉓朱熹學術考論　董金裕著　25開平裝　特價400元(2008)

㉔北宋中期儒學道論類型研究　林素芬著　25開平裝　特價600元(2008)

㉕理氣與心性：明儒羅欽順研究　鄧克銘著　25開平裝　特價400元（2010）

三、西洋哲學

①康德的自由學說　盧雪崑著　25開平裝　特價650元(2009)

②物自身與智思物：康德的形而上學　盧雪崑著　25開平裝　特價650元（2010）

四、美學

①六朝情境美學　鄭毓瑜著　25開平裝　特價200元(1997)
②文學與圖像的文化美學——想像共同體的樂園論述　鄭文惠著　25開平裝　特價450元(2007)

五、經學

①周易陰陽八卦說解　徐志銳著　25開平裝　特價160元(1994)
②周易大傳新注　徐志銳著　25開平裝二冊　特價400元(1995)
③周易新譯　徐志銳著　25開平裝　特價250元(1996)
④詩本義析論　車行健著　25開平裝　特價350元(2002)
⑤儀禮飲食禮器研究　姬秀珠著　18開精裝　特價800元(2005)
⑥陳振孫之經學及其《直齋書錄解題》經錄考證　何廣棪著　25開精裝　特價1200元(1997)
⑦昭代經師手簡箋釋——清儒致高郵二王論學書　賴貴三編著　25開平裝　特價500元(1999)
⑧焦循手批十三經註疏研究　賴貴三著　25開平裝二冊　特價1000元(2000)
⑨臺灣易學史　賴貴三主編　18開精裝　特價800元(2005)
⑩易傳與儒道關係論衡　顏國明著　25開平裝　特價800元(2006)
⑪清代漢學與左傳學——從「古義」到「新疏」的脈絡　張素卿著　25開平裝　特價600元(2007)
⑫詩經問答　翁麗雪著　25開平裝　特價450元(2010)

六、中國歷史

①秦漢史　韓復智‧葉達雄‧邵台新‧陳文豪編著　18開精裝　特價450元(2007)
②魏晉南北朝史　鄭欽仁‧吳慧蓮‧呂春盛‧張繼昊編著　18開精裝　特價450元(2007)
③隋唐五代史　高明士‧邱添生‧何永成‧甘懷眞編著　18開精裝　特價450元(2006)

④國史論衡(一)　鄺士元著　25開精裝　特價400元(1992)
⑤國史論衡(二)　鄺士元著　25開精裝　特價450元(1992)
⑥中國經世史稿　鄺士元著　25開精裝　特價450元(1992)
⑦中國學術思想史　鄺士元著　25開精裝　特價400元(1992)
⑧中國上古史綱　張蔭麟著　25開平裝　特價170元(1982)
⑨中國歷史研究法（正補編及新史學合刊）　梁啓超著　25開
　　平裝　特價180元(1984)
⑩中國史學名著評介　倉修良主編　25開精裝三冊　特價1200
　　元(1994)
⑪明清史講義　孟森（心史）著　25開精裝　特價500元(1982)
⑫清代政事軍功評述　唐昌晉著　25開精裝三冊　特價1500元
　　(1996)
⑬中國近三百年學術史（附：清代學術概論）　梁啓超著　25
　　開精裝　特價400元(1995)
⑭史記選注　韓兆琦選注　25開精裝一大冊　特價500元(1994)
⑮司馬遷之人格與風格　李長之著　25開平裝　特價200元(1999)
⑯秦始皇評傳　張文立著　25開精裝　特價600元；25開平裝　特價
　　450元(2000)

七、文學概論・文學史

①文學概論　朱國能著　25開平裝　特價300元(2003)
②文學理論　羅麗容著　18開平裝　特價400元(2010)
③文學詮釋學　周慶華著　25開平裝　特價450元(2009)
④中國文學史（上）　龔鵬程著　18開精裝　特價500元(2009)
⑤中國文學史（下）　龔鵬程著　18開精裝　特價500元(2010)
⑥嘉義地區古典文學發展史　江寶釵著　18開平裝　特價300
　　元(1998)

八、文學評論

①楚辭文心論──諷諫抒情與神話儀式　魯瑞菁著　25開平裝
　　特價550元(2002)

②香草美人文學傳統　吳旻旻著　25開平裝　特價450元(2006)

③世說新語的語言與敘事　梅家玲著　25開平裝　特價400元(2004)

④文心雕龍注釋（附：今譯）　周振甫著　25開精裝　特價500元(1984)

⑤沈迷與超越──六朝文學之感官辯證　陳昌明著　25開平裝　特價400元(2005)

⑥韓柳古文新論　王基倫著　25開平裝　特價200元(1996)

⑦唐宋古文論集　王基倫著　25開平裝　特價300元(2001)

⑧女性・帝王・神仙──先秦兩漢辭賦及其文化身影　許東海著　25開平裝　特價350元(2003)

⑨風景・夢幻・困境：辭賦書寫新視界　許東海著　25開平裝　特價450元(2008)

⑩倫理・歷史・藝術：古代楚辭學的建構　廖棟樑著　25開平裝　特價600元(2009)

⑪靈均餘影：古代楚辭學論集　廖棟樑著　25開平裝　特價600元（2010）

⑫歷史・空間・身分──洛陽伽藍記的文化論述　王美秀著　25開平裝　特價450元(2007)

⑬流變中的書寫──祁彪佳與寓山園林論述　曹淑娟著　25開平裝　特價600元(2006)

⑭儒者歸有光析論──以應舉為考察核心　黃明理著　25開平裝　特價500元(2009)

⑮寓莊於諧：明清笑話型寓言論詮　林淑貞著　25開平裝　特價450元(2006)

⑯尚實與務虛：六朝志怪書寫範式與意蘊　林淑貞著　25開平裝　特價700元(2010)

⑰清代才媛沈善寶研究　王力堅著　25開平裝　特價450元(2009)

⑱溪聲便是廣長舌　王保珍著　25開平裝　特價300元(2003)

九、文學別集・選集

① 歷代散文選注　張素卿・詹海雲・廖棟樑・方介・周益忠・黃明理選注　18開精裝　上下各特價450元(2009)
② 楚辭註繹　吳福助著　25開精裝　上下各特價400元(2007)
③ 陶淵明集校箋（增訂本）　龔斌校箋　25開軟皮精裝　特價450元；25開漆布精裝　特價600元(2007)
④ 謝靈運集校注　顧紹柏校注　25開漆布精裝　特價500元(2004)
⑤ 中國文學名篇選讀　林宗毅・李栩鈺選注　18開平裝　特價350元(2002)

十、詩詞

① 人間詞話新注　王國維著　滕咸惠校注　25開平裝　特價170元(1994)
② 人間詞話之審美觀　蘇珊玉著　25開平裝　特價450元；25開精裝　特價500元(2009)
③ 歷代詞選注（附「實用詞譜」、「簡明詞韻」）　閔宗述・劉紀華・耿湘沅選注　18開精裝　特價475元(1993)
④ 蘇辛詞選注　劉紀華・高美華選注　18開精裝　特價450元(2005)
⑤ 會通與適變──東坡以詩為詞論題新詮　劉少雄著　25開平裝　特價400元(2006)
⑥ 讀寫之間──學詞講義　劉少雄著　25開平裝　特價420元(2006)
⑦ 詞學文體與史觀新論　劉少雄著　25開平裝　特價450元(2010)
⑧ 唐宋名家詞選（增訂本）　龍沐勛編選・卓清芬注說　18開紙皮精裝　特價600元；18開漆布精裝　特價800元(2007)
⑨ 唐宋詞格律　龍沐勛著　25開平裝　特價200元(1995)
⑩ 倚聲學（詞學十講）　龍沐勛著　25開平裝　特價180元(1996)
⑪ 袖珍詞學　張麗珠著　25開平裝　特價380元(2001)
⑫ 袖珍詞選　張麗珠選注　18開平裝　特價350元(2003)

⑬海綃翁夢窗詞說詮評　陳文華著　25開平裝　特價250元(1996)
⑭湖海樓詞研究　蘇淑芬著　25開平裝　特價450元(2005)
⑮唐宋詩舉要　高步瀛選注　18開精裝　特價450元(2004)
⑯歷代詩選注　鄭文惠・歐麗娟・陳文華・吳彩娥選注　18開
　精裝一大冊　特價600元(1998)
⑰袖珍詩選　吳彩娥選注　18開平裝　特價380元(2004)
⑱唐詩選注　歐麗娟選注　25開精裝　特價500元(1995)
⑲杜詩意象論　歐麗娟著　25開平裝　特價200元(1997)
⑳唐詩的樂園意識　歐麗娟著　25開平裝　特價400元(2000)
㉑唐代詩歌與性別研究──以杜甫為中心　歐麗娟著　25開平
　裝　特價500元(2009)
㉒唐詩論文集及其他　方瑜著　25開精裝　特價400元(2005)
㉓杜甫與唐宋詩學──杜甫誕生一千二百九十年國際學術研討
　會論文集　陳文華主編　18開精裝　特價800元(2003)
㉔杜甫自秦入蜀詩歌析評　黃奕珍著　25開平裝　特價360元
　(2005)
㉕清代詩論與杜詩批評──以神韻、格調、肌理、性靈為論述
　中心　徐國能著　25開平裝　特價470元(2009)
㉖臺灣師大圖書館鎮館之寶：翁方綱《翁批杜詩》稿本校釋
　賴貴三校釋；國立編譯館出版 25開精裝 特價1200元(2011)
㉗賈島詩集校注　李建崑校注　25開精裝　特價600元(2002)
㉘唐詩學探索　蔡瑜著　25開平裝　特價250元(1998)
㉙說詩晬語論歷代詩　朱自力著　25開平裝　特價200元(1994)
㉚田園詩派宗師──陶淵明探新　陳怡良著　25開平裝　特價
　500元(2006)
㉛南朝邊塞詩新論　王文進著　25開平裝　特價280元(2000)
㉜南朝山水與長城想像　王文進著　25開精裝　特價600元(2008)
㉝回車：中古詩人的生命印記　廖美玉著　25開平裝　特價
　500元(2007)
㉞蒹葭樓詩論　陳慶煌著　25開平裝　特價230元(2001)
㉟夢機六十以後詩　張夢機著　25開平裝　特價300元(2004)

㊱王東燁槐庭詩草　鄭定國編注　25開平裝　特價350元(2004)
㊲日治時期雲林縣的古典詩家　鄭定國主編　25開平裝　特價400元(2005)
㊳李商隱詩箋釋方法論——中國古典詮釋學例說　顏崑陽著　25開平裝　特價380元(2005)
㊴李商隱詩選註　黃盛雄編著　18開平裝　特價380元(2006)
㊵表意・示意・釋義——中國寓言詩析論　林淑貞著　25開平裝　特價450元(2007)
㊶絕唱——漢代歌詩人類學　高莉芬著　25開平裝　特價450元(2008)
㊷詩詞越界研究　王偉勇著　25開平裝　特價500元(2009)
㊸清代論詞絕句初編　王偉勇著　25開平裝　特價550元(2010)
㊹中西詩學的對話：北美華裔學者中國古典詩研究　王萬象著　25開平裝　特價700元(2009)

十一、戲曲

①西廂記　王實甫著　王季思校注　25開平裝　特價200元(1995)
②牡丹亭　湯顯祖著　徐朔方等校注　25開平裝　特價220元(1995)
③《牡丹亭》錄影帶　張繼青主演　VHS二捲一套　特價600元(1997)
④長生殿　洪昇著　徐朔方校注　25開平裝　特價200元(1996)
⑤桃花扇　孔尚任著　王季思等校注　25開平裝　特價250元(1996)
⑥琵琶記　高明著　錢南揚校注　25開平裝　特價200元(1998)
⑦關漢卿戲曲集　吳國欽校注　25開平裝二冊　特價500元(1998)
⑧王國維戲曲論文集（宋元戲曲考及其他）　25開平裝　特價300元(1993)
⑨戲文概論　錢南揚著　25開平裝　特價300元(2000)
⑩歷代曲選注　朱自力・呂凱・李崇遠選注　18開精裝　特價425元(1994)

⑪袖珍曲選　沈惠如選注　18開平裝　特價350元(2004)

⑫傳統戲曲的現代表現　王安祈著　25開平裝　特價300元(1996)

⑬京劇發展V.S.流派藝術　林幸慧著　25開平裝　特價400元(2004)

⑭由申報戲曲廣告看上海京劇發展（1872至1899）　林幸慧著
25開平裝　特價700元(2009)

⑮戲曲批評概念史考論　李惠綿著　25開平裝　特價500元(2002)

⑯清代戲曲研究五題　陳芳著　25開平裝　特價360元(2002)

⑰清人戲曲序跋研究　羅麗容著　25開平裝　特價450元(2002)

⑱曲學概要　羅麗容著　18開平裝　特價400元(2003)

⑲中國神廟劇場史　羅麗容著　18開平裝　特價500元(2006)

⑳規律與變異：明清戲曲學辨疑　林鶴宜著　25開平裝　特價
360元(2003)

㉑西廂記的戲曲藝術——以全劇考證及藝事成就為主陳慶煌著
25開平裝　特價400元(2003)

㉒元雜劇的聲情與劇情　許子漢著　25開平裝　特價250元(2003)

㉓崑曲中州韻教材（附DVD）　石海青編著　16開精裝　特價
880元(2007)

㉔臺灣歌仔戲史論與演出評述　蔡欣欣著　25開精裝　特價
600元(2005)

㉕廿世紀初中國俗曲唱述人物　林仁昱著　25開精裝　特價800元
(2011)

十二、俗文學‧神話

①民俗文化與民間文學　陳益源著　25開平裝　特價200元(1997)

②台灣民間文學採錄　陳益源著　25開平裝　特價300元(1999)

③俗文學稀見文獻校考　陳益源著　25開平裝　特價450元(2005)

④蔡廷蘭及其海南雜著　陳益源著　25開平裝　特價450元(2006)

⑤周成過台灣的傳述　王釧芬著　25開平裝　特價450元(2007)

⑥澎湖民間故事研究　姜佩君著　25開平裝　特價550元；25開
漆布精裝　特價800元(2007)

⑦敘事性口傳文學的表述　巴蘇亞‧博伊哲努（浦忠成）著

25開平裝　特價300元(2000)
⑧台灣原住民族文學史綱（上）（下）浦忠成著　18開漆布精裝
　　特價上下各600元（2009）
⑨中國民間文學　鹿憶鹿著　25開平裝　特價380元(1999)
⑩洪水神話——以中國南方民族與台灣原住民為中心憶鹿著
　　25開平裝　特價400元(2002)
⑪台灣民間文學　鹿憶鹿著　25開平裝　特價375元(2009)
⑫中國神話傳說　袁珂著　25開平裝三冊　特價550元(1987)
⑬山海經校注　袁珂校注　25開漆布精裝　特價500元(1982)
⑭中國古代神話選注　徐志平編著　18開平裝　特價380元(2006)
⑮蓬萊神話——神山、海洋與洲島的神聖敘事　高莉芬著　25
　　開平裝　特價450元(2008)
⑯民間文學與民間文化采風　鍾宗憲著　25開平裝　特價400
　　元(2006)
⑰台灣民間故事類型（含母題索引）　胡萬川編著　25開漆布
　　精裝附光碟　特價500元(2008)
⑱真實與想像——神話傳說探微　胡萬川文集①　18開平裝　特
　　價450元；18開精裝　特價650元（2010）
⑲民間文學的理論與實際　胡萬川文集②　18開平裝　特價400
　　元；18開精裝　特價600元(2010)
⑳高雄遊憩名山傳說研究——以大崗山、半屏山、打狗山為對
　　象　彭衍綸著　25開精裝　特價1200元(2011)

十三、古典小說

①革新版彩畫本紅樓夢校注　馮其庸等注　汪愒齋畫　25開精
　　裝三冊　特價1000元(1984)
②彩畫本水滸全傳校注　李泉・張永鑫校注　戴敦邦等插圖
　　25開精裝三大冊　特價1200元(1994)
③三國演義校注　吳小林校注　附地圖　25開精裝二大冊　特
　　價700元(1994)
④西遊記校注　徐少知校　朱彤・周中明注　25開精裝三冊

特價800元(1996)

⑤〔夢梅館校本〕金瓶梅詞話　梅節校注　25開軟皮精裝三冊
　特價1000元；25開漆布精裝　特價1200元(2007)

⑥儒林外史新注　吳敬梓原著　徐少知新注　25開漆布精裝
　特價450元〔2010〕

⑦魯迅小說史論文集（中國小說史略及其他）　25開平裝特價
　250元(1992)

⑧古典短篇小說之韻文　許麗芳著　25開平裝　特價300元(2001)

⑨紅樓夢的語言藝術　周中明著　25開平裝　特價300元(1997)

⑩紅樓夢人物研究　郭玉雯著　25開平裝　特價380元(1998)

⑪紅樓夢學——從脂硯齋到張愛玲　郭玉雯著　25開平裝　特
　價400元(2004)

⑫詩論紅樓夢　歐麗娟著　25開平裝　特價400元(2001)

⑬紅樓夢人物立體論　歐麗娟著　25開平裝　特價450元(2006)

⑭金瓶梅與紅樓夢　王乃驥著　25開平裝　特價260元(2001)

⑮紅樓夢解紅樓夢——後四十回非高鶚續著　王乃驥著　25開
　平裝　特價600元；25開漆布精裝　特價800元(2010)

⑯紅樓夢指迷　王關仕著　25開平裝　特價400元(2003)

⑰紅樓搖夢　周慶華著　25開平裝　特價450元(2007)

⑱六朝小說本事考索　謝明勳著　25開平裝　特價300元(2003)

⑲身體‧性別‧階級——六朝志怪的常異論述與小說美學　劉
　苑如撰　特價220元(2002)（經售）

⑳金瓶梅藝術論　周中明著　25開平裝　特價300元(2001)

㉑飲食情色金瓶梅　胡衍南著　25開平裝　特價400元(2004)

㉒金瓶梅到紅樓夢——明清長篇世情小說研究　胡衍南著　25
　開平裝　特價500元(2009)

㉓金瓶梅餘穗　魏子雲著　25開平裝　特價450元(2007)

㉔三國演義的美學世界　廖瓊媛著　25開平裝　特價300元(2000)

㉕觀三國　羅盤著　25開平裝　特價350元〔2010〕

㉖古典小說中的類型人物　林保淳著　25開平裝　特價350元 (2003)

㉗古典小說的人物形象　張火慶著　25開平裝　特價600元(2006)

㉘古典小說與情色文學　陳益源著　25開平裝　特價380元(2001)

㉙王翠翹故事研究　陳益源著　25開平裝　特價350元(2001)

㉚唐人小說選注　蔡守湘選注　25開平裝三冊　特價600元(2002)

㉛唐代小說承衍的敘事研究　康韻梅著　25開平裝　特價450元 (2005)

㉜唐傳奇名篇析評　楊昌年著　25開平裝　特價300元(2003)

㉝西遊記探源　鄭明娳著　25開平裝　特價400元(2003)

㉞聊齋誌異癡狂士人類型析論　陳葆文著　25開平裝　特價400元(2005)

㉟歷代短篇小說選注　劉苑如・高桂惠・康韻梅・賴芳伶選注　18開精裝　特價600元(2003)

十四、近現代文學

①魯迅小說合集（吶喊・彷徨・故事新編）　25開平裝　特價250元(1997)

②魯迅散文選集——《野草》《朝花夕拾》及其他　徐少知編　25開平裝　特價350元(2002)

③呼蘭河傳　蕭紅著　25開平裝　特價135元(1998)

④生死場　蕭紅著　25開平裝　特價135元(1999)

⑤人間花草太匆匆——卅年代女作家美麗的愛情故事　蔡登山著　25開平裝　特價200元(2000)

⑥人間四月天——民初文人的愛情故事　蔡登山著　25開平裝　特價200元(2001)

⑦水晶簾外玲瓏月——近代文學名家作品析評　楊昌年著　25開平裝　特價300元(1999)

⑧兩岸小說中的少年家變　石曉楓著　25開平裝　特價400元(2006)

⑨南社文學綜論　林香伶著　25開平裝附光碟　特價700元
（2009）
⑩新詩啓蒙　趙儷民著　25開平裝　特價300元(2011)

十五、近現代學人文集

①聞一多全集(一)　神話與詩　25開精裝　特價450元(1993)
②聞一多全集(二)　古典新義　25開精裝　特價400元(1996)
③聞一多全集(三)　唐詩雜論　25開精裝　特價450元(2000)
④聞一多全集(四)　詩選與校箋　25開精裝　特價450元(2000)
⑤廖蔚卿先生文集①　中古詩人研究　25開精裝　特價400元
(2005)
⑥廖蔚卿先生文集②　中古樂舞研究　25開精裝　特價450元
(2006)
⑦王夢鷗先生文集①　中國文學理論與實踐　18開平裝　特價
375元(2009)
⑧王夢鷗先生文集②　文藝美學　18開平裝　特價400元(2010)

十六、臺灣文學

①臺灣古典文學大事年表・明清篇　施懿琳・廖美玉主編　18
開漆布精裝　特價800元(2008)
②臺語詩的漢字與詞彙：從向陽到路寒袖　林香薇著　25開平
裝　特價450元(2009)

十七、教學與寫作

①創意與非創意表達　淡江大學語文表達研究室編　25開平裝
特價250元(1997)
②文學論文寫作講義　羅敬之著　25開平裝　特價300元(2001)
③論亞里斯多德《創作學》　王士儀著　25開平裝　特價360元
(2000)
④實用中文寫作學　張高評主編　25開平裝　特價400元(2004)
⑤實用中文寫作學(續編)　張高評主編　25開平裝　特價400元
(2006)

⑥實用中文寫作學(三編)　張高評主編　25開平裝　特價800元
（2009）
⑦傾聽語文──大學國文新教室　謝大寧主編　18開平裝　特
價400元(2005)
⑧中文創意教學示例　謝明勳、陳俊啓、蕭義玲合編　18開平
裝　特價450元（2009）
⑨語文教學方法　周慶華著　25開平裝　特價400元(2007)

十八、語言文字・文法

①甲骨文研究（中國古文字與文化論稿）　朱歧祥著　18開平
裝　特價500元(1998)
②甲骨文讀本　朱歧祥著　18開平裝　特價450元(1999)
③甲骨文字學　朱歧祥著　18開平裝　特價500元(2002)
④圖形與文字──殷金文研究　朱歧祥著　18開平裝　特價600
元(2004)
⑤殷墟花園莊東地甲骨論稿　朱歧祥著　18開平裝　特價600
元(2008)
⑥甲骨文考釋　魯實先講授・王永誠編　18開平裝　特價600
元(2009)
⑦殷卜辭先王稱謂綜論　吳俊德著　18開平裝　特價600元
(2010)
⑧「往」「來」「去」歷時演變綜論　王錦慧著　25開平裝　特
價350元(2004)
⑨桂馥的六書學　沈寶春著　18開平裝　特價450元(2004)
⑩辭章學十論　陳滿銘著　25開平裝　特價500元(2006)
⑪新校互註宋本廣韻　余迺永校註　18開精裝　特價500元(2010)
⑫漢語語言結構義證──理論與教學應用　許長謨著　25開平
裝　特價700元(2010)

十九、圖書文獻

①圖書文獻學考論　趙飛鵬著　25開平裝　特價400元(2005)

②印刷傳媒與宋詩特色——兼論圖書傳播與詩分唐宋　張高評著　25開精裝　特價700元(2008)

二十、藝術

①八大山人之謎　魏子雲著　25開平裝　特價250元(1998)
②八大山人是誰　魏子雲著　25開平裝　特價160元(1999)
③詩歌與音樂論稿　李時銘著　25開平裝　特價350元(2004)

二十一、宗教

①中國佛寺詩聯叢話　董維惠編著　25開精裝三大冊　特價2000元(1994)
②佛教與文學的系譜　周慶華著　25開平裝　特價240元(1999)
③後佛學　周慶華著　25開平裝　特價280元(2004)
④禪學與中國佛學　高柏園著　25開平裝　特價280元(2001)
⑤天台智顗的詮釋理論　郭朝順著　25開平裝　特價300元(2004)
⑥金剛般若波羅蜜經　沈祖湜手書　菊8開平裝　特價250元(2001)
⑦鳩摩羅什般若思想在中國　涂艷秋著　25開平裝　特價400元(2006)

二十二、兩性研究

①女性主義與中國文學　鍾慧玲主編　25開平裝　特價300元(1997)
②《午夢堂集》女性作品研究　李栩鈺著　25開平裝　特價250元(1997)
③不離不棄鴛鴦夢——文學女性與女性文學　李栩鈺著　25開平裝　特價450元(2007)
④清代女詩人研究　鍾慧玲著　25開平裝　特價500元(2000)
⑤性別與家國—漢晉辭賦的楚騷論述　鄭毓瑜著　25開平裝　特價280元(2000)
⑥婦女與宗教：跨領域的視野　李玉珍、林美玫合編　18開平

裝　特價400元(2003)
⑦婦女與差傳：十九世紀美國聖公會女傳教士在華差傳研究
林美玫著　25開平裝　特價500元(2005)
⑧民間文學的女性研究　洪淑苓著　25開平裝　特價350元(2004)
⑨現代文學的女性身影　林秀玲著　25開平裝　特價300元(2004)
⑩結構與符號之間：台灣現代女性詩作之意象研究　李癸雲著
25開平裝　特價400元(2008)

二十三、集刊

①臺灣古典文學研究集刊　每集各500元
②宋代文哲研究集刊（編輯中）

二十四、通識叢書

①成大中文寫作診斷書（成語篇）　王偉勇主編　25開平裝　特價
300元(2009)
②成大中文寫作診斷書（用語篇）　王偉勇主編　25開平裝　特價
300元(2010)
③成大傳奇　王偉勇主編　25開平裝　特價400元(2010)
④寫出精采的人生──生命傳記與心靈書寫　林美琴著　25開
平裝　特價300元(2010)
⑤藝術欣賞與實務　王偉勇主編　25開平裝　特價300元(2011)

二十五、人生管理系列

①吳娟瑜的情緒管理學　吳娟瑜著　25開平裝　特價250元(1997)
②吳娟瑜的婚姻管理學　吳娟瑜著　25開平裝　特價250元(1998)
③吳娟瑜的溝通管理學　吳娟瑜著　25開平裝　特價230元(1999)
④吳娟瑜的男性知見學　吳娟瑜著　25開平裝　特價240元(2000)
⑤吳娟瑜的女性成長學　吳娟瑜著　25開平裝　特價250元(2001)
⑥吳娟瑜的快樂哲學　吳娟瑜著　25開平裝　特價250元(2001)
⑦吳娟瑜的身心安頓學　吳娟瑜著　25開平裝　特價230元(2002)
⑧吳娟瑜的幼兒養育學　吳娟瑜著　25開平裝　特價250元(2009)

本書局全省經銷處

（有☆符號者，書較齊整；有☆☆者書最齊整）

台北市：
　①重慶南路──☆☆三民書局、☆書鄉林、☆建宏書局、☆建弘書局、阿維的書店。
　②台大附近──☆聯經出版公司、☆☆唐山出版社、台大出版中心（台灣大學內）、女書店、台灣个店、南天書局、政大書城（台大店）
　③師大附近──☆☆學生書局、☆☆樂學書局（金山南路）。
　④復興北路（民權東路口，捷運中山國中站）──☆☆三民書局。
　⑤忠孝東路四段（捷運市政府站）──聯經出版公司。
　⑥木柵──☆☆巨流政大書城（政治大學內）。
　⑦中正紀念堂──中國音樂書房。
　⑧陽明山──尙書房（文化大學外）。
　⑨外雙溪──學連圖書有限公司（東吳大學內）。
　⑩北投──藝大書店（國立台北藝術大學內）。
淡水：淡大書城（淡江大學內）。
新莊：敦煌書局（輔仁大學內）。
中壢：敦煌書局（中央大學內、元智大學內、中原大學內）。
新竹：☆☆水木書苑（清華大學內）、☆全民書局（新竹教育大學外、交通大學內）、☆玄奘大學圖書文具部（玄奘大學內）。

台中：☆五楠圖書公司、敦煌書局（逢甲大學內、東海大學內、靜宜大學內、中興大學內）、興大書齋、☆闊葉林書店(中興大學附近)、上下游文化公司（五權西二街）。

南投：☆暨南大學圖書文具部。

彰化：☆復文書局（彰師大外）。

嘉義：☆復文書局(中正大學內)、滴水書坊（南華大學內）、紅豆書局。

台南：☆成大書城（崇善路）、☆復文書局(台南大學圖書文具部)、敦煌書局、超越書局、金典書局、成功大學圖書部（成功大學成功校區）。

高雄：☆政大書城光華店（光華一路）、☆政大書城河堤店（明仁路）、☆復文書局(高雄師大內、中山大學內)、☆五楠圖書公司（中山一路）。

花蓮：瓊林圖書事業有限公司、復文書局（東華大學美崙校區內）、☆東華大學校本部東華書坊。

台東：☆銓民書局台東店（新生路）。

連鎖店：全省誠品書店、金石文化廣場、建宏書局。

網路書店：☆☆里仁書局（網址：http://lernbook.webdiy.com.tw）
☆☆博客來網路書店（網址：http://www.books.com.tw）
☆☆三民網路書店（網址：http://www.sanmin.com.tw）
☆☆誠品網路書店（網址：http://www.eslite.com.）
☆金石堂網路書店（網址：http://www.kingstone.com.tw）
華文網股份有限公司（網址：http://www.book4u.com.tw）

吳娟瑜老師的書全省各大書店有售

里 仁 書 局

http://lernbook.webdiy.com.tw/
台北市仁愛路二段98號5樓之2
TEL：(02)2321-8231,2391-3325,2351-7610
FAX：(02)3393-7766
郵政劃撥：01572938「里仁書局」帳戶
E-mail：lernbook@ms45.hinet.net

銀行匯款：華南商業銀行信義分行
帳號：119-10-003493-8「里仁書局」帳戶
ATM轉帳銀行代碼：008華南銀行

LE JIN BOOKS LTD.

5F-2, NO. 98, Jen Ai Road, Sec. 2,
Taipei, Taiwan, R. O. C.

Please T/T To Our Account:
（外幣匯款帳號）
HUA NAN COMMERCIAL BANK LTD.
SHIN YIH BRANCH
No. 183, Sec. 2, Shin Yih Road,
Taipei, Taiwan, R.O.C.
Swift Address: HNBK TW TP
A/C NO:102-97-002651-1

（人民幣匯款帳號）
中國工商銀行
帳號：6222020200081736734
戶名：徐秀荣

國家圖書館出版品預行編目資料

莊子道／王邦雄著.--初版 . -- 臺北市：
里仁, 2010.04
面； 公分
ISBN 978-986-6923-91-3（平裝）
1.莊子 2.研究考訂 3.人生哲學

121.337 99004965

・本書經作者授權在全世界出版發行・

王邦雄著作系列①

莊子道

校對人：鄭喬方・作者自校
發行所：里仁書局（請准註冊之商標）
發行人：徐秀榮
臺北市仁愛路二段 98 號五樓之 2
電話：(886-2) 2391-3325・2351-7610・
2321-8231
FAX：(886-2) 3393-7766
網站：http://lembook.webdiy.com.tw
郵政劃撥：01572938「里仁書局」帳戶
印刷所：福霖印刷有限公司
西元二○一○年四月十日初版
西元二○一一年九月十日初版二刷
累積印數：一○○一～二○○○

參考售價：平裝 350 元
ISBN：978-986-6923-91-3（平裝）